Methodology of
Multilevel Modeling

现代工商管理经典教材

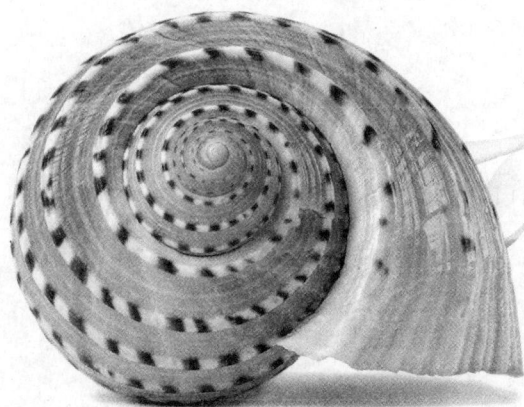

多层次模式方法论

阶层线性模式的
关键问题与试解

温福星　邱皓政 ‖ 著

经济管理出版社
ECONOMY & MANAGEMENT PUBLISHING HOUSE

北京市版权局著作权合同登记：图字：01-2014-0544 号

图书在版编目（CIP）数据

多层次模式方法论：阶层线性模式的关键问题与试解/温福星，邱皓政著. —北京：经济管理出版社，2014.8
ISBN 978-7-5096-2939-0

Ⅰ. ①多…　Ⅱ. ①温…　②邱…　Ⅲ. ①经济统计学—计量经济学—统计方法—研究
Ⅳ. ①F222.1

中国版本图书馆 CIP 数据核字（2014）第 017659 号

组稿编辑：陈　力
责任编辑：陈　力　侯春霞
责任印制：司东翔
责任校对：赵天宇

出版发行：经济管理出版社
　　　　　（北京市海淀区北蜂窝 8 号中雅大厦 A 座 11 层　100038）
网　　址：www.E-mp.com.cn
电　　话：(010) 51915602
印　　刷：三河市延风印装厂
经　　销：新华书店
开　　本：787mm×1092mm/16
印　　张：15
字　　数：361 千字
版　　次：2015 年 3 月第 1 版　　2015 年 3 月第 1 次印刷
书　　号：ISBN 978-7-5096-2939-0
定　　价：45.00 元

序 一

这一阵子最火的事莫过于"豪小子"林书豪在纽约尼克队连续 5 场先发 5 连胜，且每场都有 20 分以上的得分与接近 10 次的助攻，特别是美国时间 2012 年 2 月 14 日对猛龙那一场，最后 2.2 秒出手划过天际的那一个三分球，又是继王建民之后的"台湾之光"。在那专属于欧美白人与黑人的 NBA 世界里，黄皮肤的亚洲人根本没有机会进入到这个篮球赛的最高殿堂，况且身高只有 191 公分的林书豪，他没有姚明的高度，在过去的球队与近两年的比赛一直是候补的板凳球员。但是，机会来了，这个候补且即将被释出的控球后卫在与篮网的替补时候，终于把他的真才实料表现出来。我看到的是机会是留给已经准备好的人，而这个准备好的人从他高中时代一直到哈佛大学都在准备，希望有朝一日能在 NBA 实现自己的愿望。

您准备好了吗？"多层次模式"是目前最流行的研究方法，它不是只要跑跑 HLM 就可以了，因为它有太多的基本工要准备。它涉及了测量、统计与方法学的知识，若没有经过一套完整的训练或教材学习，只依据跑出来的 HLM 报表就认为完全懂得多层次模式，不过是华而不实的拳脚功夫，不能真正获得多层次模式的精髓。这本书包含四篇文章的改写，分别是我与邱皓政教授合作的《多层次模型方法论：阶层线性模式的关键议题与试解》与《组织研究中的多层次调节中介效果：以组织创新气氛、组织承诺与工作满意的实证研究为例》两篇发表的文章，以及个人的两篇工作论文《多层次研究下个体层级研究变项效信度检验》与《多层次研究中组织变项聚合的探究》，从最根本的原理、方法与报表的解读，介绍了多层次模式的测量、统计与方法，可以说是现阶段最重要也是最完整的学习多层次模式的一套教材。

本书的内容基本上是从 2007 年起陆陆续续开始成型，历经多次的审稿与修改才能到完整的一本书的发行，这些都要感谢审查委员的指正与鞭策。本书的内容也在 αβγ 实验室不断地试教与学习，随着国外期刊新文章的不断出现，以及个人不断地尝试与创新，针对这本书部分内容现在个人有新的不同见解，但仍不影响本书的架构与内容，现阶段仍可以作为学习 HLM 进行多层次研究的工具书。

"得之于人者多、出自于己者少"，要感谢的人太多了，特别是已过世的林妙雀教授，与她认识是在辅大，她那时已升上教授且担任系主任，但她旁听了我在辅大心理研究所所开的多层次模式的课程，在我负责的 9 个礼拜中，她从没缺席过。事后，她不断地提携后辈感染了我，也跟我合作写了一些文章，在她身上我第一次看到升上教授还那么拼的老师，因为她不仅和我，同时也和许多人一起合作与研究，不仅是学术，也还在替政府机构做项目策划。

从林书豪与林妙雀的身上，我看到了他们的共同点：准备与坚持。希望这本书通过发行，可以帮助想要学习多层次模式的人缩短学习的时间，帮助做好准备的工作，至于如何在多层次研究中发光发热，就是靠您自己的坚持。

序 二

几个礼拜前，中国"台湾统计方法学学会"在东吴大学城区部举办例行讲座，温理事长邀请了一位年轻学者，主讲多层次模式应用在量表编制的相关议题。参与的人虽然不多，但是讲者仍然十分卖力，深怕台下的听众听不明白，认真回答问题，仔细说明数据意义，最后他提到，多层次模式对于社会科学是重要的一门方法学，应用的空间很大，但是还有很多议题值得深入探究，在学会里能够跟同好一起切磋，可以不感到孤单。我抬起头来，给予讲者一抹会心微笑作为回馈，很高兴这条寂寞公路又多了一个朋友，但是我却没说太多，少出了些声音。

学术是一条寂寞公路，是一位老师在闯荡学术圈多年所给的脚注，特别是对于专注于统计方法学的朋友来说，可能听来特别心有戚戚焉。不论在国内外，多数学者的研究兴趣与学术专长通常都会与某个学科的次领域的内容议题有关，例如人事甄选、文化资本、学习障碍、组织创新等，如果听到有人的专长是统计方法、多层次模式，若不是被认为是统计系的老师，就是会被追问，除了方法，你的研究内容是什么？我通常会回答，我的内容就是统计方法，但是得到的响应通常都是：统计是工具，不是内容。一位年轻的同行学者跟我说，就因为这样，他决定放弃方法之路，改做有内容的东西，否则很难在圈内待下去。

或许您会问，在社会科学领域，为什么统计不能是内容，为什么会被认为没有内容，如果只是因为不是主流，那么有很多非主流的社会科学领域也不会被认为没有内容，如果是因为学者人数太少，声音小，也不至于被认为没有内容。一门学科或一个领域的定义，除了要有固有的知识疆域与可辨识的边界，也要有历史传承脉络与发展体系，这些我们都有，为什么还是不被认同。每次讲到这里，大家就忿忿不平，觉得自己是学术边缘人，有了被迫害的妄想。一位学生不平地说，老师，我们去不了统计系，那么你成立一个"统计方法学系"来收容我们这些人吧。

在科学哲学界有一位名人，叫做汤姆·斯孔恩（Thomas Kuhn，1922~1996），他写了一本重要著作《科学革命的结构》（The Structure of Scientific Revolutions），提到当典范科学hold 不住的时候，异例蔓延将推翻主流，科学革命于焉爆发，新兴思想于是诞生，科学因而进步。所以，挥舞"多层次模式"大旗的我们，是不是革命前夕的起义者？革命成功之后，是否就有我们大声说话的份儿了？这是不是就是我与温老师撰写这本书的目的，宣扬革命思想，等待咸鱼翻身？

每次在面对方法与内容问题的同时，我会不断反复检视自己所从事的研究，不断向亚马逊买入新书，想要看得更清楚，寻找方法与内容的界限在哪里。为了让别人听到我们的声音，于是写书、演讲、发论文、办工作坊。直到有一天，一位长辈提醒我，你可以自立山头，但是不要想做霸主，更不应沽名钓誉。一句话让我当场傻眼无语，心里不服气，向他说明我的苦衷。听完我的话之后，他只悠悠地说，小老弟，你的道行还是差了点，但是他也安慰我，只要心术正当，不旁门左道，不走火入魔，坚持下去最后可以得道解脱。因为人们初见学问时一切见山是山，潜心学习，心平气和。但有了一定深度则是见山不是山，开始盛气凌人，心生不满，其实似懂非懂，不算成熟。一旦参透道理成了气候，温文儒雅，就会有见山又是山的豁达。他说，学问的最高境界，就像练功，秘诀是在无招胜有招；计量领域有没有内容，不用多说，就是努力，道理是在无声胜有声。

一门学问的价值与内涵，是由一群有相同志趣的同好前仆后继所共同创造出来的智慧成果，一路从努力改善自己的盲点做起，积极解决科学上的各种问题，逐渐创造贡献，最终而被世人所接受，才能如愿在学术殿堂拥有一席之地。孔恩说的科学革命，是在解释科学哲学中的典范移转，长辈笑着说，要成为典范，先要有胸襟，把批评当药石，反而要感恩。眼前的各位是在经历做学问的一般过程，只要好好练功，无招胜有招，只要好好努力，无声胜有声。一门学问有没有价值，有没有内容，很难妄求他人，而是反求诸己，打好根基，共同努力，让一个社群自证验明，不必多说，更难强求。

眼前静躺着的这本书，无声诉说着多层次模式的方法论，算是这门方法比较接近成熟学问的一本书。如果它还是没有内容，说明了我与温福星老师要继续努力，如果它有了些许内容让您读到了，也就是你我大家又向一门成熟学问多迈了一步，距离见山又是山，又近了些。

邱皓政

2012 年春于中国台湾师范大学管理学院

目　录

1 导论：从 GLM 到 HLM

1.1 概说

多层次研究（multilevel research）可以说是当代社会科学领域最热门的新兴研究典范之一（Bliese、Chan & Ployhart，2007；Kozlowski & Klein，2000），而**阶层线性模式**（hierarchical linear modeling，HLM；Bryk & Raudenbush，1992）则是一种将回归扩展到阶层资料结构（hierarchical data structure）的统计分析技术。虽然目前学界已有多种不同的方法与软件来分析多层次资料，并快速扩展到纵贯资料、非线性模型、潜在变量模型，但若非Goldstein、Snijders、Bryk与Raudenbush等学者在阶层线性模式的原理上进行深入探究并持续开发便捷的软件，多层次研究或许未有今日的成熟发展。

1.1.1 多层次模式概念的发展

事实上，社会科学研究者并非无视于多层次分析的重要性，例如早在一甲子之前，Robinson（1950）就已经指出不同层次的资料若无适当的分析与推论将会犯下严重的错误。但阶层线性模式迟至20世纪90年代才获得发展，主要的原因之一是受限于**一般线性模式**（general linear models，GLM）的传统分析框架，其回归分析或是变异数分析[①]仅能处理单一层次变项间的关系，无法同时处理包含个体与总体等不同层次的跨层级资料[②]。如果要将不同层次的分析单位整合在一个线性模式中，必须将传统的GLM扩充到HLM。在此同时，模型的提出必须要有充分的理论依据或逻辑推论，再加上资料分析方法及结果解释均要与研究设计有关，因此阶层线性模式不仅是统计分析技术，更是一种**统计方法学**（statistical methodology）（Courgeau，2003）。

对于多层次资料结构的分析技术，经过半个世纪的发展，在不同领域各有不同的专业用语，如表1.1所示。本书主要采用Lindley与Smith（1972）以及Raudenbush与Bryk（2002）的阶层线性模式（HLM）来说明多层次资料的分析技术，主要是配合HLM软件的运用，更重要的是因为HLM背后的统计语言最容易被理解，同时可以应用在多种不同的研究情境中，例如成长研究、组织效能、多变项分析等，因为这些资料均存在着相同的结构特征：阶层结构。

阶层线性模式最早是由Lindley与Smith（1972）利用线性模型的贝氏估计技术来处理复杂的误差结构所发展出来的概念，后来被Bryk与Raudenbush（1992）和Raudenbush与

---

① 指固定效果模式的变异数分析。
② 指个体与总体等不同层次的误差项。

表 1.1　不同领域对于多层次模式的用语

社会学 生物统计	多层次线性模型 混合效果模型 随机效果模型	multilevel linear models mixed-effect models random-effect models
计量经济 统计学	随机系数回归模型 共变量成分模型 阶层线性模式	random-coefficient regression models covariance component models hierarchical linear models

Bryk (2002) 应用在 HLM 软件中而普及。事实上，Lindley 与 Smith (1972) 最初提出 HLM 模型时并没有获得重视，因为他们的模型需要对非平衡资料进行共变量成分估计，复杂的估计程序使得这套概念仅能应用在一些简单的问题上，直到**期望最大化演算法** (EM) 的进步 (Dempster、Laird & Rubin，1977)，使得共变量成分估计的运用得以具体实现于一般研究议题中，进而被导入多层次资料结构的分析 (Dempster et al.，1981)。例如 Strenio、Weisberg 与 Bryk (1983) 即应用此一技术解决横断资料中多层次结构的计算问题。后来，又出现了其他通过迭代与加权的一般化最小平方法的共变量成分估计方法 (Goldstein，1986) 和 Fisher **得分** (scoring) 算法 (Longford，1987)，使得阶层线性模式的数学模型与分析技术得以完备，并导入统计软件，例如 HLM (Raudenbush et al.，2000)、Mlxor (Hedeker & Gibbons，1996)、MLwiN (Rasbash et al.，2000)、SAS 子程序 Proc Mixed (Little et al.，1996)、VARCL (Longford，1988)，以及完全贝氏方法则可应用 BUGS (Spiegelhalter et al.，1994) 来进行分析。

1.1.2　多层次模式的当代发展

过去 30 年来，随着研究者对于多层次数据分析的重视以及技术的成熟，关于多层次资料的应用也不断推陈出新，例如结果变数已经扩展到不同形态的广义模型（例如二分变量、多分类别变量等离散型变量、顺序变量、计数资料等）。为了能够处理非连续性的资料，Stiratelli、Laird 与 Ware (1984) 以及 Wong 与 Mason (1985) 最早导入最大概似 (ML) 估计进行一阶近似处理。Goldstein (1991) 和 Longford (1993) 沿用他们的概念进一步发展分析软件来处理不同类型的离散型结果变量的二层和三层的多层次模型，但是不幸的是他们的技术仍有估计不准确的严重问题。后来由 Hedeker 与 Gibbons (1996) 以及 Pinheiro 与 Bates (1995) 提出了高斯—赫米特积分对最大概似值的准确近似计算法，后来被导入 Mixor 软件和 SAS Proc Mixed 软件。HLM 软件则使用高阶拉普拉斯转换这种十分准确且计算方便的近似方法 (Raudenbush、Yang & Yosef，2000)，这些技术的发展使多层次模型的原理可以处理多种不同类型的结果变量。

其次，多层次模式不仅可以应用在单纯的嵌套资料结构，而且扩展到**交互嵌套** (cross classified) 的资料结构。一般单纯的嵌套资料结构是指每一个下层单位仅嵌套在单一个上层单位中，例如某班学生嵌套于某一班级，该班级又嵌套于某一学校。但是在某些研究情形下，嵌套结构可能会更为复杂。例如在管理研究中，常会遇到矩阵组织的状况，某一个员工属于某一个功能性部门的划分结果（例如行销单位），但是也属于另一个区域组织的划分结果（例如大中华事业群），此时即是一个交互嵌套的现象。Raudenbush（1993）对于交互嵌套的资料结构提出了解决方案，并导入 HLM 软件中。

多层次模式的第三个新趋势是结果变量从单一变量扩展到多个变量的**多变量模式**（hierarchical multivariate linear modeling/multivariate multilevel modeling），此项扩展最重要的应用在于纵贯资料与重复测量资料的分析。纵贯资料基本上是一种平衡设计（在没有遗漏值的情况下），亦即每个个体的测量次数都相同，并且测量时距间隔也相同。此时即可采用多变量重复测量的共变量模型进行分析，同时处理自我相关误差和随机变化的斜率问题，或是扩展到非限定模型，对各时点间误差项的变异数共变量进行分析。SAS 软件的子程序 Proc Mixed、Hedeker 与 Gibbons（1996）的软件 Mixor 以及 Raudenbush 等人（2000）的 HLM 软件，以及现在 SPSS 的 Mixed 模块都可以用来分析成长模式，此外也都利用这种策略来进行多结果变量结构的估计。

第四种新的应用取向，是**潜在变量模型**（latent variable modeling）的应用，使得多层次模式也能处理潜在变量的估计。其原理也是一种多变量回归技术的延伸，利用**完整资料**（complete data）的推估来预测估计测量误差。换言之，研究者搜集到的资料是一种观测资料（非完整资料），借由观测资料来推估无法被观测的潜在变量（Little & Rubin，1987；Little & Schenker，1995）。在具体做法上，模式的第一层代表了带有测量误差的观测资料，反映着潜在的"真实"资料之间的关联，在第二层即可进行潜在变量的估计。此种模型可进一步地延伸到存在测量误差的预测变量的直接效果和间接效果的估计与分析，但此一方法与现今的结构方程式的设定有些差异，是属于较严格平行题项的潜在变量估计。此外，HLM 也可以套用于**项目反应理论**（item response theory），以一种两层次模型进行测验的反应概率的项目特征分析，找出与个体能力或潜在特质的函数。

多层次模式的第五种后期发展是导入贝氏估计法，让多层次模型的统计模式可进行**贝氏推论**（Bayesian inference），使得多层次估计更加精准且有弹性。传统以来，统计推论都基于最大概似法（ML）来进行，此法的优点是参数估计具有一致性，并且具有渐近无偏性和有效性，其前提必须是大样本下才能符合常态分配的要件。但是在多层次模型中，高层或上层单位未必符合大样本条件，此外，各组内部的观察单位数也多呈现不平衡状况（例如各校抽取的学生数不同），此时不平衡程度也会影响最大概似法的估计正确性，而贝氏方法恰好能够补足其缺点。从统计原理来看，贝氏估计利用蒙地卡罗技术对特定后验分配的近似演算，例如**资料增广**（data augmentation）（Tanner & Wong，1987）和**吉布斯抽样**（Gibbs sampling）（Gelfand & Smith，1990），使得复杂的估计得以完成，进而得到更接近

1 导论：从 GLM 到 HLM

实际情况的标准误，从应用面来看，贝氏估计通过参数的后验分配信息的导入，可以对研究议题进行更有弹性的推论与分析。现在这些方法已经广为软件采用（Spiegelhalter et al.，1996；Rasbash et al.，2000），大大提高了运算与实际研究应用的便利性。而 HLM 软件是利用所观察到的资料，配合各单位所搜集的样本数计算信度，以实证贝式（empirical Bayesian）的方式来估计个体层次方程式的回归系数。

1.2 回归分析的基本概念

文献上关于 HLM 的原理已经有相当多的介绍（温福星，2006；Goldstein，2003；Hofmann，1997；Raudenbush & Bryk，2002；Snijders & Bosker，1999），本书不再赘述这些基本原理与技术，而是着眼于使用 HLM 背后的思考脉络与所潜藏的各种问题。在使用这些技术进行研究之前，研究者除了了解分析程序与解释方法之外，更必须熟悉多层次研究与传统研究的差异，并进一步了解新方法的限制与可能带来的新问题。例如，HLM 与 GLM 的最大差异在于 HLM 模式引进了不同层次的误差项，而 GLM 模式只有一个误差项，而且是属于个体层次。

过去，研究者若要探讨个体与总体等不同层次的跨层级资料，共有两种类型的回归分析可以处理，一是将总体层次的资料**解构**（disaggregated）或是进行**虚拟化处理**（dummy），使成为个体层次资料来进行个体层次的回归分析；二是将个体层次的资料**聚合**（aggregated）成总体层次的变项，进行总体层次的回归分析。这样的分析方法取决于研究目的，如果我们想研究的是个体与总体等不同层次的跨层级资料对个体层次结果变项的影响时，解构方式的个体层次回归分析就会遇到资料独立性与同质性假设被违反的可能，使得所估计的回归系数标准误被低估，导致容易拒绝虚无假说的型 I 错误膨胀结果。这是因为忽略了相同总体层次下的个体资料间存在高度的相关，亦即个体与总体层次的资料彼此间具有**内属、巢套、丛集、镶嵌**（nested、clustered、embedded）的结构特性，例如员工内属于公司、团队成员内属于团队等，由于多这一层关系，相同公司下的员工、相同团队下的成员，因组织文化、组织气氛等因素的潜移默化，使得员工或成员在同一组织（公司或团队）内较为相似，在不同的组织间较为不同。

1.2.1 基本回归原理

一般回归分析探讨一群来自母体抽样下的样本，研究一些自变量对我们所关心依变量的探讨，是否这些自变项能够显著或是有效地解释依变项的变异，或是这些自变项能够提供对依变项的了解，进而对其预测。如果仅有单一解释变量（X）来解释单一结果变量（Y）

005

时，回归方程式如（1-1）所示：

$$Y_i = \beta_0 + \beta_1 X_i + e_i \tag{1-1}$$

在 GLM 取向的回归分析中，随机抽样非常重要，因为随机抽样得以使式（1-1）的误差项（e_i）服从以 0 为平均数、σ_e^2 为变异数的常态分配。如果是对母群采用简单随机抽样时，这些样本是反映母体的部分集合。例如我们关心父母的社会经济地位（X）是否对孩童的学业成绩（Y）产生影响，则我们必须对测量单位（孩童）进行随机抽样，通过对母体（中国台湾的全体学童）采用简单随机抽样进行调查，根据其父母亲的教育程度、职业阶层，计算出其父母亲的社会经济地位分数，并搜集孩童的学业成绩，最后得以取学业成绩（Y）对父母社会经济地位（X）作回归，检验学童父母亲的社会经济地位对其学业成绩的影响，其影响力由斜率（β_1）参数反映，β_0 为方程式的截距。

在**最小平方法**（ordinary least squares，OLS）或是**最大概似法**（maximal likelihood，ML）求解下，回归系数 β_1 的估计值可由式（1-2）求得，其意义为共变量占解释变量变异数的比值，其数值大小会受到 X 与 Y 单位的影响，而为未标准化系数，从几何意义来看，未标准化的斜率是指当 X 每变化一个单位时，在 Y 所变化的数量。

$$\beta_1 = \frac{cov(x,\ y)}{s_x^2} = \frac{\sum (X_i - \bar{X})(Y_i - \bar{Y})}{\sum (X_i - \bar{X})^2} = \frac{SP_{xy}}{SS_x} \tag{1-2}$$

如果将未标准化系数乘以 X 项的标准差再除以 Y 变项的标准差，即可去除单位的影响，得到一个**标准化回归系数**（standardized regression coefficient），如式（1-3）中的 β_1'，即为一般俗称的 Beta 系数（未标准化系数一般习惯上以英文小写 b 来标示）。标准化回归系数也可视为将 X 与 Y 变项所有数值转换成标准化 Z 分数后，所得到的 OLS 回归斜率。

$$\beta_1' = \beta_1 \frac{s_x}{s_y} \tag{1-3}$$

由于标准化的结果，式（1-1）中的截距项 β_0 随即消失，而 β_1 系数的数值类似相关系数，其可能数值范围应会介于 ±1 之间[①]，其绝对值越大者，表示解释力越强，正负号则代表 X 与 Y 变项关系的方向。

如果 X 变量（社会经济地位）的数值为类别（质性）变量，例如高、中、低三组而非表示强度的连续变量，X 对 Y 的解释即为变异数分析模型，以一般线性模式来表现如下：

$$Y_{ij} = \mu + \alpha_j + e_{ij} \tag{1-4}$$

公式（1-4）中，Y_{ij} 代表的是社会经济地位为类别 j 的受试者 i 的学业成绩，每个受试者的社会经济地位属于 J 个类别中的一个，社会经济地位 j 对学业成绩的影响以 α_j 来反映，e_{ij} 为误差。相同地，e_{ij} 仍服从以 0 为平均数、σ_e^2 为变异数的常态分配。

---

① 在特殊情况下（例如带有交互作用项或多项式回归中），标准化回归系数的数值可能会超过±1 的区间。

解释变量 X 不论是连续或类别变量，在一般线性模式中都有类似的模式组成要素：常数、解释变量效果与误差。常数是指没有解释变项时的依变项期望值 μ（例如变异数分析公式（1-4）），或是解释变项为 0 时的依变项状态（方程式（1-1）的截距项 β_0），误差是依变项无法由常数与解释变项解释的部分。解释变量效果为研究者所关心的自变项效果，其影响力大小由斜率表示，斜率若未经过标准化处理，则反映了解释变量每单位变动量在结果变量上的增减量，但如果经过标准化处理，则等于相关系数的一种标准化估计数[①]，但是此时截距项则会消失。当自变项数目不止一个时，解释变量效果就可能包含多种不同的解释效果项（例如主要效果与交互作用效果），此时对于斜率参数的解释就变得相对复杂。

在一般研究实务中，解释变量的影响力为研究者所关心的焦点所在，因此研究者所关注的焦点在于斜率而非截距。当自变项数目只有一个时所进行的回归分析称为**简单回归**（simple regression），斜率数值经过标准化后恰等于相关系数，换言之，当解释变量只有一个时，可以直接取相关系数作为 X→Y 的影响力。当解释变量超过一个以上时，解释变量效果就可能包含多种不同的解释效果项，每一个解释效果项的净影响力由个别的斜率参数所反映。例如式（1-5）中以 X_1 与 X_2 两个解释变量所进行的多元回归中，β_1 与 β_2 反映了**简单效果**（simple effect），β_3 反映了**交互作用效果**（interaction effect）。

$$Y_i = \beta_0 + \beta_1 X_{1i} + \beta_2 X_{2i} + \beta_3 X_{1i} X_{2i} + e_i \tag{1-5}$$

当反映交互作用的 β_3 数值为 0 或其效果可以被忽略时，可以将交互作用项自式（1-5）中移除，此时成为一个带有两个解释变量的**多元回归**（multiple regression）。但是当 β_3 数值不为 0 或其效果不可被忽略时，式（1-5）中的交互作用项就具有重要的讨论价值，此种回归称为**交互作用回归**（multiple regression with interaction）（Aiken & West，1991），可以进行**调节效果**（moderation effect）的讨论，因此又称为**调节回归**（moderated multiple regression，MMR）。

1.2.2　斜率参数的意义

1.2.2.1　控制变量的干扰效果排除

不论是一般的多元回归或带有交互作用项的回归分析中，对于斜率参数的解释，必须注意其统计上的特性。如果模型中只有一个解释变量，在一般情况下[②]，斜率的计算不受截距与误差项的影响，此时斜率是一种**零阶估计数**（zero-order estimator），对其解释不必

[①] 在一般的多层次回归中，例如 HLM 软体，为使截距项反映总体层次测量单位的估计数，皆使用未标准化回归系数。
[②] 在特殊情况下，例如时间序列数据，会发生误差项的自我相关现象而影响斜率的估计，在此服从回归分析基本假设。

考虑其他因素。但是如果模型中有一个以上的解释项，β_1 是指当其他解释项对依变量的影响力被估计完毕之后 X_1 对 Y 的**边际解释力**（marginal effect）。以式（1-5）为例，β_1 参数是指当其他解释项（X_2 与 X_1X_2 交互作用项）被估计后的**额外解释力**（incremental effect），而非该解释项原始的零阶影响力。

以统计术语来说，多元回归方程式中的斜率参数是指当其他解释变项的效果维持固定时的净解释力，此时其他解释变项的混淆或**干扰效果**（confounding effect）通过统计方法排除（partial-out）或被统计加以控制，使得 X_1 对 Y 的解释不受其他解释项的干扰，因此又被称为非零阶的**净效果**（partial effect）。在式（1-5）时，因存在 X_1X_2 交互作用项，此时 X_1 对 Y 的解释不称为**主要效果**（main effect），而是称为简单效果。如果不存在交互作用项，此时其他解释变项又可被称为**控制变量**（control variables）。在社会科学研究中，不论是实验研究或非实验研究，经常将一些会对研究结果可能产生干扰作用的变量加以测量（例如年龄、智力、年资），然后放入方程式加以控制，借以观测研究者所关心的解释变量如何对依变量产生"真正的"、"干净"解释力。

但是特别值得注意的是，并非那些被研究者宣称作为控制变量者会对特定解释变量的解释力产生控制作用，只要放在回归方程式的所有变量，包括控制变量与其他解释变量，都会对某一个解释变量的影响力产生控制效果，例如研究者纳入了动机与努力去预测学业成就，同时以年龄与智力作为控制变量，此时对于动机变量而言，控制变量除了年龄与智力以外，只要努力变量也同时存在于方程式，那么控制变量就有三个。

1.2.2.2 交互作用的调节效果分析

前面一节所提及的控制效果，是指在一般多元回归中，多个解释项之间的相互干扰效果进行统计排除下，对于斜率进行解释的一种特殊状况。另一种更为特殊的状况，是当两个解释变量对于依变量具有交互作用时，对于斜率的解释，这又比前一节所介绍的控制效果更为复杂，在方法学上称为**调节效果**（moderation effect）分析。

以式（1-5）为例，X_1X_2 是一个由两个解释变量相乘得到的交互作用项，这一项不仅是多元回归的第三个解释项，更是一个与前面两个解释项所衍生出来的解释项，因此其性质迥异于一般的解释项。

在式（1-5）中，如果没有交互作用项，β_1 都是指当 X_2 为固定时 X_1 的斜率；β_2 也都是指当 X_1 为固定时 X_2 的斜率，β_1 与 β_2 是控制彼此后对 Y 的净解释力，我们可以把此一模型称为控制模型。

但是，如果式（1-5）的交互作用项存在时，β_1 与 β_2 则是控制彼此并控制高阶交互作用项（X_1X_2）后的解释力，由于 X_1X_2 与 X_1 及 X_1X_2 与 X_2 之间具有相依性，因此带有交互作用项的 β_1 与 β_2 并非控制模型中的"净"效果，若要以一般的回归系数的解释策略：控制其他变量后的解释变量影响力，通常无法合理解释 β_1 与 β_2 的意义。而改为采用调节效果的概念，把数学中的条件化概念加以导入，才能正确解释回归系数的意义，因此交互作用回归又被称为调节模型。

在调节模型中，各解释变项的解释力是一种条件化解释力，亦即其中一个解释变量对依变量的影响，在另一个解释变量（作为调节变量）的不同水准下会有不同的解释力，称为调节解释力，式（1-5）中的回归系数 β_3 表示了调节效果的强弱。由式（1-5）整理得到式（1-6）即可得知其意义（为了便于说明，将各变量下标 i 予以省略）。

$$Y = \beta_0 + (\beta_1 + \beta_3 X_2)X_1 + \beta_2 X_2 + e \tag{1-6}$$

由式（1-6）可知，X_1 对 Y 的影响不只由 β_1 所反映，而是由 $\beta_1 + \beta_3 X_2$ 决定。当 β_3 估计值达显著水准时，表示交互作用存在，两个解释变量会彼此调节其对 Y 的影响力，X_1 对 Y 的影响力随 X_2 的不同状况而变（被调节）；如果交互作用不显著（$\beta_3 = 0$），X_2 的调节影响即可忽略，X_1 对 Y 的影响力不随 X_2 的不同状况而变（不被调节），交互作用项可以移除，退化成控制模型。此时模型中虽然没有交互作用项，但是调节变量 X_2 并没有完全消失，方程式中仍保有 $\beta_2 X_2$，此时 X_2 不再作为调节变量而成为 X_1 的控制变量。

从前述的讨论中可以得到两个结论：第一，控制模型巢套在交互作用模型中，因为控制模型比交互作用少了交互作用参数，或是说，控制模型是将交互作用项参数设为 0 的一个特殊模型。换言之，控制模型是交互作用中的一个特例，这两个模型可以套用巢套比较策略来检定模式适配度的变化。第二，交互作用模型中的斜率意义的解释方式与控制模型不同。如果交互作用显著，必须对斜率参数进行条件化解释。一般在研究实务中，对于调节效果的解释必须取其中一个解释变量作为调节变量，另一个解释变量则作为主要解释变量，进行**单纯效果**（simple effect）的讨论，分析在不同的调节变量水准下的斜率与截距，称为**简单斜率**（simple slope）与 **简单截距**（simple intercept）分析[①]。

1.2.3 截距参数的意义

在一般的回归方程式中（例如式（1-1）），截距是指当解释变量为 0 的依变量数值。例如当 Y_i 是孩童的学业成绩，X_i 是父母亲的社会经济地位，β_0 为截距项，β_1 为斜率，当学生父母的社会经济地位等于 0 时，学生学业成绩的预测值才会等于 β_0。

为了解释的缘故，进行回归分析时需进行一些修正，不直接用父母亲的社会经济地位原始数值作为自变项，而是以父母亲社会经济地位的标准分数作为自变项，也将学童学业成绩标准化，此种设计就是标准化的回归分析，截距项的解释就不必进行特殊处理，即能反映依变项平均情形：标准分数为 0。

另一种广为采用的替代做法，是以解释变量中心化来移动截距的位置。例如将父母亲

[①] 对于调节回归的分析策略可参考邱皓政（2010）的第 12 章的说明。

社会经济地位（X）距离所有样本中父母亲社会经济地位平均值（$\overline{X}$）的差距，亦即离均差分数（$X - \overline{X}$）作为回归分析的自变项，此一离均差分数的获得过程称为中心化（centering），在本书称为平减（因为是减去平均数之故），此时式（1-1）可转换为式（1-7）。

$$Y = (\beta_0 + \beta_1\overline{X}) + \beta_1(X - \overline{X}) + e \qquad (1-7)$$

在简单回归中，截距（β_0）的一般最小平方法估计值是 $\overline{Y} - \beta_1\overline{X}$，代入式（1-7），可得到式（1-8）。

$$Y = \overline{Y} + \beta_1(X - \overline{X}) + e = \beta_0' + \beta_1(X - \overline{X}) + e \qquad (1-8)$$

在未进行解释变量中心化之前，截距 β_0 是指当解释变量为 0 时 Y 的数值，如图 1.1(a) 所示。如果以学童学业成绩对学童父母亲社会经济地位的离均值进行回归分析，如式（1-8），但仍然以符号 β_0' 作为截距项，β_1 为斜率，则 $\beta_0' = \overline{Y}$。此时截距即为学童平均学业成绩，斜率仍然为学童父母亲社会经济地位对孩童学业成绩的影响，不受平减的影响（如图 1.1(b) 所示）。

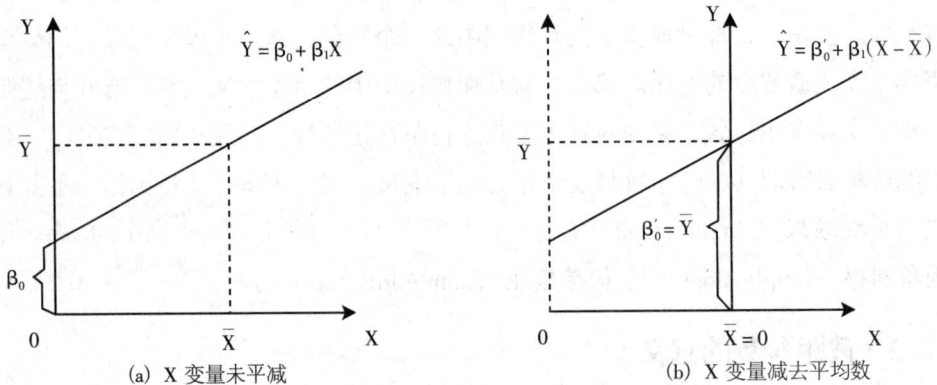

图 1.1　解释变量中心化（平减）后的截距意义变化

由前述的平减方程式（1-8）可知，对解释变量进行平减的主要影响，是将截距转换成 $\overline{Y}$ 且其他参数（斜率与误差）维持不变。换言之，如果 X 未经平减，则截距所反映的是当 X = 0 时 Y 的数值；如果 X = 0 代表绝对零点或 X 数值范围包括 0，此时截距可解释成 Y 的起始值（例如成长模式），但如果 X 的数值范围不包括 0，X 未平减时的截距则无实质意义。

传统上，研究者所关注的是回归方程式中的斜率而非截距，因为斜率 β_1 代表 X 对 Y 的影响力，经显著性验证若证明 β_1 显著不等于 0，研究者可宣称 X 对 Y 的影响具有统计意义。相比之下，研究者对 β_0 截距的估计与显著性验证并不关心。但是在多层次模式中，截距具有重要的意义，随机截距用来反映各组平均的差异，因此，截距的意义与检定不可忽略，连带使得会改变截距意义的平减操作成为重要议题。

另外，解释变量平减对于交互作用回归也有重要的价值，如果交互作用项为经过平减的解释变量相乘，将可使交互作用项与主要效果项的相关大幅降低，有利于回归系数的解释与呈现。将解释变量平减后的交互作用方程式，如新方程式（1-9）所示，新截距项的意义在多层次分析中非常关键。

$$Y = \beta_0' + \beta_1' X_1' + \beta_2' X_2' + \beta_3' X_1' X_2' + e \tag{1-9}$$

有一点必须注意的是，式（1-9）中经过平减的 X_1' 与 X_2' 两个新解释变量本身的平均数为 0，理论上不会使得方程式（1-9）的新截距回到 $\overline{Y}$ 的位置，因为平减后相乘的交乘积项 $X_1' X_2'$ 并非平均数为零，而是期望值为 X_1 与 X_2 的共变量这个新变量（Bohrnstedt & Gikdberger，1969；Hays，1988）。

$$E(X_1 - \overline{X}_1)(X_2 - \overline{X}_2) = Cov(X_1, X_2) \tag{1-10}$$

如果式（1-9）的截距要回到 $\overline{Y}$ 的位置，$X_1' X_2'$ 还必须再进行一次平减：共变量中心化（减去 X_1' 与 X_2' 的共变量），否则仅针对 X_1 与 X_2 进行平减忽略乘积项的共变量，则中心化无法还原新截距成为结果变量的平均数。

X_1'、X_2' 与 $X_1' X_2'$ 三者经过平减之后所进行的调节回归分析，交互作用的参数估计与显著性验证不会改变，但低阶的回归系数一来因为变量间的相关降低而得以避免共线性问题，二来各参数变得更容易解释，β_1' 是指当 X_2' 为零时 X_1' 的斜率、β_2' 是指当 X_1' 为零时 X_2' 的斜率的条件效果。

1.3 **多层次模型分析的方法学概念**

1.3.1 随机取样与误差独立性

在一般回归方程式中，例如式（1-1），可以发现（X_i, Y_i）代表一个个体，也就是我们所分析的单位，一个家庭的孩童（i）学业成绩（Y）与其父母亲的社会经济地位（X）。此时的研究设计是以简单随机抽样为抽样方法，抽出的分析单位为学童，因此回归分析的资料单位是学童，就是式（1-1）的下标 i。但是实际上的研究设计可能不是如此，特别是教育或组织研究，我们常常采取的抽样方式是随机集群抽样，通常是**多阶段随机集群抽样**（multi-stage random cluster sampling），此时虽然统计分析的单位是学童（i），但是要抽取学童之前，会先抽取班级，而且将这个被抽中的班级中每一个学童都进行全面的资料搜集。

换言之，要抽个体（i）之前先抽取班级，此时班级就是随机抽样的单位，所有合乎调查研究的班级都会被汇整到一起成为抽样架构。有时汇整班级可能更为复杂，在抽取班级之前，先抽取学校，甚至在抽取学校之前，先抽取乡镇或县市，此时即是多阶段集群抽样，最后所抽取的班级，所有的学生都一一接受施测或调查。组织管理或是国际企业的研究也类似，如果研究者想分析的单位是员工或是子公司，探讨这些员工的特性与其绩效的关系，或是组织特性与员工绩效甚至满意度的关系时，往往员工或子公司资料的搜集是通过公司组织或是母公司的方式取得，由于企业组织员工的研究在资料的取得上相当困难，当公司或企业数不多时，我们不会排斥来自同一家公司的许多员工资料。换言之，在这个研究里，因为所搜集的样本资料中，有许多员工资料来自同一公司或企业组织，俨然就是多阶段的架构，好像员工样本是先抽取公司别，再从各个公司别抽取不同的员工进行调查的样子，这就是巢套或是内嵌、镶嵌的样本设计。

在这样多阶段随机集群抽样架构下所抽取的个别样本，都隐含带有受不同阶段抽样架构的影响，例如不同乡镇县市下，可能隐含着城乡差距的问题，有些县市的教育资源丰富，有些则欠缺，最明显的例子就是偏远地区的英文与信息教师，相对省、直辖市的师资设备相当匮乏，这从根本上会直接影响到学童的学业成绩。同样地，不同的班级学校，可能又隐含学校老师，甚至校长的教学理念与教学方法的不同，同时学区的因素亦隐含父母亲社会经济地位的高低，以及学童受教育资源分配的影响等。因此，造成孩童学业成绩的变异，不单单只有简单回归分析一个解释变量：父母亲的社会经济地位，其变异可能被城乡差距或教育方法不同所影响。

在商业管理研究中也有类似的现象，例如我们常提到组织文化、组织阶层等，以员工为个体的研究，都会掺杂组织层面的课题。因此在许多社会科学的研究里，如经济学有所谓的**个体经济**（Micro Economy）与**总体经济**（Macro Economy）之别，亦即在研究课题的分析上，分析单位或是资料搜集单位有个人与组织的区别。

1.3.2 多层次分析的方法学概念

根据 Courgeau（2003）的分类，所研究的模式有两个层次的区别，一个是**总体的层次**（macro 或 aggregate level），另一个是**个体层次**（micro 或 individual level），以图 1.2 说明之。

在图 1.2 中，图的下半部分是属于个体层次的分析架构，例如探讨学童的父母亲社会经济地位（X）对孩童学业成绩（Y）的影响，分析的层次是学童，也就是式（1-4）的 i。而图 1.2 的上半部分分析的架构是整体或是总体的层次，在学童父母亲社会经济地位对学童学业成绩的影响这个例子，是指学校、班级或是县市这个层级，简单来说，就是班级或学校的学童父母的平均社会经济地位（Z），是否对整个班级或学校学童平均学业成绩（Y*）

有影响。在组织研究中，这个总体层次的变项：学童父母亲平均社会经济地位 (Z) 称为**脉络变项** (contextual variable)。图 1.2 的水平实线就是探讨不同层次的解释变项对结果变项的影响，而垂直直线则是个体层次的研究变项与总体层次研究变项间的关系，总体层次的研究变项可能是不一样的总体层次特性或特征，或是个体层次研究变项的加总或平均，这部分将在第 4 章详加探讨。

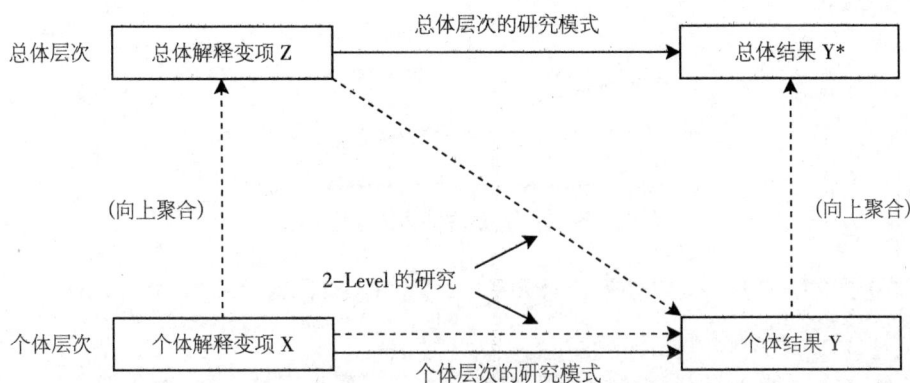

图 1.2 总体与个体层次的研究方法设计

阶层线性模式所要研究的即是图 1.2 虚线的部分，配合集群抽样或是镶嵌巢套设计，除了探讨个体学童的父母亲社会经济地位 (X) 对孩童学业成绩 (Y) 的影响外，亦探讨研究总体层次的解释变项 (Z)，如城乡差距、教育方法或整体父母亲社会经济地位对个体学童学业成绩的影响，同时掺杂总体层次与个体层次的解释变项对个体结果变项的影响。

若将图 1.2 简化，可以分成几种不同的状况：第一，如果研究架构是图 1.3，属于个体层次的研究，例如我们以一般的简单随机抽样抽取出学童，收集其学业成绩与其父母亲社会经济地位，去研究父母亲社会经济地位对孩童学业成绩的影响（此时研究变量的下标是 i）。

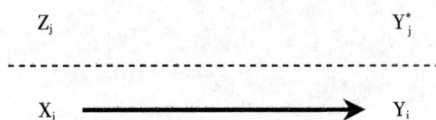

图 1.3 个体层次的研究架构

第二，如果我们研究的架构是图 1.4，则属于是总体层次的研究，例如我们以一般的随机抽样抽取出公司，收集其公司组织文化与其公司的经营绩效，去研究公司组织文化对公司经营绩效的影响。或是，研究班级或学校的平均父母亲社会经济地位对该班级或该校孩童学业成绩的影响（此时研究变量的下标是 j）。

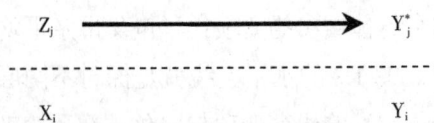

图1.4 总体层次的研究架构

第三，如果我们研究的架构是图1.5，则属于阶层线性模式的研究，如图1.2的说明（研究变量的下标有i和j）。

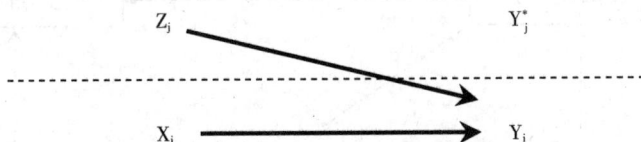

图1.5 跨层次的研究架构

将图1.5的研究架构改以统计符号来呈现，则如式（1–11）所示：

$$Y_{ij} = \alpha_j + \beta_j X_{ij} + \gamma Z_j + e_{ij} \qquad (1-11)$$

式（1–11）中，Y_{ij}代表学童的学业成绩（或员工绩效），X_{ij}代表学童父母亲的社会经济地位（或员工满意度），Z_j则代表该班级的平均父母亲社会经济地位（或员工所属公司的福利诱因）。在符号的使用上，X_{ij}有两个下标：j代表班级（或公司），而i代表班级学校下的学童（或各公司内的员工）。学童与员工是巢套（镶嵌）在班级和公司里的，j为1，2，3，…，J，共有J公司或班级，而i是附属于j下的，所以J个公司或班级各有样本数为n_1，n_2，…，n_j，…，n_J个学童或员工。

回归方程式（1–11）中的回归系数中，截距项α_j对所有的样本可能都相同，也可能在每个班级或公司下有所不同，斜率项β_j也是如此，在所有样本中可能相同，也可能在每个班级或公司下有所不同，斜率的不同表示每个公司的员工满意度对其绩效影响的程度不一样，或是每个班级学童父母亲的社会经济地位对学童学业成绩影响的程度不一。对于Z_j而言，由于其反映了来自总体层次的预测变量，为了与个体层次的预测变量区别，则以γ来表示其影响力，其意义反映了各公司的福利诱因对员工绩效的影响，或是各班级平均的父母亲社会经济地位对学童学业成绩的影响。

1.4 阶层线性模式的基本原理

1.4.1 阶层线性模式的特性

前面已经说明当研究资料具有内属或镶嵌的特性时，对个体层次结果变项的解释效果可能会来自不同层次, 再加上资料间的相似性, 此时, 传统的 GLM 无法处理多层次的资料结构。例如社会经济地位 (X) 对于学业成绩 (Y) 的影响, 社会经济地位作为解释变项, 研究者的假设为社会经济地位的高低影响学业成绩。但是, 如果样本来自不同的学校, 每一个学校的整体社会经济地位可能有所不同。此时, 社会经济地位就有个体 (Level 1) 与总体 (Level 2) 两个层次的影响, 总体层次的社会经济地位以 Z 表示, Z 对结果变项的影响以方程式 (1–13) 与 (1–14) 表示, 方程式 (1–12)、(1–13) 与 (1–14) 的组合即称为阶层线性模式:

Level 1: $Y_{ij} = \beta_{0j} + \beta_{1j} X_{ij} + \varepsilon_{ij}$ (1–12)

Level 2: $Y_{0j} = \gamma_{00} + \gamma_{01} Z_j + u_{0j}$ (1–13)

$\beta_{1j} = \gamma_{10} + \gamma_{11} Z_j + u_{1j}$ (1–14)

方程式 (1–12) 代表第一层 (level 1) 的回归模式, 也就是个体层次解释变项与个体层次结果变项的关系, 而方程式 (1–13) 与 (1–14) 代表第二层 (level 2) 的回归模式, u_{0j} 与 u_{1j} 表示第二层回归模式的误差项, 假设服从以 0 为平均数、τ_{00} 与 τ_{11} 为变异数、τ_{01} 为共变量的二元常态分配。值得注意的是, 式 (1–13) 与 (1–14) 的结果变项是第一层回归模式的参数, 亦即以各校个体层次的回归分析截距项与斜率项作为结果变项进行高阶回归分析, 而不是个体层次的结果变项数据。若将这三式结合, 将式 (1–13) 与 (1–14) 代回式 (1–12) 得到整合方程式, 称为**混合模型** (mixed model):

Mixed: $Y_{ij} = \gamma_{00} + \gamma_{10} X_{ij} + \gamma_{01} Z_j + \gamma_{11} Z_j X_{ij} + u_{0j} + u_{1j} X_{ij} + \varepsilon_{ij}$ (1–15)

式 (1–15) 中, 回归系数 γ_{00} 为平均截距, γ_{01} 就是总体层次解释变项对结果变项的直接影响或称为脉络效果, γ_{10} 为个体层次解释变项对结果变项的影响, 而 γ_{11} 为**跨层级交互作用效果** (cross–level interaction effect)。若将式 (1–15) 倒数第二项与第三项拿掉, 则是一般的多元回归分析, 有总体层次的解释变项 Z_j、个体层次的解释变项 X_{ij}, 以及交互作用项 $Z_j X_{ij}$, 不过这是跨层级两个变项的乘积项, 不是传统 GLM 所处理的交互作用项。值得注意的是, 在方程式 (1–15) 内, 引进了另外两个总体层次 (第二层) 的误差项, 这是回归分析中所没有的部分。从公式 (1–15) 中, 我们可以约略看出 GLM 与 HLM 的不同。

1.4.2 阶层线性模式的基本假设

如果我们将式 (1–12)、(1–13) 与 (1–14) 的解释变项 X_{ij} 与 Z_j 都拿掉, 则这三个方程式缩减为两个:

Level 1: $Y_{ij} = \beta_{0j} + \varepsilon_{ij}$ (1–16)

Level 2: $\beta_{0j} = \gamma_{00} + u_{0j}$ (1–17)

这就是最简单的 HLM 模型, 称为**零模型** (null model) 或是**随机效果变异数分析模型**

(random effect ANOVA model)，所有的 HLM 分析都是从零模型开始。零模型除了有 GLM 的假设外，因为它多出了不同层次的误差项，其假设为：

（1）ε_{ij} 为独立且服从以 0 为平均数、σ^2 为变异数的常态分配；

（2）u_{0j} 为独立且服从以 0 为平均数、τ_{00} 为变异数的常态分配；

（3）ε_{ij} 与 u_{0j} 相互独立。

让模型稍微复杂一点，以最常用的简单回归为例，它比零模型多一个个体层次的解释变项 X_{ij}［方程式（1-18）］。此外，第二层的两个回归方程式，一个有误差项［方程式（1-19）］，另一个则无［方程式（1-20）］，其设定如下：

Level 1：$Y_{ij} = \beta_{0j} + \beta_{1j}X_{ij} + \varepsilon_{ij}$ (1-18)

Level 2：$\beta_{0j} = \gamma_{00} + u_{0j}$ (1-19)

$\beta_{1j} = \gamma_{10}$ (1-20)

式（1-18）为一般的简单回归分析，差别只在于回归系数有下标符号。式（1-19）称为随机效果模式，式（1-20）称为固定效果模式，这三个方程式在 HLM 称为随机截距模型或具随机效果的共变量分析模型。

我们就以式（1-18）、（1-19）、（1-20）为例，为了讨论一项特殊效果的检定：γ_{10} 效果的统计检定力，我们需要对于理论模型与真实资料的**适配度**（goodness of fit）或**离异数**（deviance）、样本数，以及 γ 系数的估计方法加以定义。因为统计检定力是以发现一个具有显著性效果的概率来定义的，此时该效果必须存在于模型中，且利用显著性验证来检验之。显著性验证非常倚重被估计的 γ 系数标准误的计算，因此 γ 系数估计值的抽样变异误决定了回归模型的检定力。如果抽样变异误估计出来的数值很小，检定力就会很大；反之，检定力就会很小。除此之外，如同回归分析一样，必须估计误差变异数。在 HLM 中，除了估计个体层次误差项的变异数 σ^2 外，尚必须估计第二层误差项 u_{0j} 的变异数 τ_{00}，有时还必须估计 τ_{11} 与 τ_{01}，这是和 GLM 的不同之处。

1.4.3　结语

总结前述的讨论，我们将 GLM 与 HLM 主要差异的比较列于表 1.2，阶层化资料与传统回归分析的资料最大的不同，在于以一般线性模式为基础的传统回归所使用的分析数据必须符合独立且同质母体的假设。阶层化资料更有别于传统的**变异数分析**（analysis of variance，ANOVA）中对于受试者必须进行随机分派的基本要求（Kirk，1995）。阶层线性模式的因应方法，是通过随机效果的设计，在回归模式中引进不同层次的误差项，通过总体层次误差项的变异数估计来捕捉内属关系的组内相关，据以进行参数的估计与检定，因此所得到的结果较为正确。

如果从统计概念脉络来看，**HLM** 是一种从线性回归模型所衍生出来的统计方法，换言之，所有影响回归分析的因素都会影响到 HLM。因此，当我们从单层次提升到多层次分析的同时，也必须有一个新的解答或作必要的修正，例如解释变量的中心化，正因为 HLM 具有阶层结构，因而有特殊的跨层级交互作用，因此对于解释变量的中心化处理也就特别的重要。而面对不同层级的多重变异来源（σ^2 与 τ_{00}），使得我们在定义**解释变异**（explained variance）时显得格外复杂，而且要以不同以往的方法来界定。以下各章分别从不同层面来探讨 HLM 的重要议题。

在下面各章的讨论中，我们泛指的是结果变项为连续变项的讨论，并且以两层结构的 HLM 为例；此外，我们以 MLM（multilevel linear modeling）来称呼多层次模式，有时也与 HLM 交替使用。

表 1.2　GLM 与 HLM 差异比较

项目	GLM	HLM（两层为例）
样本组成	所有样本相互独立	样本非独立（巢套）
误差项	单一层次误差	个体层次误差
		总体层次误差
交互作用项	同一层级	L1 同一层级
		L2 同一层级
		L1 与 L2 跨层级
模式适配指标	R square	Pseudo R square
	Adjusted R square	Deviance

2 组内相关系数议题

2.1 概说

多层次模式的第一个议题，就是在什么情况下可以或一定要使用多层次分析方法（Hoffman，1997）。关于这个问题，最简单的判断是检视研究样本是否来自**集群抽样**（cluster sampling），如果资料搜集过程涉及多阶段集群取样，使得资料具有镶嵌特性，造成样本独立性的违反，导致 GLM 不能使用。此时，用来侦测资料是否违反独立性的具体统计指标是**组内相关系数**（intraclass correlation coefficient，ICC）。

对于 HLM 使用时机的判断，Luke（2004）提出了三个观点：第一个观点是理论层次的判断，即所研究的理论架构与研究问题是否属于多层次的范畴，例如研究者的研究变量是否涵盖不同层次，或是研究者所关心的现象其影响机制是否牵涉不同层次。

第二个观点是统计层次的判断，亦即研究者所使用的统计方法的假设是否获得支持？例如如果要使用**一般最小平方方法**（OLS）的回归分析，其资料独立性的假设是否符合，如果资料镶嵌并未造成独立性假设违反，未必一定要使用其他技术，相反地，如果独立性假设被违反，OLS 结果必然受到威胁。

第三个观点则是实证层次的考量，也就是当所搜集的数据所计算的组内相关系数是否显著或很大？如果 ICC 足够大，事实上也正隐含着资料的独立性假设严重被违反，亦不可以以一般的回归分析或是变异数分析来进行理论验证的假设考验。本章即针对统计与实证的观点，来讨论样本独立性问题与 ICC 在 HLM 使用时机的议题。

2.2 组内相关系数的意义

2.2.1 第一个观点：ICC 是解释变异

ICC 的一个有趣的问题，是 ICC 的意义究竟是**相关系数**（coefficient of correlation）还是**解释变异百分比**（proportion of explained variance）？以下，我们将详细说明这个问题的核心概念。

在具随机效果的单因子变异数分析中，可以导出**组内相关系数** ρ（ICC），如式（2–1）：

$$ICC = \rho = \frac{\sigma_B^2}{\sigma_B^2 + \sigma_W^2} \tag{2-1}$$

此方程式是在 HLM 为零模型（没有任何解释变量，仅分成不同层次的随机效果）的条件下计算得出的。公式（2-1）中的 σ_W^2 称为误差项均方和，在 HLM 中即为第一阶回归方程式的误差项变异数，亦即组内变异数 σ^2，σ_B^2 就为随机效果变异数分析的 σ_a^2，亦即组间变异数，在 HLM 中即代表总体层次误差项的变异数 τ_{00}。以 HLM 统计模型来说明 ICC 运算方式如下：

$$ICC = \rho = \frac{\tau_{00}}{\tau_{00} + \sigma^2} \tag{2-2}$$

前述公式之所以需以零模型为基础来计算，一方面是因为 HLM 的分析都是从零模型开始，也就是公式（1-16）与（1-17），更重要的是 ICC 的计算必须在模型中没有任何解释变量的情况下，来估计组间变异数占总变异数的大小。ICC 所代表的是结果变项的总变异数中可以被组与组之间差异所解释的百分比，如果 ICC 很大，则代表结果变项存在组间差异，亦即各组的平均数之间明显不同，组或群的效果不可被忽略。

从公式（2-1）与（2-2）来看，ICC 为组间变异数与总变异数的比值，代表依变项的总变异数可以被组间变异数解释的百分比，此外，在其他的 HLM 模型中（零模型除外），ICC 的计算公式虽然如式（2-2）一样，但因为模式存在解释变项 X_{ij} 与 Z_j 的关系，所得到的 ICC 应称为**残差** ICC（residual ICC）或是**条件** ICC（conditional ICC），那是因为在控制解释变项下，剩下的依变项或结果变项的总变异数可以被组的差异效果所解释的程度，和零模型下的 ICC 有些差距。

2.2.2　第二个观点：ICC 是相关系数

ICC 除了可以被解释为依变项或结果变项总变异数有多少百分比可以由组间变异数所解释，但其真正的精神是组内相关系数的意思。从公式（1-16）与（1-17）来看，其混合模型为式（2-3）：

$$Y_{ij} = \gamma_{00} + u_{0j} + \varepsilon_{ij} \tag{2-3}$$

则 Y_{ij} 的变异数在第 1 章 1.4.2 节假设条件（1）、（2）与（3）下为公式（2-4）：

$$Var(Y_{ij}) = \tau_{00} + \sigma^2 \tag{2-4}$$

而相同 j 下的另位受试者 i'，其 $Y_{i'j}$ 的变异数亦可以表示成式（2-4）：

$$Var(Y_{i'j}) = \tau_{00} + \sigma^2 \tag{2-5}$$

则相同 j 下的任两个人 i 与 i' 的共变异数为公式（2-6）：

$$Cov(Y_{ij},\ Y_{i'j}) = Cov(\gamma_{00} + u_{0j} + \varepsilon_{ij},\ \gamma_{00} + u_{0j} + \varepsilon_{i'j}) \tag{2-6}$$

在前一节 HLM 的基本假设下，公式（2-6）的共变量可以表示成式（2-7）：

$$Cov(Y_{ij},\ Y_{i'j}) = \tau_{00} \tag{2-7}$$

则在相同 j 下的任两个人 i 与 i' 的依变项 Y 之间的相关系数为：

$$\rho = \frac{Cov(Y_{ij},\ Y_{i'j})}{\sqrt{Var(Y_{ij})}\sqrt{Var(Y_{i'j})}} = \frac{\tau_{00}}{\tau_{00} + \sigma^2} \tag{2-8}$$

式（2-8）所代表的意义才是组内相关系数 ICC 的真正精神，它代表从任一总体环境（group 或 context）下，例如在班级或组织内，任意挑选两位受试者学生或员工，其依变项间的相关系数期望值是用来捕捉组内或丛集内资料的相似性或是资料的不独立性。换言之，组内相关系数即个体间相依程度的测量。当个体间因为时间与空间因素导致有较高的相同经验与共通性时，彼此的相似性提高，甚至相似性高到了某个程度时，每一个人可以说是完全相似的复制品。最高的相似性通常发生在当两个个体是双胞胎，或是同一个家庭中成长的小孩时。另一个常见的高度组内相关的例子是同一个个体的重复测量。所以，计算零模型的 ICC，就是用来检视是否进行 HLM 的关键条件。

在组织或团队研究中，很明显的是当从组织或团队成员中搜集资料，可以想见的是当在一个组织或团队待久之后，成员之间可能因互动而变得在态度或观念上越来越相似，即所谓中国人所说"潜移默化"或"近朱者赤、近墨者黑"的意思，越来越被同化。当有不同于群体他人的态度或看法的成员，由于与组织文化或是组织气氛格格不入的关系而离开这个组织，则剩下的成员越来越相似，这个相似性也就是 ICC 的意思。因此，在应用多层次理论于组织研究中，很重要的一个前提条件是在相同组织内的成员必须要有高度的互动关系，才能生成相同的组织氛围来影响组织内的成员。

值得注意的是，这 ICC 既是百分比的概念也是相关系数的概念。这个统计量比较特别，既有百分比的二维面积概念，也有相关系数的一维长度概念。过去研究回归分析的变异程度，回归可以解释的变异程度占总变异程度的百分比为决定系数的定义，是百分比的概念，是依变项与依变项预测值的多元相关系数平方，是属于面积的概念。而根据公式（2-8）的结果，ICC 是组间变异数除以总变异数，是组间变异数占总变异数的百分比，亦为面积的概念。但是根据公式（2-8）的定义，则是属于相关系数的意思，不是面积百分比的解释，这是 ICC 独特的地方，也是其他统计量所没有的特征。

2.3 忽略组内相关系数的影响

ICC 被称为组内相关系数，其目的在于衡量资料违反独立性的程度，它代表任一群体（class 或 group）内任两位受试者，其结果变项间相关的期望值，是用来捕捉组内资料的相似性或是资料的非独立性（Hox，2002）。换言之，组内相关系数即是个体间相依程度的测量。过去统计分析的假设是建立在资料独立性的假设上，因此若以**最大概似法**来估计参数，因为假设样本来自母体某种特定分配的抽样结果，因此**概似函数**（likelihood function）

要能够连乘，前提条件是样本要具有独立性。当 ICC 显著大于 0 时，说明了资料不具有独立性的特征，隐含数据之间具有组内相关。

2.3.1 高度组内相关的影响

在资料分析时，如果忽略了 ICC 的存在，则组内相关会影响传统线性回归模型的误差变异数，使得所估计的误差变异数膨胀。误差变异数代表了所有遗漏的解释变量与测量误差的影响，而且这些误差具有相互独立的基本假设。在传统的**一般线性模型**（GLM），解释变量的遗漏被假设为随机、非结构性的现象。但是当资料具有丛集结构的特性时，此一假设是具有争议性的。例如，在学校效能的研究中，学校气氛或同侪压力可能是一个没有被测量到的具结构性影响的变量，此时，存在于同一个学校或班级的学生其误差项的共变量，即会以组内相关系数的形态浮现。

忽略了组内相关，除了会使得误差变异数变大之外，亦会造成回归系数估计值的测量标准误变小的后果（温福星，2006）。此后果会反映在测量标准误的低估上，因此使得原先检定统计量有可能不显著，但因低估回归系数估计值的标准误，而容易拒绝虚无假设，犯了型 I 错误的可能。而用来衡量低估的测量标准误是以**设计效果**（design effect）来表示：

$$\eta = 1 + \rho(n - 1) \tag{2-9}$$

式（2-9）中的 ρ 是组内相关系数，而 n 是假设在平衡设计下的组内样本数，一般而言组内相关系数会大于 0。因此根据公式（2-9）计算的结果，即使组内相关系数很小，但若组内样本数很大，则 η 会很大且大于 1。这个 η 即为设计效果，说明同样的总样本资料，如果资料是来自完全独立的样本时，则这个巢套设计下所估计回归系数的测量变异误是相对独立样本变异误的 η 倍。

组内相关可以用几种方式来解释。前面是以相同的时空下，个体所共同经验的程度来界定，可被称为**团体同质性**（group homogeneity）指标。更正式的说法，当资料具有两个层级的结构时，高层次观察单位之间的变异数（组间变异数）占结果变量变异数的比例，即为组内相关。不论从哪一个方法来界定，组内相关所反映的都是组内（或脉络内）相依性的存在，这意味着如果组内相关存在时，表示这一群个体是属于一个丛集，同时受到丛集的影响，此时，传统线性模型对于观察值需为独立的假设即遭到违反。

在文献上，当组内相关存在时，造成回归分析的基本假设被严重违反，其影响会反映为型 I 错误率（α 水准）的增加。例如 30 个在同一个班级的学生已非 30 个独立的个体，学生之间独立性的流失，取决于班级内个体的相似性或是组内的同质性的高低，因此组内相关的强度决定了观察值间真实的非独立性。由于显著性考验是以观察值的独立性为基础，当组内相关存在时，将造成传统线性模型的显著性验证过于宽松（Barcikowski,

1981）。Barcikowski 指出了在多数的 ANOVA 检定中，参数估计的标准误都是被低估的，一个很小的组内相关即可能造成型 I 错误率的实质扩大。对于一个 N = 100 的大样本，ρ = 0.01 的低度组内相关即会使型 I 错误率由 0.05 提高到 0.17；对于一个小样本（N = 10），ρ = 0.20 的高度组内相关会使观察到的型 I 错误率提高到 0.28，而非原本假定的 0.05。一般来说，当一个大样本具有低度的组内相关，与一个小样本具有高度的组内相关，对于型 I 错误率的膨胀具有相同的影响力。然而，低度组内相关对于小样本的型 I 错误率的影响虽然较小，但是随着样本数的增大，对于型 I 错误率膨胀的负面影响程度便会扩大。

2.3.2 ICC 的判断

在 HLM 中，是通过检视零模型的 ICC 来判断是否必须以多层次统计技术来分析多层次的资料。ICC 在平衡设计下有其概率分配，因此可以计算其估计值的标准差（Donner，1986），进而检定其 ICC 是否显著异于 0。但在社会科学的研究下，各组的样本数很难都相等，因此检定 ICC 的显著性相对不易。虽然 Donner（1986）亦推导出样本数不等的情况下 ICC 的抽样分配，但其公式繁杂不容易计算，因此以检定 ICC 的方式来进行组内相关系数的假设验证可以说很少。

由于统计软件并未提供 ICC 的计算与检定，而是估计出随机效果变异数分析中的组间变异数，由于随机效果的组间变异数在变异数分析中并未有正式的检定，因此 Snijders 与 Broske（1999）建议通过检定固定效果下变异数分析的 F 验证，或是检定随机效果下 τ_{00} 的卡方检定，据以判断组间变异数是否显著大于 0 的效果，以便配合计算组内相关系数 ICC 进行多层次的统计分析。

除了以 F 或卡方检定验证组间变异数的效果外，Cohen（1988）认为 ICC 在不同的研究范畴下，其差异很大，因此在不同领域有不同的 ICC 判断值。不过，Cohen 提出了 3 个数字，这 3 个数字反映出组内相关系数的效果大小：当 ICC 小于 0.059 时，算是相当小的组内相关系数，其效果可以略而不计，相当于虚无假设的零相关不被拒绝。其次是介于 0.059~0.138，这样的大小则算是中度相关，至于高于 0.138 则算是高度的组内相关，他认为中度程度以上的组内相关就不能忽略其相似性的存在，其对回归系数估计标准误与检定力的影响不能被忽视，因此当 ICC 大于 0.059，则必须考虑多层次的统计分析，亦即必须以 HLM 来分析而不能以 GLM 进行分析。

Bliese（2000）的研究发现，ICC 一般是在 0.05~0.20 的范围内，而 James（1982）的 ICC 整理发现，组织管理文献中的 ICC 其中位数是落在 0.12，根据这些学者的研究，多大的 ICC 是不能被忽略的判断虽然没有很精确的标准，但差不多。如果根据前述 Luke（2004）的看法，认为是否必须以 HLM 来分析要从三个角度来检视，第一是**理论层次**（theoretic view），研究是否是属于多层次的议题；第二是**统计层次**（statistical view），资料结构在分析上是否违反了回归分析对误差项的独立性与同质性假设；ICC 的数据大小属于第三个层次，亦即**资料层次**（empirical view），ICC 是否够大到不能忽略其对回归分析结果的影响。因此，本书认为 ICC 的大小并非首要的考量因素，理论层次与统计层次的考量应该先于资料层次。

2.4 范例说明

以下我们将以 1988 年美国教育追踪统计资料库（NELS88）的资料为范例，从中挑选部分变量来进行示范 ICC 的计算。其中以数学成绩（MATHACH）作为结果变量，以学生的家庭作业时间或社会经济地位作为个体层次解释变量，以公私立别与班级规模为总体层次解释变量。

本范例在样本设计上，分成大中小三类：大样本为 NELS88 的 1003 所学校的 21580 个学生，中样本为其中 23 个学校的 519 个学生（8 校为私立、15 校为公立），小样本为其中 10 个学校的 260 个学生（2 校为私立、8 校为公立）。解释变量如下：

（1）社会经济地位［SES］（SES）

（2）每周做作业的时数［家庭作业］（HOMEWORK）

（3）学校种类［公立］（PUBLIC）：公立编码为 1，私立编码为 0

（4）班级规模，为学生人数除以老师人数的［生师比］（RATIO）

2.4.1 范例数据的描述统计

（1）10 个学校的小样本数据库的描述统计如下：

LEVEL–1 DESCRIPTIVE STATISTICS

VARIABLE NAME	N	MEAN	SD	MINIMUM	MAXIMUM
HOMEWORK	260	2.02	1.55	0.00	7.00
SES	260	−0.07	0.97	−2.41	1.85
MATHACH	260	51.30	11.14	31.00	71.00

LEVEL–2 DESCRIPTIVE STATISTICS

VARIABLE NAME	N	MEAN	SD	MINIMUM	MAXIMUM
PUBLIC	10	0.90	0.32	0.00	1.00
RATIO	10	15.50	3.89	10.00	22.00

（2）23 个学校的中样本资料库的描述统计如下：

LEVEL-1 DESCRIPTIVE STATISTICS

VARIABLE NAME	N	MEAN	SD	MINIMUM	MAXIMUM
HOMEWORK	519	1.97	1.48	0.00	7.00
SES	519	−0.00	0.88	−2.41	1.85
MATHACH	519	51.72	10.71	30.00	71.00

LEVEL-2 DESCRIPTIVE STATISTICS

VARIABLE NAME	N	MEAN	SD	MINIMUM	MAXIMUM
PUBLIC	23	0.65	0.49	0.00	1.00
RATIO	23	17.35	4.88	10.00	28.00

（3）1003 个学校的大样本资料库的描述统计如下：

LEVEL-1 DESCRIPTIVE STATISTICS

VARIABLE NAME	N	MEAN	SD	MINIMUM	MAXIMUM
HOMEWORK	21580	1.98	1.47	0.00	7.00
SES	21580	−0.04	0.79	−2.52	2.31
MATHACH	21580	51.01	10.18	26.75	71.22

LEVEL-2 DESCRIPTIVE STATISTICS

VARIABLE NAME	N	MEAN	SD	MINIMUM	MAXIMUM
PUBLIC	1003	0.78	0.42	0.00	1.00
RATIO	1003	17.62	4.89	10.00	30.00

2.4.2 HLM 的分析模型与结果

2.4.2.1 HLM 模型：以数学成绩为依变量

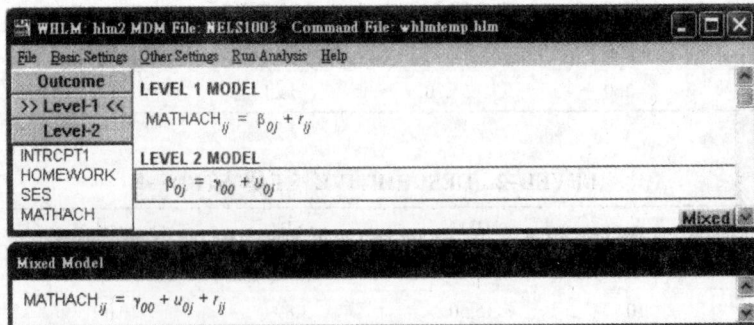

2.4.2.2 HLM 估计结果：以数学成绩为依变量

首先，我们以数学成绩为结果变量，进行零模型分析，检验组内相关系数的强弱：

■10 个学校之小样本

Final estimation of variance components:

Random Effect		Standard Deviation	Variance Component	df	Chi-square	P-value
INTRCPT1,	U0	5.83188	34.01079	9	215.57826	0.000
level-1,	R	8.50034	72.25585			

小样本的层二变异数估计值为 34.01，卡方值为 215.58，在自由度为 9 的情况下，达到 0.001 显著水准，说明学校间的数学平均成绩明显有差异；而层一变异数估计值为 72.26，经计算 ICC 得 0.32，换言之，任一学校内任两个学生的数学成绩之间的相关为 0.32。另外，从百分比的概念来诠释为，数学成绩在校与校间的变异数占所有学生数学成绩总变异数的 32%，显示校与校在学生数学成绩上的表现很明显不同。

$$ICC = \rho = \frac{\tau_{00}}{\tau_{00} + \sigma^2} = \frac{34.01}{34.01 + 72.26} = 0.32$$

我们若以一般线性模式中的随机效果 ANOVA 比较 10 个学校的数学成绩差异，可以得到下列的平均数图示与分析结果：

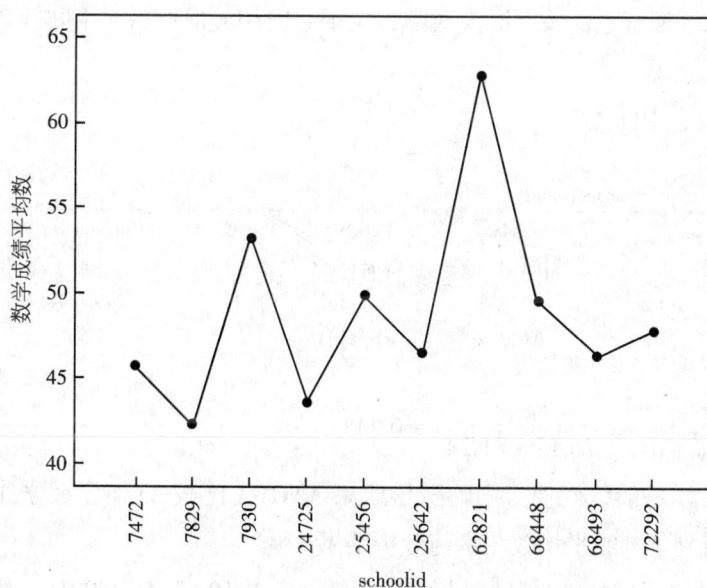

受试者间效应项的检定

依变量：Math Ach math score'

来源		型Ⅲ平方和	df	平均平方和	F	显著性	净相关 Eta 平方
截距	假设	545077.651	1	545077.651	382.517	0.000	0.977
	误差	12942.952	9.083	1424.978			
schoolid	假设	14030.536	9	1558.948	21.549	0.000	0.437
	误差	18086.064	250	72.344			

由平均数图可以看出，10 所学校学生的数学成绩平均数差异明显，最低分的学校为编号 7829，最高分的学校为编号 62821。这 10 校数学成绩的差异达到显著水准（$F_{(9,250)}$ = 21.549，p < 0.001）。由报表中的组内变异均方和（72.344）可知，其数值非常接近前述 HLM 报表中的组内变异数（72.25585）。净 η^2 系数的原理与计算方法如下（邱皓政，2005，p.9–18）：

$$\hat{\eta}^2 = \frac{SS_b}{SS_b + SS_{error}} = \frac{14030.536}{14030.536 + 18086.064} = 0.437$$

亦即学校之间的组间变异占总变异的 43.7%。但是从概念上来看，eta² 系数为变异比，而非变异数比，因此若要与 ICC 相比较，应采用 ω^2（omega squared）量数（邱皓政，2005，p.9–16）。

$$\hat{\omega}^2 = \frac{SS_b - (p-1)MS_w}{SS_{total} + MS_{error}} = \frac{14030.539 - (10-1) \times 72.344}{14030.539 + 18086.064 + 72.344} = \frac{13379.443}{32188.947} = 0.416$$

由上述计算可以发现，以随机效果 ANOVA 中的 η^2 系数或 ω^2 系数来估计组间效果，会有高估的现象。换言之，多层次模式中，关于组内相关情形（或组间差异的比例）的反映，宜以 ICC 来呈现。

■23 个学校之中样本

Final estimation of variance components：

Random Effect		Standard Deviation	Variance Component	df	Chi-square	P-value
INTRCPT1，	U0	5.11107	26.12302	22	240.76441	0.000
level-1，	R	9.01354	81.24393			

$$ICC = \rho = \frac{\tau_{00}}{\tau_{00} + \sigma^2} = \frac{26.12}{26.12 + 81.24} = 0.243$$

同样地，若以一般线性模式中的随机效果 ANOVA 比较 23 所学校学生的数学成绩平均差异，可以得到下列的平均数图示与分析结果：

23 所学校数学成绩的差异达到显著水准（$F_{(22,496)}$ = 10.67，p < .001）。由报表中的组内变异均方和（81.309）可知，其数值非常接近前述 HLM 报表中的组内变异数（81.24393）。净 η^2 系数为 0.321，ω^2 系数为 0.291，也高于 HLM 中的 ICC = 0.243，仍呈现高估现象。

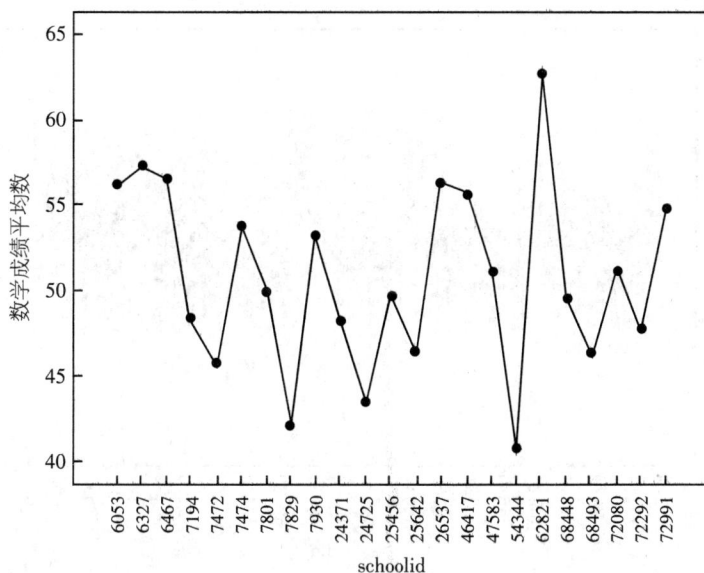

受试者间效应项的检定

依变量：Math Ach math score'

来源		型Ⅲ平方和	df	平均平方和	F	显著性	净相关 Eta 平方
截距	假设	1053809.686	1	1053809.686	1491.271	0.000	0.985
	误差	16303.431	23.071	706.652[a]			
schoolid	假设	19078.648	22	867.211	10.666	0.000	0.321
	误差	40329.398	496	81.309[b]			

$$\hat{\omega}^2 = \frac{SS_b - (p-1)MS_w}{SS_{total} + MS_w} = \frac{19078.648 - 22 \times 81.309}{19078.648 + 40329.398 + 81.309} = 0.291$$

■1003 个学校之大样本

Final estimation of variance components：

Random Effect		Standard Deviation	Variance Component	df	Chi-square	P-value
INTRCPT1,	U0	5.15664	26.59089	1002	8631.08499	0.000
level-1,	R	8.75306	76.61600			

$$ICC = \rho \frac{\tau_{00}}{\tau_{00} + \sigma^2} = \frac{26.59}{26.59 + 76.62} = 0.258$$

以随机效果 ANOVA 比较 1003 所学校学生的数学成绩平均差异发现达显著水准（$F_{(1002,20577)} = 8.601$，$p < .001$）。组内变异均方和（76.618）接近 HLM 报表中的组内变异数（76.616）。净 η^2 系数为 0.295，ω^2 系数为 0.261，虽然与 HLM 中的 ICC = 0.258 差距接近，但仍呈现高估现象。

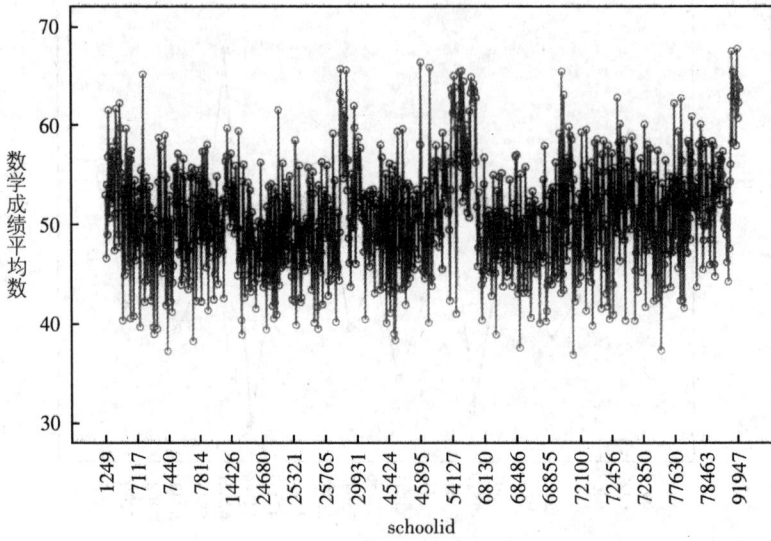

受试者间效应项的检定

依变量：Math Ach math score'

来源		型Ⅲ平方和	df	平均平方和	F	显著性	净相关 Eta 平方
截距	假设	43962975.278	1	43962975.278	81954.933	0.000	0.987
	误差	571306.544	1065.019	536.429			
schoolid	假设	660312.290	1002	658.994	8.601	0.000	0.295
	误差	1576561.785	20577	76.618			

2.4.2.3　HLM 估计结果：以家庭作业为依变量

如果我们改以家庭作业时间为结果变量，估计结果如下：

■10 个学校之小样本

Final estimation of variance components：

Random Effect		Standard Deviation	Variance Component	df	Chi-square	P-value
INTRCPT1,	U0	0.67795	0.45962	9	113.73818	0.000
level-1,	R	1.32382	1.75249			

$$ICC = \rho = \frac{\tau_{00}}{\tau_{00} + \sigma^2} = \frac{0.46}{0.46 + 1.75} = 0.208$$

另外，对比随机效果 ANOVA 的分析结果（如下表所示），可以发现组间差异效果量系数：净 η^2 系数为 0.294，ω^2 系数为 0.268，均有高估的现象。

受试者间效应项的检定

依变量：Home Work time spent on math homework

来源		型III平方和	df	平均平方和	F	显著性	净相关 Eta 平方
截距	假设	706.214	1	706.214	37.856	0.000	0.805
	误差	170.782	9.155	18.655			
schoolid	假设	182.962	9	20.329	11.580	0.000	0.294
	误差	438.899	250	1.756			

■23 个学校之中样本

Final estimation of variance components：

Random Effect		Standard Deviation	Variance Component	df	Chi-square	P-value
INTRCPT1,	U0	0.53195	0.28297	22	133.82109	0.000
level-1,	R	1.34976	1.82185			

$$ICC = \rho = \frac{\tau_{00}}{\tau_{00} + \sigma^2} = \frac{0.28}{0.28 + 1.82} = 0.133$$

随机效果 ANOVA 的分析结果发现，净 η^2 系数为 0.206，ω^2 系数为 0.171，均高于 ICC。

受试者间效应项的检定

依变量：Home Work time spent on math homework

来源		型III平方和	df	平均平方和	F	显著性	净相关 Eta 平方
截距	假设	1358.720	1	1358.720	153.115	0.000	0.865
	误差	212.713	23.971	8.874			
schoolid	假设	235.037	22	10.683	5.852	0.000	0.206
	误差	905.530	496	1.826			

■1003 个学校之大样本

Final estimation of variance components：

Random Effect		Standard Deviation	Variance Component	df	Chi-square	P-value
INTRCPT1,	U0	0.46927	0.22022	1002	3492.90726	0.000
level-1,	R	1.39588	1.94849			

$$ICC = \rho = \frac{\tau_{00}}{\tau_{00} + \sigma^2} = \frac{0.22}{0.22 + 1.95} = 0.101$$

随机效果 ANOVA 的分析结果发现，净 η^2 系数为 0.145，ω^2 系数为 0.103，虽仍高于 ICC = 0.101，但是已趋于接近。

受试者间效应项的检定

依变量：Homw Work time spent on math homework

来源		型Ⅲ平方和	df	平均平方和	F	显著性	净相关 Eta 平方
截距	假设	65299.584	1	65299.584	11319.574	0.000	0.907
	误差	6696.685	1160.859	5.769			
schoolid	假设	6800.719	1002	6.787	3.484	0.000	0.145
	误差	40086.146	20577	1.948			

2.4.2.4 结语

综合上述数据可发现，不论是小、中、大样本，数学成绩作为结果变数的 ICC 都很大。组间变异占总变异分别达 32%、24.35% 与 25.8%，显示组间差异占了学生数学成绩变异数的很大一部分，组内的同质性很高。若以 Cohen（1988）的标准来看，大于 0.138 的 ICC 属于高度组内相关，组间差异大，组内样本同质性高。

针对家庭作业变量的在小、中、大样本的 ICC 分别为 0.208、0.133、0.101，显示对于不同的变量，组内同质性即有差异。显然家庭作业的组间差异比数学成绩小很多，只有一半左右，换言之，各校学生在数学成绩等学习成果上的同质性高于在做作业上的同质性，显示若欲对数学成绩进行研究时，更需要使用多层次模式。

表 2.1　不同结果变量的组内相关系数与 ANOVA 分析结果对照

	学校数	学生数	HLM			Random ANOVA		
			组内	组间	ICC	F	η^2	ω^2
以数学成绩为结果变量								
小样本	10	260	72.256	34.011	0.320	21.549	0.437	0.416
中样本	23	519	81.244	26.123	0.243	10.666	0.321	0.291
大样本	1003	21580	76.616	26.591	0.258	8.601	0.295	0.261
以家庭作业为结果变量								
小样本	10	260	1.753	0.460	0.208	11.580	0.294	0.268
中样本	23	519	1.822	0.283	0.133	5.852	0.206	0.171
大样本	1003	21580	1.949	0.220	0.101	3.484	0.145	0.103

本范例的分析结果列于表 2.1，由表中可看出，并非每一个分析结果得到的 ICC 都很高，但值得注意的是，以 Cohen（1988）的标准来看，即使部分 ICC 未达 0.138，但都大于 0.059，达到中度的组内相关，此时组间差异仍不可忽略。此外，若以传统 SPSS 等软件中的随机效果变异数分析进行组间差异检定，所得到的效果量系数均高于 ICC，显示以 η^2 系数与 ω^2 系数来反映组间变异比例皆会有高估的现象。

此外，另一个值得注意的问题是，在 SPSS 软件随机效果 ANOVA 所得到的 F 考验值，其计算原理并非等同于 HLM 分析中对于组间变异数的检验。具体地说，SPSS 软件中所得到的 F 考验值，实则是固定效果 ANOVA 的 F 考验值，以此 F 考验值来检验组间差异的显著性是不正确的做法。本章纳入这些报表，主要在说明平均数在组间变化的情形如何被不同的统计量来呈现，最接近于 ICC 的数值，虽然是 ω^2 系数，但是在统计概念与算法各方面，不论是 F 考验值、η^2 系数或 ω^2 系数，均非源自多层次模式的概念系统，因此不建议使用。

在 SPSS 或 PASW 软件中，可以通过两个模块来执行多层次分析的零模型，据以获得相关估计数来计算 ICC。其中一个模块是混合模式（Mixed 模块）（温福星，2006），另一个模块则是在一般线性模式下的变异成分（General Linear Model 的 Variance Components 模块），这两个模块都可以执行随机效果的单因子变异数分析，获得用来计算 ICC 的相关统计量数，但只有 Mixed 模块有提供假设检定。

从实务的角度来看，一般研究多以数学成绩作为结果变量，不以家庭作业为结果变量，似乎不必担心家庭作业这个变量也会有相当程度的组内差异。但是，如果研究者把家庭作业拿来当作解释变量，由于这个解释变数的组间变异明显，会造成截距位置的波动，因此，此时把家庭作业拿来当作解释变量并非 ICC 问题，而是变成了解释变量的平减置中问题了！

3 样本数议题

多层次的研究由于涉及个体与总体的不同层次，因此要考虑到复杂的抽样问题。在概率抽样中，与多层次模式最相关的议题就是集群抽样。以两层结构的 HLM 分析为例，就必须考虑从许多公司中抽出部分比例的公司，再由这些公司内抽出部分员工，这样的抽样设计就存在镶嵌、内属的特性。至于抽多少比例的公司、公司内抽多少比例的员工就涉及各层次的样本数问题。

3.1.1　调查研究的样本数计算

在社会科学的研究中，样本数是一个非常重要的问题，因为样本大小影响到统计推论的有效性。在民意调查中，假设投票的结果服从二项分配，在95%的信心水准下，若要抽样误差在正负3%以内，则样本数至少必须有1067位受试者，此样本数的决定取决于抽样分配、效果量、显著水准大小与检定力等各因素。因此，一项实证研究所需样本数的大小，可以说是一个理论层次问题。现将民意调查中的样本数决定叙述如下，假设每位受试者选择奥巴马的概率 X_i 服从白努利分配，如式（3-1）所示：

$$X_i \sim B(1,\ p) \tag{3-1}$$

则所有受试者投给奥巴马的分配服从二项分配，如式（3-2）所示：

$$\sum_{i=1}^{n} X_i \sim B(n,\ p) \tag{3-2}$$

那么奥巴马当选总统的概率估计值为式（3-3）：

$$\hat{p} = \frac{\sum_{i=1}^{n} X_i}{n} \tag{3-3}$$

在大样本时，则选中总统概率估计值服从以母体平均数为期望值，以母体的变异数除以 n 为变异数的常态分配：

$$\hat{p} \sim N(p,\ \frac{p(1-p)}{n}) \tag{3-4}$$

则抽样误差在95%信心水准下的临界值为：

$$\left| \frac{\hat{p} - p}{\sqrt{\frac{p(1-p)}{n}}} \right| = 1.96 \tag{3-5}$$

抽样误差与样本数的关系可以描述如下：

$$\left| \hat{p} - p \right| = 1.96\sqrt{\frac{p(1-p)}{n}} \tag{3-6}$$

由于式（3-6）等号右侧为母体概率 p 的**凹向下函数**（concave function），在母体概率 p 为 0.5 时，抽样误差有最大的临界值，则抽样误差与样本数的关系可以改写为式（3-7）：

$$\left| \hat{p} - p \right| = \frac{0.98}{\sqrt{n}} \tag{3-7}$$

当抽样误差为±0.03 时，代入式（3-7）得：

$$0.03 = \frac{0.98}{\sqrt{n}} \tag{3-8}$$

因此样本数为式（3-9）：

$$n = \left(\frac{0.98}{0.03}\right)^2 = 1067 \tag{3-9}$$

3.2　多层次样本数与判断

3.2.1　样本数指的是什么？需要多大的样本？

在多层次模型中，由于资料分析涉及跨层级的数据分析，因此，样本规模的决定更为复杂，甚至牵涉到第 2 章所提及的 ICC 问题。ICC 与样本大小的关系若基于完全独立样本设计的概念，可以下式的**设计效果**（design effect）来表示：

$$\text{design effect}(\eta) = 1 + (\bar{n}_j - 1) \times \text{ICC} \tag{3-10}$$

式（3-10）中的$\bar{n}_j$为平均的组样本数，其设计效果的含义是当在集群抽样设计且存在组内相关时，在所抽取的组内样本数n_j要达到完全与n_j个独立样本有相同的效果，必须将样本增加到 η 倍。换言之，在一定强度下的 ICC，会使得n_j个样本所提供的信息打了相当折扣，这些折扣是样本之间的相似性所造成的，在回归分析的估计过程中，会对回归系数估计数的标准误直接产生影响，使得真正的标准误是忽略组内相关时的 η 倍（Kish，1995）。

对于多层次分析，如果只是一个两层次的设计，Kreft（1996）建议采用 30/30 准则，亦即总体层次不少于 30 组，每组不少于 30 人来决定样本规模。但是如果研究者偏重于个体层次与总体层次交互作用时，可以调整比率为 50/20；如果重视随机效果的检验，甚至可以调整为 100/10。

Heck 与 Thomas（2000）认为在 HLM 中，有关于模式中的回归系数参数和变异数可以利用 ML、REML 或是贝氏估计法来估计，此时所需的样本数目就会有所不同。以两层的 HLM 为例，当第二层的 J 很大时，且各个 j 内的样本数也很大时，具有一致性的估计法都适用。但是若组内样本数太少时，则参数的估计会有问题。依 ML 与 REML 的定义，其固定效果的回归参数与随机效果的变异数估计值，其抽样分配是在大样本下，极限分配才服从常态分配，因此样本数是越大越好。

基本上，Kreft（1996）所提出的 30/30 原则并非放诸四海皆准的铁律，在不同的研究领域会因为研究的本质不同而产生变化。举例来说，在进行重复观测资料的统计分析时，研究者要重复搜集每位受试者或参与者 30 次的观测资料是相对困难的事，因此，前述原则基本上仅适用于横断面数据的多层次分析。一般在国内的大型资料库中，可以搜集到 3~4 波的资料可以说已经相当不容易，因此这个定律并不适用于追踪资料的分析。

在追踪资料中，由于第一层观察的时点不多，考虑到检定力与参数的估计，一般会将第二层的样本数增大，也就是搜集的受试者要多。另外在对偶的研究中，例如夫妻关系、亲子关系、男女朋友关系、上司下属关系等，由于第一层的样本数就是两个人，根本无法套用 30/30 准则，此时第二层的对数就要非常多，以弥补第一层人数过少的问题。

在 HLM 软件中，可以计算零模型或各种模型模下的平均数**信度**（reliability），在零模型下结果变项的信度代表着样本各个组别平均数之间的差异程度，代表古典测验理论下真分数的变异数和结果变项的变异数相除，反映的是古典测验理论下的信度意义。如果是过少的组内样本数，则将会影响到结果变项的信度，也就是真分数变异数的离异程度，届时太低的信度将导致未来模型解释变项只能解释结果变项系统变异（也就是真分数变异数）很少的部分。

3.2.2　检定力分析的结果

Snijders 与 Bosker（1994）计算了增加组数与检定力的消长关系，以及所耗费的成本问题。研究结果指出，增加组数比增加组样本数要耗费许多倍的成本。另外两个研究也探讨了类似的问题（Cohen，1995；Mok，1995），但可惜的是都没有正式发表。Cohen（1995）的研究检验了随机增加一个学校或在一个学校中随机增加一个学生的影响，然后以近似函数来估计变异成分的标准误或回归系数的标准误，以求得每个学校理想的抽样人数。在多数的情况下，此一数目是组间与组内变异成分的比值的平方根，此一比值决定了研究的成本。在 Mok（1995）的研究中，他所模拟的结果如下：

与过去典型的丛集抽样设计的研究文献一样，本研究发现如果研究者的能力能够获得 n 个样本，以在 J 个学校各取样 I 个学生来表示，那么以较多的学校数（较大的 J）与较少的学生（较小的 I）会比较少的学校数（较小的 J）与较多的学生（较大的 I）的偏误较小，效能更好。

Bassiri（1988）和 Van der Leeden 与 Busing（1994）分别对于跨层级交互作用的检定力进行探讨，这两个研究均指出，为了获得理想跨层级交互作用的检定力，至少要有 30 个组，每组要有 30 个观察值。同时，研究也发现当有 60 个组，每一组 25 个观察值时（总样本为 1500），会得到相当理想的检定力。在组数较少的时候，例如 30 组时，每一组需要更多的样本以获得 0.90 的检定力。当组数较大的时候，例如 150 组时，每一组只要 5 个观察值就可获得 0.90 的检定力，此时的总样本数为 750。当组数或组样本数较少时，对于跨层级交互作用的检定力会快速降低。为了获得 0.90 以上的跨层级交互作用检定力，Bassiri 发现多选择一些组会比在各组内多选择一些观察值更有帮助。

上述这两个模拟研究对于变异成分在不同条件下的状况时，发现与方法无关时（IGLS 或 RIGLS），变异成分会有低估与偏误的现象，偏误在 300 个组以上时不会发生。当抽样的组数少时，例如 5 或 10，得到的参数估计会有很大的变化，且没有包括真值。因此，Van der Leeden、Busing 与 Meijer（1997）提出一般原则，组数小于 100 则变异成分的估计值与标准误都会不准确。Kreft 与 de Leeuw（1998）认为，一般来说为了获得研究者所需的足够检定力，观察值要多，除非研究者所探究的现象有非常强且容易被侦测到的效果。然而，研究最理想的样本数为何，每一个研究都有所不同。当组数很少时，随机成分会被低估，或有较大的标准误。对于跨层级效果，要有足够检定力，组样本数不能太少，且组数要大于 20。而 Maas 与 Hox（2005）的研究则指出，为了能够得到固定效果的标准误估计值不偏，至少要有 50 组的样本数。

值得注意的是，这些文献都是在既有的设定下以模拟的方式所进行的结果推论，他们都是在探讨不同主题下，例如固定效果、随机效果或是标准误不偏情况的检定力要求，必须有样本数限制，因此并没有一个判断标准。不过对第二层样本数的要求是越多越好，一来是高阶估计法需要大规模样本数，二来是检定力的考量。主要原因在于第二层误差项变异数与共变量的估计，以及在式（3-10）的设计效果中，当第一层的平均样本数越大，则一点点的 ICC 都会造成很大的设计效果，使得有效样本数骤减，因此造成检定力不大，所以第二层样本数在 MLM 中是比较重要的因素。有关样本数的决定，Snijders 与 Bosker（1994，1999）则有详细的讨论，另外温福星（2006）也列表整理了相关的层二样本数问题，有兴趣的读者可以加以参考。有关于多层次研究的统计检定力与必要样本数的估计，可参阅 Organizational Research Methods 期刊在 2009 年第 12 期第 2 卷 Scherbaum 与 Ferreter（2009）的文章，该文针对固定效果、变异数成分以及跨层级交互作用的检定力与样本数的估计，有初步的介绍以及模拟结果的比较。

3.3 范例说明

为了说明样本数的影响，我们再以 NELS88 资料为范例，以数学成绩作为结果变量，以学生的家庭作业时间为个体层次解释变量，以公私立别为总体层次解释变量，进行一个完整模型分析。在样本设计上，区分成 N = 21580 的大样本、N = 519 的中样本、N = 260 的小样本。分析模型与估计结果分别如下：

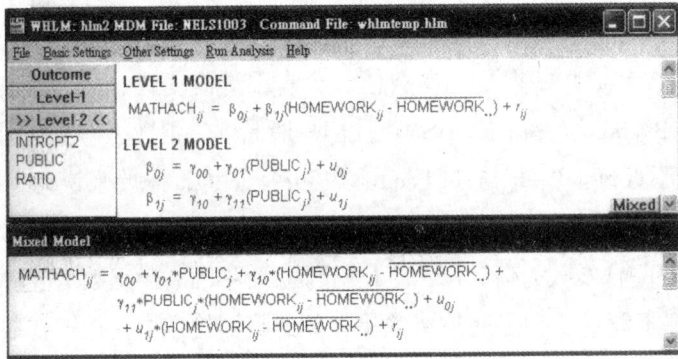

■1003 个学校之大样本

Final estimation of fixed effects:

Fixed Effect	Coefficient	Standard Error	T-ratio	Approx. d. f.	P-value
For INTRCPT1, B0					
INTRCPT2, G00	54.532709	0.330566	164.968	1001	0.000
PUBLIC, G01	−4.691608	0.372495	−12.595	1001	0.000
For HOMEWORK slope, B1					
INTRCPT2, G10	0.916128	0.102833	8.909	1001	0.000
PUBLIC, G11	0.684071	0.116341	5.880	1001	0.000

Final estimation of variance components:

Random Effect	Standard Deviation	Variance Component	df	Chi-square	P-value
INTRCPT1, U0	4.39878	19.34927	995	5996.46110	0.000
HOMEWORK slope, U1	0.66054	0.43631	995	1281.76596	0.000
level−1, R	8.46963	71.73463			

■23 个学校之中样本

Final estimation of fixed effects:

Fixed Effect		Coefficient	Standard Error	T-ratio	Approx. d. f.	P-value
For	INTRCPT1, B0					
	INTRCPT2, G00	53.048192	1.721694	30.812	21	0.000
	PUBLIC, G01	−4.238952	2.114253	−2.005	21	0.058
For HOMEWORK slope,	B1					
	INTRCPT2, G10	2.292788	1.591374	1.441	21	0.164
	PUBLIC, G11	−0.495662	1.972780	−0.251	21	0.804

Final estimation of variance components:

Random Effect		Standard Deviation	Variance Component	df	Chi-square	P-value
INTRCPT1,	U0	4.39646	19.32885	21	181.66775	0.000
HOMEWORK slope,	U1	4.27222	18.25188	21	193.21262	0.000
level−1,	R	7.30292	53.33266			

■10 个学校之小样本

Final estimation of fixed effects:

Fixed Effect		Coefficient	Standard Error	T-ratio	Approx. d. f.	P-value
For	INTRCPT1, B0					
	INTRCPT2, G00	61.424758	3.987502	15.404	8	0.000
	PUBLIC, G01	−14.041266	4.228753	−3.320	8	0.012
For HOMEWORK slope,	B1					
	INTRCPT2, G10	1.094640	5.242868	0.209	8	0.840
	PUBLIC, G11	0.951362	5.542031	0.172	8	0.868

Final estimation of variance components:

Random Effect		Standard Deviation	Variance Component	df	Chi-square	P-value
INTRCPT1,	U0	3.86038	14.90250	8	56.88686	0.000
HOMEWORK slope,	U1	5.22194	27.26869	8	129.57813	0.000
level−1,	R	6.55422	42.95778			

我们将上述结果加以整理如下表所示：

■Fixed Effect

		Coefficient	Standard Error	T-ratio	Approx d.f.	P-value
For INTRCPT1, B0						
INTRCPT2, G00	大	54.533	**0.331**	164.968	1001	0.000
	中	53.048	**1.722**	30.812	21	0.000
	小	61.425	**3.988**	15.404	8	0.000
PUBLIC, G01	**大**	**-4.692**	0.372	**-12.595**	**1001**	**0.000**
	中	-4.239	**2.114**	-2.005	21	0.058
	小	-14.041	**4.229**	-3.320	8	0.012
For HOMEWORK slope, B1						
INTRCPT2, G10	**大**	**0.916**	0.103	**8.909**	**1001**	**0.000**
	中	2.293	**1.591**	1.441	21	0.164
	小	1.095	**5.243**	0.209	8	0.840
PUBLIC, G11	**大**	**0.684**	0.116	**5.880**	**1001**	**0.000**
	中	-0.496	**1.973**	-0.251	21	0.804
	小	0.951	**5.542**	0.172	8	0.868

■Random Effect

		Standard Deviation	Variance Component	df	Chi-square	P-value
INTRCPT1, U0	大	4.399	**19.349**	995	5996.461	0.000
	中	4.396	**19.329**	21	181.668	0.000
	小	3.860	**14.903**	8	56.887	0.000
HOMEWOR K slope, U1	大	0.661	**0.436**	995	1281.766	0.000
	中	4.272	**18.252**	21	193.213	0.000
	小	5.222	**27.269**	8	129.578	0.000
level-1, R	大	8.470	**71.735**			
	中	7.303	**53.333**			
	小	6.554	**42.958**			

由上述数据可知，各系数的标准误受到样本大小的影响很大。在固定效果部分，标准误在大样本下都低于 0.5，中样本则介于 1.5~2.0 之间，小样本则放大到 4~5.5 之间，放大接近 10 倍。也因为标准误受到样本数的影响，导致显著性考验出现相反的结果，家庭作业对数学成绩的解释力，在平均数（γ_{10}）与被公私立调节的跨层级交互作用（γ_{11}）两个系数检定上双双在大样本达到显著水准，但是在中小样本却双双未达到统计显著水准，得到相反的结论。在随机部分也有明显的变化，显示样本数所影响的是标准误（连带影响检定力），使得显著性考验的结果受到影响。

　　此外，从以上的示范可以发现，因为模型的设定都为随机效果，因此估计的结果是第二层的样本数有较大的影响力，读者可以从上述表格中自由度分别为 1001、21 与 8 中看出来。如果将某些斜率影响改为固定效果时，读者将会看到总样本数，也就是所有各校的学生数相加的效果，此时就可以看出层一样本数与层二样本数之间对参数估计的影响。

4 变量聚合议题

4.1 概说

多层次研究与单一层次的研究，主要的差异之一是引进了总体层次的解释变量与总体层次的误差项到回归模式中，但是只有总体层次误差项的引入，才是多层次模式的真正精髓，通过在线性模式中新增总体层次误差项，来捕捉巢套设计的组内相关。而总体层次解释变量的加入，并不是多层次模式的由来，过去在探讨教育研究而进行的回归分析，常常把受试者学生所属学校是属于公立或私立、是高职或高中、是城市或乡村等，都会利用虚拟变量的设计放入到回归模式中，甚至学生所属的县市，也会设定许多虚拟变量，用来捕捉各县市对学生表现的效果。所以，将全局变量放入回归模式不是新的想法，所以不是多层次分析的特征，但却是重要的工作。因为如果能够找到重要的全局变量来对结果变量进行解释，有效降低总体层次误差，能够提高研究的价值。

4.1.1 脉络变量与脉络模型

过去文献上对总体层次变量的处理，大多采用客观的背景属性资料，如上述所提及的县市或学校特征。但在组织研究下，环境特征外会有氛围、脉络现象的产生，因此，总体层次解释变量的取得就成为另一个研究重点。在多层次研究中，有一种特殊的变量称为**脉络变量**（contextual variable），广义的脉络变量指的是总体层次的解释变量，狭义的定义则是指将个体层次的解释变量聚合成总体层次解释变量（个体层次解释变量的组平均数）。例如一个组织中的个别员工对于领导满意度虽有不同（反映在 X 的分数变化），但是同一个组织中的所有员工的感受却可能相当一致（变异数很小），如果一致性达到相当程度，研究者即可以将组织内个别员工的分数求取平均数来形成高阶脉络变量（$\overline{X}$），在统计上虽仅是将变量作一求取均值的数学运算，但是在方法学则可视为一种组织层次构念的形成过程。在多层次研究中，一旦把脉络的因素加以考虑，就可以利用**脉络模型**（contextual model）来进行实证分析，探讨不同层次变量对结果变量的影响。

从多层次模式的定义来看，脉络模型是指同时包含两种变量的模型：个体层次变量与**聚合脉络变量**（aggregated contextual variables），这个聚合得到的脉络变量就是总体层次解释变量，是由个体层次解释变量聚合而来。例如当我们搜集到学生的资料，因学生巢套在学校之内，学生的学业成就被社经地位（SES）所预测，同时也被各学生所属的学校的社经地位平均数（或中位数）所预测。此时 SES 变量被使用了两次，一次是个别学生的变量，另一次是整合后的学校特征。在文献中，回归分析中若包含了此种聚合脉络变量则被称为脉络模型（Duncan et al.，1966）。前面也曾提及，若采取广义的说法，脉络变量可以泛指所有个体层次受试者所属的环境或所属的总体单位（例如组织或学校）的特征，因为个体受试者会受到所属环境或所属组织的特征的影响。本章所讨论的脉络变量主要属于狭义的定义，因此将把重点放在个体层次变量聚合成总体层次变量的过程。

4.1.2　脉络效果的研究

多层次分析十分重视脉络变量的主要原因，在于纳入了脉络变量即可以探讨**脉络效果**（contextual effects），进而降低总体层次的误差项。Pedhauzar（1997）将脉络效果定义成**控制住某一个变量在个体层次的差异后在团体层次的净效果**（net effect of a group analytic variable after having controlled for the effect of the same variable on the individual level）。例如社经地位对于选举的投票行为的影响，每一个个体除了自己的社经地位得分，在其居住地区也会有一个社经地位的得分，此时，个体层次的社经地位与团体层次的社经地位是两个不同层次的测量数据（虽然团体层次的社经地位分数是取该地区居民社经地位的平均值），若将这两个数据放入回归模型时，得到的地区的社经地位变量的回归系数，即为脉络效果。同样地，如果研究中学生的 IQ 与学业表现的关系，每一个学生的 IQ 对于学业表现具有解释力，但是各学校学生的 IQ 平均数也可能对于个别学生的学业表现具有解释力，此时学校层次的 IQ 得分亦是学生成绩表现的脉络变量。除了以聚合方式将个体层次变量提升至总体层次变量外，另有其他类型来获得整体特征的测量结果，其中**整体特征**（global characteristics）被定义成对于脉络特性直接加以测量所得的变量（Lazarsfeld & Menzel, 1969），而不是从个体层次测量得到的变量所整合得出。

另外在组织研究中，对于总体层次解释变量或是高层变量的搜集有几种形式，Chan（1998），Chen、Mathieu 与 Bliese（2004），Kozlowski 与 Klein（2000）和彭台光与林钲棽（2006）将这几种不同的形式整理得相当好。同样类似于心理与教育的研究，如果高层解释变量是来自个体层次的解释变量，为了能够捕捉组织研究中的组织层次构念，主要有两种方式：**组合**（composition）与**编辑**（compilation）（Chan, 1998；Kozlowski & Klein, 2000）；而类似心理与教育的整体特征，组织研究中有**整体法**（global approach）（Kozlowski & Klein, 2000）；彭台光与林钲棽（2006）针对 Kozlowski 与 Klein（2000）所提出的 global、composition 与 compilation 的方式所获得的变量分别称为**共通**（global）、**共享**（shared）与**共构**（configural）单位变量。除此之外，彭台光与林钲棽（2006）另外提出另一种高层解释变量的来源，他们称为**共塑**（formative）单位变量，例如组织内的组织文化，往往是这个组织创建者的理念或思维，因此研究组织文化对组织成员的影响，组织文化资料的搜集可以根据访谈组织的最高领导人或组织的创建者，这样组织层次资料的搜集就是一种共塑的意思，详细的定义与各种变量的差异，请参考他们的文章。除了上述四项搜集方法外，平常我们对个体层次受试者资料的搜集，亦可以应用到组织层次的资料搜集。例如，可以针对高阶经理人或是团队领导者进行问卷调查，访问这些属于组织层次的领导者，针对组织研究变量的特征或构念提出看法，再根据这些组织负责人的问卷结果，进行因素分析或是统计分析，萃取出组织层次的研究变量。所以，这也是一种组织层次研究变量资料搜集的方法。

4.1.3 总体层次的测量与构念发展

在组织研究中，由于有组织成员巢套或内属于组织之中，在不断的互动之下，组织成员在组织之内会发展出组织氛围或组织气候，因此，组织成员在该组织氛围下，对事情的态度或看法会慢慢地越来越相似，即中国人所谓的"近朱者赤、近墨者黑"或是"潜移默化"的现象，这就是组织或脉络效果。因此，这种组织氛围的组织变量问题聚焦于组织成员共享单位研究变量的形成（彭台光与林钲棽，2006；Kozlowski & Klein，2000），在这里称组织氛围为组织构念或是组织层次的构念。由于组织不是个人，无法填答问卷，因此组织构念的产生是间接通过组织成员资料得来，因此要形成有效的组织构念必须要有严谨的程序。如同脉络变量一样，聚合后的脉络变量是否和个体层次的变量具有相同的意义与构念，取决于组合与编辑。换言之，就是个体构念与组织构念的**恒等性**（invariance/equivalence）问题（Van de Vijver & Poortinga，2002），或是构念**意义的迁移**（shift of meaning）问题（邱皓政，2007；Snijders & Bosker，1999）。

如果构念是属于个体层次，则是第一层（L1）测量，例如组织公民行为、组织承诺、满意度等，这是过去大家研究的主要层次。随着多层次研究越来越蓬勃发展，不仅是有个体层次的构念，也包含了组织层次或是**群组**（group）的构念。如果是组织层次，则是第二层（L2）测量，例如组织凝聚力、组织创新气氛、组织公平等。当然也有可能同时属于个体与组织层次，例如个体所知觉到的组织创新气氛是处于第一层（L1），整体性的组织创新气氛是处于第二层（L2）。但如果要探究第二层的构念，由于第二层是个虚无的层次，它是客观存在的组织，但组织构念却不像个体层次的构念可以直接估计，也没办法直接回答。因此，组织构念的估计仍要通过组织成员回答问卷来间接获得，同时存在组织与组织成员时，这时即形成巢套的现象，非独立性问题即发生。此时组织成员所共有共享的部分可以视为组织间所存在的组织构念，单独个体层次的构念是否有意义，视研究者的理论存在而有不同的意义。

如果构念本身是属于 L2 的概念，则 L1 的测量结果相对上没有太大的意义，因为这个构念之所以有意义是因为它属于 L2，存在于组织间，研究者会在 L1 进行测量纯粹是为了收集 L2 的构念信息而来，过去有直接共识法或是参考迁移法来设计问卷，回答问卷的是组织成员，但目的是要获得上层的组织或群体的构念。而个体层次成员所回答的部分，其测量上的构念意义取决于研究者是否要探讨。因此，过去组织相关研究，要探讨组织层次研究变量的信效度时，是利用 ICC(2) 与 r_{wg}（廖卉与庄瑷嘉，2008）作为将个体层次资料聚合成组织层级的适切与否的检验方法。因为一来组织不会回答问卷，二来是通过组织成员、组织成员所共有或共享的部分来形成 L2 的构念。

以黄家齐与黄荷婷（2006）的研究为例，其个体层次衡量的构念有个人目标导向（分学习导向与表现导向）、自我效能与个人创新行为，而团队层次的构念有团队目标导向（分学习导向与表现导向）、集体效能与团队创新绩效。个人目标导向（分学习导向与表现导向）的题项各有 8 题，自我效能 10 题，由个人所填答，而个人创新绩效有 6 题，但由主管填答。而团队目标导向（分学习导向与表现导向）是由个人回答个人目标导向的题项求团队平均来代表、集体效能则由个人回答集体效能题项 7 题以计算团队平均数而来，团队创新绩效则由团队主管回答。姑且不论作者如何进行信效度分析，根据其理论分析：①目标导向是同时在 L1 与 L2 都存在，L1 是通过个体层次问卷取得，L2 是通过计算组织内组织成员平均数而得；②自我效能是 L1 构念，是通过个体层次问卷取得，其 L2 相对上并没有意义，因此他们并没有处理这一部分；③集体效能是 L2 构念，通过个体层次取得，由组织成员回答问卷，再计算组织成员在组织内的平均数，并经 ICC(2) 与 r_{wg} 检验是否使用团队平均数代表团队构念的合理性，其 L1 并没有特别去处理；④至于创新绩效方面，因为个人层次与团队层次题项不同，个人层次的绩效是由组织成员回答，而组织绩效的回答者是团队的主管，其衡量变量则分别属于 L1 与 L2 构念的层级。

4.2 共识（r_{wg}）与信度（ICC2）

从个体层次解释变量来获取总体层次变量，有组合与聚合两种重要的途径（Chan，1998），而**组合**（composition）或**聚合**（aggregation）是指构成组织层次的构念变量由来自个体层次组织成员所回答变量的结果计算而来。换言之，要能形成组织层次的研究变量，必须通过组织成员所回答题项的结果经计算平均数来代表组织变量分数，这代表组织成员对该组织变量构念具有相同的看法，亦即这个组织变量构念是所有组织成员所**共享**（shared）的意思。通过计算组织成员针对研究变量的平均数来代表组织层次变量分数，或是探讨要形成有效的共享单位变量或是组织构念的有效性，则必须考虑到组织之内组织成员回答研究变量的组内变异与组织之间各平均数的组间变异问题，意即这些个体层次的变量聚合成总体层次变量的效度与信度问题。有关多层次的效度与信度，将牵涉到 r_{wg} 与 ICC(2) 的计算，r_{wg} 牵涉到组内变异数问题，而 ICC(2) 则是牵涉到组间变异数的问题。

4.2.1 组内共识程度

所谓 r_{wg} 是指同一个组织之内，所有组织成员针对单一题项测量分数的**共识程度**（agreement），所谓的 wg 是指**组内**（within group）的意思。其计算公式如式（4-1）所示：

$$r_{wg} = 1 - \frac{S^2}{\sigma_{EU}^2} \qquad (4-1)$$

式（4-1）等号右边第二项的分子 S^2，为该总体单位内（组内）的受测个体回答某一题项得分的变异数，而分母 σ_{EU}^2 为假设组内所有受测成员回答此一题项最没有共识情况下的概率分布，一般习惯上假定其分布形态为**均等分配**（uniform distribution），但也可以是其他的分配。当研究者假设最没有共识情况下的概率分布为均等分配，出发点是认为回答此一题项的受测成员，在各个选项上作答的人应该都一样多，表示每一个选项都有相同概率的人会去选，出现该组成员最没有共识的情况。

从统计量数的观点来看，公式（4-1）所要表示的含义，是假设所有组内成员都没有共识时的变异数为 σ_{EU}^2（假定值），而组内成员回答此一题项的变异数为 S^2（测量值），而 1 减去这两个变异数的比值代表没有共识下变异数的削减程度百分比，亦即代表共识程度。此一指标可能会获得小于 0 的情况，此时将设为 0 的结果。

由于此一 r_{wg} 指标是计算组织内的组织成员回答单一题项的共识程度，从公式来看就是计算组内变异数的程度，因此研究中有多少个组织就有多少个 r_{wg} 指标，每一个 r_{wg} 指标就代表每一个组织内的共识程度。此外，一般的研究不会只衡量一个研究变量，而是一组研究题项，也就是一个研究构念有多个观测变量。因此，衡量一组研究变量的共识程度，则由公式（4-1）演变而来，为 $r_{wg(J)}$，下标中（J）是代表 J 个题项的意思，其公式如（4-2）所示：

$$r_{wg(J)} = \frac{J\left(1 - \frac{\overline{S}^2}{\sigma_{EU}^2}\right)}{J\left(1 - \frac{\overline{S}^2}{\sigma_{EU}^2}\right) + \frac{\overline{S}^2}{\sigma_{EU}^2}} \qquad (4-2)$$

公式（4-2）中的 $\overline{S}^2$ 为 J 个题项变异数的平均值，所计算的 $r_{wg(J)}$ 指标是组织内组织成员针对 J 个题项作答的共识程度，在这里 σ_{EU}^2 仍假设为均等分布的最不共识程度的变异数。同样地，每一个组织都可以计算一个 $r_{wg(J)}$ 指标，代表该组织内组织成员对这 J 个题项作答结果的共识程度。

4.2.2 总体层次变量信度

ICC(2) 是指测量数据的一致性程度，也就是**信度**（reliability）的意思。ICC(2) 是延伸自组内相关系数，它是计算各组内成员在某个题项的得分，经求组内成员的平均数作为该组分数，然后计算这个题项的组间变异数，再除以这个题项各组间平均数的变异数。换言之，ICC(2) 的内容是在计算组间变异数占各组平均数的变异数的比例。此一做法与古典测量理论的信度概念相符，亦即将测量题项的组间变异数视为真分数的变异数，将各组平均数的变异数视为观测分数的变异数，两个相除即为真分数的变异数占观察分数变异数的程度，反映了测量的信度，或是这个题项平均数在组间的内部一致性程度。

若将 Y_{ij} 的变异数定义为 $\tau_{00} + \sigma^2$，τ_{00} 代表该题项的组间变异数，而 σ^2 为该题项的组内变异数（或是测量误差变异数），而该题项的组内成员平均数为公式（4-3）：

$$\bar{Y}_j = \frac{\sum_{i=1}^{n_j} Y_{ij}}{n_j} \tag{4-3}$$

其平均数的变异数为公式（4-4）：

$$Var(\bar{Y}_j) = \tau_{00} + \frac{\sigma^2}{n_j} \tag{4-4}$$

则单独每组平均数的信度则可定义为式（4-5）：

$$\lambda_j = \frac{\tau_{00}}{\tau_{00} + \frac{\sigma^2}{n_j}} \tag{4-5}$$

公式（4-5）是单一组织 j 在该题项平均数的信度，虽然是在每一个组内计算而来，且也与这组的样本数 n_j 有关，但由于 τ_{00} 为组间变异数，也就是存在于所有组织之间，因此它与总样本有关。

基本上，研究者对单独一组的平均数的信度没有兴趣，而是对所有组织在这个平均数计算上的信度有兴趣，即整体而言这些组织的平均数是否可以将各个组织题项的得分区分得很清楚，换言之，就是组织平均数是否有代表性的意思。所以，整体 ICC(2) 的定义为：

$$ICC(2) = \frac{\sum_{j=1}^{J} \lambda_j}{J} \tag{4-6}$$

换言之，将 λ_j 取平均数，就是 ICC(2)。如果信度够大，意思是用组织成员的平均数代表组织的分数可以被信赖，则其可靠性是够的。

4.3 共识与信度指标的使用标准

4.3.1 共识与信度指标的概念

r_{wg} 与 ICC(2) 这两者反映着不同的总体层次测量特质：组内共识 r_{wg} 是在计算组内变异数，关心的是各组的组内成员回答题项的共识程度。当组内变异数越小则该组织成员共识越高，测量分数越能够反映研究者所欲测量的总体层次概念内容。由此可知，r_{wg} 比较类似于传统测量理论中的**效度**（validity）的概念，也就是测量分数实质上是否能够反映所欲测量的构念特质的内涵；相比之下，信度指标 ICC(2) 则是偏重计算组间变异数，当各组样本数越大且组间变异数越大时，代表组织的平均数越具有代表性，可以将组内成员求得的平均数视为该组分数，且越不受测量误差的影响，因此在多层次研究中被归为信度的概念。

图 4.1 为高信度与高共识的图示，假设有三个组织，则图 4.1 中每个分配即代表每个组内组织成员的得分或作答分配状况。在 5 点尺度的量表中，每个组织的概率分配很集中在其平均数（以虚线表示）附近，此即代表该组织内的组织成员相当有共识。而在平均数的信度方面，这三个组织的平均数区分得很明显，第一个组织的平均数为 2.8，第二个组织的平均数在 4.2 附近，而第三个组织的平均数为 1.7，这三个平均数差距有点大，代表组间变异数相当大，相对组内变异数计算信度时，将会获得较高的信度指标。图 4.2 为低信度与高共识的图示，相较图 4.1 而言，组织内组织成员的概率是一样的，代表这三个组织都有一样不错的共识程度，但在平均数信度方面，由于这三个组织的平均数相当接近，均介于 2.5~3.3 之间，围绕在 3 附近，因而这三个组织平均数不会分得很清楚，则所计算的组间变异数将不大，连带在计算信度系数时将不会获得高信度的结果。

在图 4.3 中，每个组织的概率分布都相当大，代表变异程度很大，则计算出的每一个组织的组内变异数将会很大，所以在共识程度上 r_{wg} 将会很小。而在平均数信度方面，相对图 4.2 而言，这些平均数也是相当靠近，因此在计算 ICC(2) 信度时也不会很大。而在图 4.4 方面，虽然共识程度与图 4.3 一样，但在平均数方面，这三个组织的平均数区分得很明显，所以组间变异数将会较大，在计算信度时会有较高的信度数值。

除了上述以统计技术来衡量判断由组内成员所回答的题项是否可以聚合成组织变量外，在问卷设计上属于个体层次构念的题项与组织层次构念的题项，牵涉到问题的陈述，在**组合**（composition）或**聚合**（aggregated）过程有两种可以用来编制组织构念题项的方式，分别为**直接共识法**（direct consensus 或 self referenced）与**参考迁移共识法**（reference

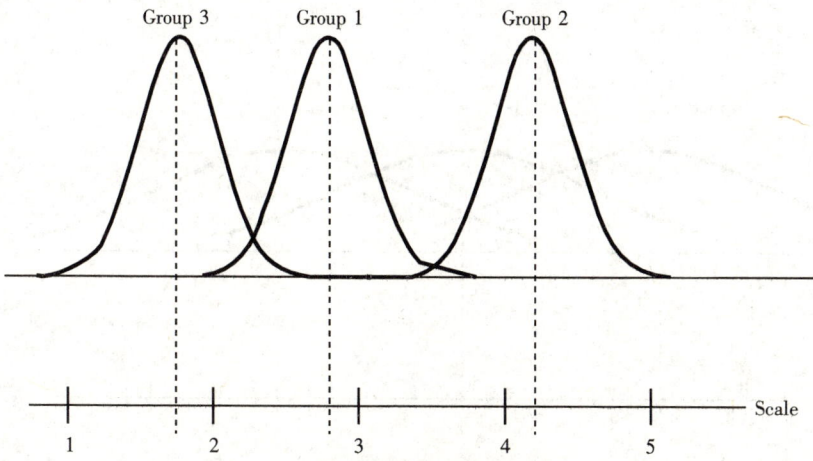

图 4.1　高信度高共识

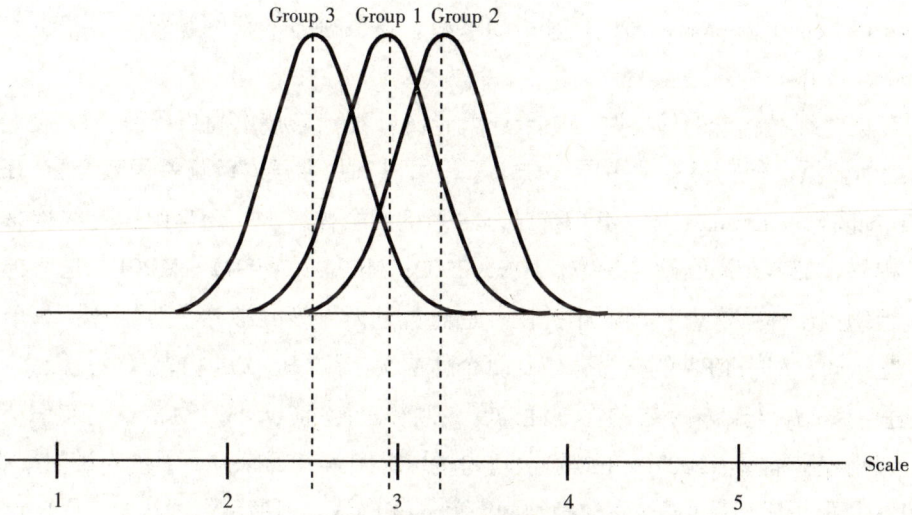

图 4.2　低信度高共识

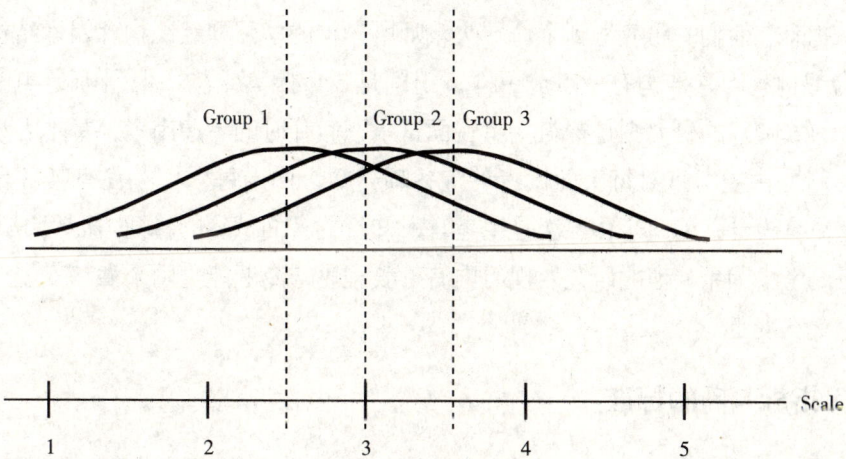

图 4.3　低信度低共识

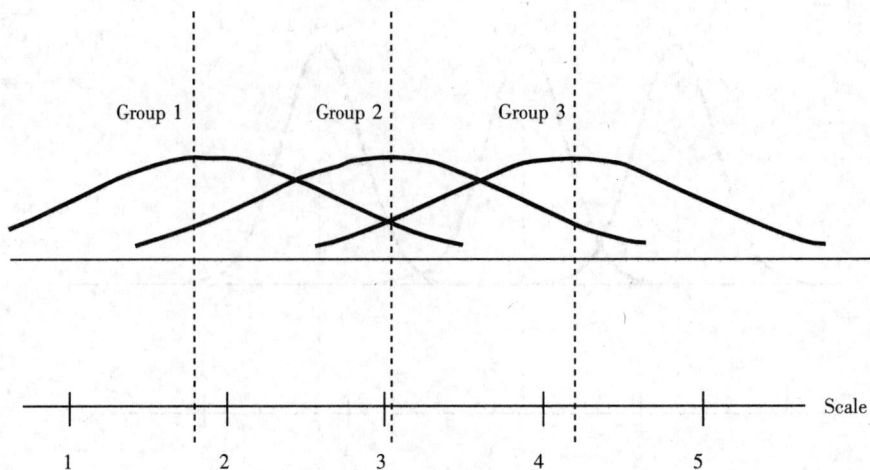

图 4.4 高信度低共识

shift consensus 或 group referenced)（Chan，1998），这两种方法在问卷题项的陈述上是不同的。

过去在进行组织构念的检验时，由于迁就于统计理论与技术尚未成熟，以 r_{wg} 与 ICC (2) 作为判断依据，但在现有的多层次技术下，可以利用**多层次验证性因素分析**（multi-level confirmatory factor analysis，MLCFA）方法来确认个体层次构念与组织层次构念（黄芳铭与温福星，2007；邱皓政，2007；Hox，2002；Muthen，1994）。MLCFA 是考虑在多层次下，组织内个体层次资料间的相关性，通过构建两个变异数共变量矩阵：一个是组内、一个是组间，利用 CFA 的概念分别计算个体层次与组织层次的构念（或是因素），再检验一些适合度指标与结构系数的显著性与否，判断是否可以形成个体层次与组织层次的构念。黄芳铭与温福星（2007）在测验学刊的多层次因素分析探讨了学校的学习型组织，但由于学校属于组织，还须通过学校教师回答问卷来确认学习型组织的构念。因此，在他们的研究中有个体层次老师所知觉的学习型组织构念，以及通过学校教师计算出的学校的学习型组织构念。他们的研究得到个体层次教师所知觉的学习型组织构念因素结构与学校的学习型组织构念因素结构有一点点不同，组间是 5 个因素结构，但组内是 4 个因素结构。邱皓政（2007）的研究则是探讨主考官面试求职教师时的考虑因素，基本上该研究是重复观测资料，由主考官对每个面试者评定各项分数，由于每个主考官有其各自的面试者，所以是巢套设计，因此个体层次是主考官所知觉的各面试者的特征，而组织层次则是每个主考官的考虑因素。他的研究发现组内有类我程度与专业能力两个潜在变量，在组间则变为一个潜在变量。

4.3.2 指标判断的标准

在研究实务上，r_{wg} 与 ICC(2) 这两个指标，一般都以 0.7 为理想水准，当研究中的个体层次变量在每组的 r_{wg} 与整体样本的 ICC（2）都达到 0.7 水准时，即被认定具有足够的信度与效度来支持这些个体层次的变量可以聚合成组织构念，然后作为组织变量进行 HLM 分析；若是 r_{wg} 无法达到 0.7，则代表这个组织内的成员针对这些题项共识不足，因此不能以平均数作为高层解释变量。利用此一逻辑，r_{wg} 与 ICC（2）这两个指标一般作为个体层次变量能否聚合成组织变量的先决条件。至于 r_{wg} 共识与 ICC（2）信度两者间的关系，可以以二分法来分割为高共识与低共识、高信度与低信度，组合成前述的四种图示情况：高共识高信度、高共识低信度、低共识高信度与低共识低信度。

Lance、Butts 与 Michels（2006）考究了 0.7 标准的由来，发现 r_{wg} 或 $r_{wg(J)}$ 的标准若不是来自私人沟通（personal communication）就是有人错误解读原作者的意思，因此 0.7 不是定律，目前研究上所引用的文献事实上都是不实的介绍。Lance、Butts 与 Michels（2006）指出，r_{wg} 或 $r_{wg(J)}$ 会出现以 0.7 为标准的出处，最早出现在 George（1990）的研究中，但是 George（1990，p.110）的研究是在 1990 年发表，当时在解释 0.7 的标准时是将 r_{wg} 视为**信度指标**（interrater reliability）的情况下，且依据心理计量专家 Nunnally（1978）主张在量表发展阶段中，可以取信度 0.7 为合宜标准，所以，0.7 并不是"共识指标" r_{wg} 的判断准则。后来发展 r_{wg} 或 $r_{wg(J)}$ 的同一组学者在 1993 年修正 1984 年当年**信度指标**（interrater reliability）为共识指标，所以后续许多学者都沿用 0.7 为 r_{wg} 指标的判断标准，其实是并非基于理论基础的一种主观判断。

不管如何，有关 r_{wg} 或 $r_{wg(J)}$ 的使用必须同研究的目的、实际的测量意义与合理的选项分布来决定，研究者可以尝试不同的指标计算，例如 AD、$r'_{wg(J)}$、$r^*_{wg(J)}$、$a_{wg(J)}$ 等或是计算不同理论分布的变异数，来检视各组的共识程度，以利研究的进行。

4.4 共识指标的计算

有关 r_{wg} 与 $r_{wg(J)}$ 的 SPSS 语法程式，以下将区分成三个部分来说明：

■第一部分：定义资料

首先打开 L1 的数据库文件，接着在语法窗口写上下面第一部分的 SPSS 语法：

```
AGGREGATE
/OUTFILE = ' Rwg_agg.sav'
/BREAK = L2_id
/item1 = SD（item1）
/item2 = SD（item2）
/item3 = SD（item3）
/…………………
/itemP = SD（itemP）.
```

第二行的'Rwg_agg.sav'是 r_{wg} 与 $r_{wg(J)}$ 的输出过程档案名称，可以自行定义。第三行 BREAK 大小写都可以，这个是副指令，用来宣告第二层的识别变量，研究者只要将 L2_id 取代为其研究的 L2 识别变量即可。接下来语法右边的 SD(item1)至 SD(itemP)为计算个体层次变量名称 item1 至 itemP 的标准差，SD 即为关键词，item1 至 itemP 研究者只要取代为计算组织层次研究变量 r_{wg} 与 $r_{wg(J)}$ 的个体层次变量名称即可。至于语法左边的变量名称 item1 至 itemP 现在变为标准差的结果变量，如果研究者怕与语法右边研究变量混淆的话，可以自行定义新的变量名称。这里的 itemP 说明共有 P 题要计算 $r_{wg(J)}$，即 P 等于 J 的意思，因此计算每个组织（L2_id）内每题的标准差。这里值得注意的是只有在最后一行 itemP = SD(itemP) 的右边要打字句点（.）的符号，代表 aggregate 指令的结束。

■第二部分：转换资料

接续先前的语法，增加下列指令：

```
GET FILE = 'Rwg_agg.sav'.
Compute var1 = item1*item1.
Compute var2 = item2*item2.
Compute var3 = item3*item3.
……
Compute varp = itemp*itemp.
Execute.
Compute    s2 = mean（var1，var2，var3，…，varp）.
Compute    j = 题项数.
Compute    sigma2 = (选项数 * 选项数-1) /12.
Execute.
```

第一行的 get file 是要求 SPSS 打开上面所计算每个组织（L2_id）$r_{wg(J)}$ 每一题的标准差档，然后计算每一题的变异数 var1 到 varp，需要这些指令是因为 SPSS 目前在 aggregate 命令内并不提供计算变异数的功能，所以必须由研究者自行计算。在计算每一个组织（L2_id）每一题的变异数后，可以计算平均变异数，该指令为 Compute s2 = mean（var1，var2，var3，…，varp），mean 即为计算平均数的命令，将计算的每题变异数的平均数存在 s2 内；如果题项的编号是流水号，当然可以简化为 mean（var1 to varp）。紧接下来的命令是设定题项数以计算 $r_{wg(J)}$，这里的题项数就是 P 题的意思，研究者将题数输入到 j 内。而下一行的命令是计算在理论下，每一题的每个选项都是有相同概率被选中的情况下，也就是假设在最不共识情况下的均等分配下，题项的变异数理论值 sigma2。在均等分配下，该题项有 A 个选项，则变异数为：

$$\frac{A^2 - 1}{12}$$

研究者只要将上述命令的选项数替换掉，即可计算均等分配的变异数，例如当选项数为 5 点尺度时，则变异数为 2；当选项是 7 点尺度时，则变异数为 4。值得注意的是，每个命令句后面要加上句点（.）的符号，告诉 SPSS 每一个命令的结束。

■第三部分：计算公式（4-2）共识指标

```
Compute rwgp=1-S2/sigma2.
Compute rwgj = (j*rwgp) /(j*rwgp + 1-rwgp).
Execute.
Recode rwgj  (least to 0 = 0)  (1 to largest = 1).
Describe rwgj/stat = min, max, mean, median.
```

有关公式（4-2）共识指标为：

$$r_{wg(J)} = \frac{J(1 - \frac{\bar{S}^2}{\sigma_{EU}^2})}{J(1 - \frac{\bar{S}^2}{\sigma_{EU}^2}) + \frac{\bar{S}^2}{\sigma_{EU}^2}}$$

第一行命令 Compute rwgp = 1-s2/sigma2 及计算上述公式右边括弧内的元素，其为下面公式：

$$r'_{wg(J)} = 1 - \frac{\bar{S}^2}{\sigma_{EU}^2} \tag{4-7}$$

式（4-7）亦为一种共识指标，是 $r_{wg(J)}$ 的一种修正结果，在这里我们视为计算过程的一部分。第二行命令即在计算 $r_{wg(J)}$，由于 $r_{wg(J)}$ 可能会小于 0 或大于 1，因此小于 0 的部分和大于 1 的部分修正为 0 与 1，所以命令 recode rwgj =（least to 0 = 0）（1 to largest = 1）即是修正超出范围的部分。最后一行的命令，是计算 $r_{wg(J)}$ 的描述统计量最小、最大、平均数与中位数。

4.5 范例说明

为了说明共识与信度指标的计算，我们仍以 NEL S88 资料为范例。在样本规模的选择上，仅使用 10 所学校的 260 名学生的小样本为例来加以说明。

分析时以零模型（不放入任何解释变量）来执行 HLM，借以获得组间变异数与组内变异数，以及结果变量数学成绩（MATHACH）的组间平均数的信度 ICC（2）。共识指标的计算则须另行使用前一节介绍的 SPSS 的语法。

4.5.1　HLM 分析范例

4.5.1.1　信度指标的计算：以数学成绩为结果变量

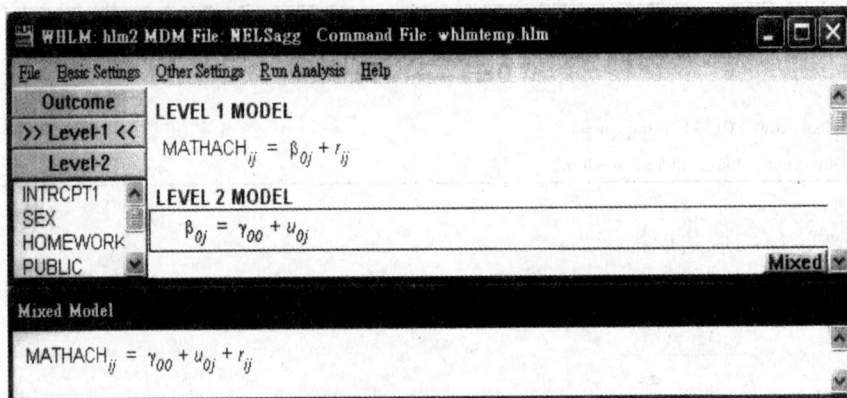

```
Tau（as correlations）
INTRCPT1，B0  1.000
```

Random level-1 coefficient	Reliability estimate
INTRCPT1，B0	0.916

Final estimation of variance components：

Random Effect		Standard Deviation	Variance Component	df	Chi-square	P-value
INTRCPT1，	U0	5.83188	34.01079	9	215.57826	0.000
level-1，	R	8.50034	72.25585			

　　根据上述 HLM 结果报表可以发现，组间变异数为 34.01、组内变异数为 72.26，经计算组内相关系数 ICC 得 0.32。

$$\text{ICC} = \rho = \frac{\tau_{00}}{\tau_{00} + \sigma^2} = \frac{34.01}{34.01 + 72.26} = 0.32$$

　　此数据可以有两个解释：第一个解释是任一个学校内任两个学生其数学成绩测验的相关为 0.32，因为组间变异数的卡方检定统计量为 215.58，达 0.001 显著水准，所以该组内相关系数不可被忽略，亦即样本独立性的假设被违反；第二个解释是组间的效果不容被忽视，因为组间变异数占学生数学成绩测验总变异数的 32%，换言之，明显存在组间差异的效果。

　　此外，HLM 报表提供了平均数的信度，其计算结果为 0.916。如果根据公式（4-5）与（4-6）计算，在假设每个学校样本数一样多的情况下，若每个学校学生是 26 位，则公式计算出来的 ICC（2）信度为 0.92：

$$\text{ICC}(2) = \frac{\tau_{00}}{\tau_{00} + \sigma^2/n} = \frac{34.01}{34.01 + 72.26/26} = 0.92$$

此一数值与 HLM 报表结果相近，此差异的结果是来自示范的 10 个学校，各校的学生人数不等，所以有细微的差距。

4.5.1.2 共识指标的计算：以家庭作业为例

有关于 r_{wg} 的示范，将以三个范例来说明所计算的过程与结果。针对家庭作业变量，在编号第 7472 个这个学校共有 23 位学生，其做作业时间的分布在 0 有 2 位、在 1 有 15 位、在 2 有 4 位、在 4 有 1 位与在 5 有 1 位，经计算这个分配的平均数为 1.39、变异数为 1.25、标准差为 1.12。

在假设无共识作答为均等分配的情况下，亦即这 23 位学生家庭作业时间平均分布在这 8 个选项，则每个选项会有 2.875 位学生，平均数为 3.5、变异数为 5.489、标准差为 2.34。根据公式（4-1）所计算的 r_{wg} 为：

$$r_{wg} = 1 - \frac{1.249}{5.489} = 0.772$$

前述计算所得到的共识程度是以 5.489 为分母，而在计算变异数 1.249 与 5.489 时，是以样本数（$n-1$）为分母来除，是以不偏估计的方式来估计母体变异数。但是在计算均等分配时的变异数是假设其为理论分配，所以分母是 n。因此，新计算的共识程度为 0.76，得到的结果和表 4.1 的数据相同。

$$r_{wg} = 1 - \frac{1.249}{5.250} = 0.76$$

表 4.1　做家庭作业时间的共识度 r_{wg}

School ID	Homework								总和	Mean	SD	rwgj
	0	1	2	3	4	5	6	7				
7472	2	15	4		1	1			23	1.39	1.12	0.76
7829	1	5	5	5	3	1			20	2.35	1.31	0.67
7930	1	11	6	3	3				24	1.83	1.13	0.76
24725	3	12	3		2	2			22	1.64	1.50	0.57
25456	8	9	5						22	0.86	0.77	0.89
25642	3	13	2	2					20	1.15	0.81	0.87
62821	2	13	9	8	13	19	2	1	67	3.30	1.72	0.43
68448		8	6	5	1	1			21	2.10	1.14	0.75
68493	2	13	4	1	1				21	1.33	0.91	0.84
72292	5	6	4	3	1	1			20	1.60	1.43	0.61
										Mean		0.72
										Mdn		0.76
										Min		0.43
										Max		0.89

Note. HomeWork coded as：0：None；1 Less than 1 hour；2：1 hour；3：2 hours；4：3 hours；5：4-6 hours；6：7-9 hours；7：10 or more.

检视表 4.1 可以发现，编号第 7472 这个学校大部分的学生回答 1 这个选项，只有 2 个学生是选择 4 与 5。相较编号第 68493 这个学校，学生人数为 21 人与 7472 的 23 人差不多，这 21 位学生大都选择选项 1，也与编号 7472 的学校类似。但编号第 68493 学校的极端选项是在 3 与 4 各有 1 位同学，而编号 7472 学校的极端选项是在选项 4 与 5 各只有 1 位学生。相较之下，编号第 7472 学校的学生其选项的分布要比第 68493 学校稍微分散，因此所计算的标准差为 0.91，要比第 7472 学校的 1.12 要小，连带在计算 r_{wg} 指标方面，因分母都一样所以标准差越小 r_{wg} 越大，第 68493 学校的共识指标为 0.84。

从这里可以看出，当学校内学生选项分布越广，代表其变异数越大，所计算的 r_{wg} 就越小，例如编号第 24725 与 62821 的学校，所计算的 r_{wg} 分别为 0.57 与 0.43。其中第 24725 学校的学生选项分布与 7472 学校类似，但是第 27425 学校的极端选项 4 与 5 各有两人，相较 7472 学校要来得更分散，所以共识程度越低。而 62821 学校，其 67 位学生散布在所有选项中，且有多峰的分配情况发生，部分学生集中在 1、4 与 5 的选项上面，所以离散程度最大，其标准差为 3.30，所以计算出的 r_{wg} 就相当小，为 0.43。反观学校 25456，其 22 位学生只分布在连续的选项 0、1 与 2 上，其计算的标准差最小，代表这些学生的选项相当集中，相当具有共识，r_{wg} = 0.89。

4.5.1.3　共识指标的计算：以家长教育程度为例

前一个范例以学生做家庭作业的时间来进行组内共识程度的示范。以下我们以家长的教育程度来说明各校学生的家长的教育程度分布状况是否有同质性。家长的教育程度的选项为 1~6，我们首先计算每个学校学生的家长教育程度选项的变异数，再计算教育程度的共识程度 r_{wg}。

虽然家长的教育程度的 1~6 选项在内容上属于类别变量或次序变量，不像前一个范例的作业时数这种连续变量所计算出来的 r_{wg} 可以视为共识程度，但从变异数的公式来看，则可解释为离散程度，而这些类别变量或次序变量的 r_{wg} 则可解释为同构型程度。

由表 4.2 可知，学校编号第 7472 的家长的教育程度相当同质，其 r_{wg} 为 0.86；而学校 7930、68448 与 68493 的家长的教育程度相对则没有那么同质，其 r_{wg} 分别为 0.41、0.25 与 0.33。

表 4.2　家长的教育程度的同质性程度 r_{wg}

	EDUC*									
School ID	1	2	3	4	5	6	总和	Mean	SD	rwgj
7472	2	11	10				23	2.35	0.65	0.86
7829	8	3	8	1			20	2.10	1.02	0.64
7930	1	4	11	2	4	2	24	3.42	1.32	0.41
24725	6	9	6		1		22	2.14	0.99	0.66
25456	2	3	15	1	1		22	2.82	0.85	0.75

EDUC*									
School ID	1	2	3	4	5	6	总和	Mean	SD	rwgj
25642	9	3	8				20	1.95	0.94	0.69
62821			5	17	24	21	67	4.91	0.93	0.70
68448	3	2	10	1	3	2	21	3.24	1.48	0.25
68493	5	9	2	3	1	1	21	2.48	1.40	0.33
72292	3	6	8	3			20	2.55	0.94	0.69
								Mean	0.599
								Mdn	0.679
								Min	0.25
								Max	0.86

Note. Educ coded as：1 Did not finish H.S；2 H.S. grad or GED；3 GT H.S. & LT 4yr degree；4 College graduate；5 M. A. or equivalent；6 Ph.D.，M.D.，other. awgj 请参阅第 12 章。

4.5.1.4 共识指标的计算：以学校的公私立别为例

为了让读者具体看出共识指标（或同质性指标）的计算结果，以下以一个极端的范例，亦即表 4.3 中有关学校公私立别的情况的同质性程度的计算结果。由于学校公私立是属于学校层级的变量，凡是同一个学校内的学生都是隶属于相同的学校特征。因此，所计算的变异数都为 0，因为每个学校的学生都是属于同一个学校之下，而所计算 r_{wg} 的同质性都为 1。

表 4.3 学校性质的同质性指标 r_{wg}

School type						
School ID	1		2	总和	Mean	SD	rwgj
7472	2			23	1	0.00	1.00
7829	8			20	1	0.00	1.00
7930	1			24	1	0.00	1.00
24725	6			22	1	0.00	1.00
25456	2			22	1	0.00	1.00
25642	9			20	1	0.00	1.00
62821			67	67	2	0.00	1.00
68448	3			21	1	0.00	1.00
68493	5			21	1	0.00	1.00
72292	3			20	1	0.00	1.00
					Mean	1.00
					Mdn	1.00
					Min	1.00
					Max	1.00

Note. School type coded as：1：Public；2：Private.

4.5.1.5 综合说明

由前述的几个范例可知，ICC(2) 是看整体组平均数的信度，其各组织平均数间的差异是否够大，用以说明平均数是否有代表性，这个意义来自古典测量理论中的信度意义，真分数的变异数占平均数变异数的程度越大，代表各平均数之间越分离得出来，可以看见各组平均数的差异，所以称为平均数的信度。而 r_{wg} 或 $r_{wg(J)}$ 是看大家的平均数是否真的有共识，其值越大代表该组内成员的分数彼此之间高度相似，其平均数可以反映大家的共识程度，其值越接近 1 代表大家万众一心，其平均数有一致性。但记得在计算 ICC(2) 时，也必须先计算 ICC(1)，因为 ICC(1) 反映的是组织内或群组内组织成员在观察变项上的相关。如果 ICC(1) 太低，也就是说，组织成员在该观察变项没有相似性，则计算 ICC(2) 也不会有意义。除了 ICC(1) 是组内相关系数外，ICC(2) 亦可以由 ICC(1) 导出，不过必须经过组内样本数的调整，是一个近似的统计量。

值得注意的是，ICC(2) 在同一个研究只会有一个数值，而 r_{wg} 或 $r_{wg(J)}$ 是每组都会有一个数值。在文献上，ICC(2) 与 r_{wg} 或 $r_{wg(J)}$ 都以 0.7 为判断标准，不论是作为一种经验法则或是文献参考都建议利用此一标准，但此一标准或经验法则的合宜性受到了学者的批评（请参考第 4.3.2 节的讨论）。

5 中心化议题

5.1　概说

一般在社会科学研究最常用的问卷调查法，大都以李克特量尺（Likerttype scale）的形式来编制问卷，在此有关李克特量尺是否属于等距资料或是次序资料，我们暂且不予讨论并将之视为连续变量。也因为我们是利用李克特量尺资料，如果未经任何变量变换处理，以原始资料进行回归分析，以 5 点尺度来说，我们一般会从 1 到 5 编码来表示受试者所回答的选项。如果是这样，我们将会遇见所估计出来的截距项没有实质意义或是缺乏解释上的意义。因为截距项的意义是在解释变量皆为 0 的情况下的依变量数值，但是李克特式量表的编码不包含 0，因而截距项只是数学方程式的一个辅助项。要能够让截距项在解释上具有意义，不是让解释变量编码要包含 0，就是要经过**中心化**（centering）处理（也称为置中或平移），或将原始解释变量数据进行标准化。

5.1.1　解释变量中心化的一般原则

Aiken 与 West（1991）曾经整理了传统回归模型对解释变量进行中心化的影响，中心化是指每一个人的解释变量都减去同一个数值，通常是总平均数，因此称之为平减，但也可能是减去其他数值（在多层次分析时可以有总平均数平减或组平均数平减，在追踪资料分析时可以是一个常数，例如是时间编码上的初始值、最后值或是中间值）。基本上，每一个分数减去同一个数值并不会改变数据间的相对关系。Aiken 与 West（1991）指出，如果模型中仅有个体层次变量，对其加减并不会对此变量的变异数产生影响，与其他变量间的共变量与相关也都不会有任何改变。

在传统的回归分析中，截距就好像是一个自由估计的参数，使得模型的稳定性得以确保，让解释变量的原点得以维持在某一个特定的位置。中心化的作用，是在使分数改以**离均差形式**（deviation form）当成解释变量，不会影响解释变量的斜率系数，但是会影响截距的估计值、截距项估计值的标准误，以及截距项估计值与其他回归系数估计值的共变关系。

实务上，传统固定效果线性模型之所以要进行解释变量的中心化，目的在改变截距的意义以便于解释。以离均差来代替原始分数，使得估计的新截距项就是依变量的平均数。在以原始分数所建立的回归模型中，截距是指当所有的解释变量数值为 0 时的结果变量的数值。在社会科学领域，以回归分析来回答的研究问题，例如态度或智力测验对学习的影响，解释变量并不会有 0 的数值，0 并没有任何的意义。但是我们一般关心的是变量与变量间的关系，例如态度与智力和学习间的关系，我们较注重的是回归系数中斜率系数的解释。如果我们关心的是截距项的意义，解释变量的中心化才会使得截距具有解释上的意义，这时截距项的意义是指当解释变量皆为平均数时的结果变量的数值，它刚好是结果变量的平均数。

5.1.2　单层次回归的中心化

我们在此示范在一般回归分析时，不平减与平减后回归系数之间的关系。假设回归方程式如（5-1）所示，假设有两个解释变量 X 与 M，当不对解释变量进行任何处理时，其回归系数分别为 β_1 与 β_2，e 为误差项，而截距项为 β_0。

$$Y_i = \beta_0 + \beta_1 X_i + \beta_2 M_i + e_i \tag{5-1}$$

当对解释变量 X 与 M 进行总平减时，亦即对解释变量 X 与 M 分别减去其平均数，再进行回归分析，其平减后的回归方程式如（5-2）所示：

$$Y_i = b_0 + b_1(X_i - \overline{X}) + b_2(M_i - \overline{M}) + e_i \tag{5-2}$$

此时，对式（5-2）进行整理得式（5-3）：

$$Y_i = (b_0 - b_1\overline{X} - b_2\overline{X}) + b_1 X_i + b_2 X_i + e_i \tag{5-3}$$

对照方程式（5-1）与式（5-3），可以获得：

$$\beta_1 = b_1 \tag{5-4}$$

$$\beta_2 = b_2 \tag{5-5}$$

$$\beta_0 = b_0 - b_1\overline{X} - b_2\overline{M} \tag{5-6}$$

方程式（5-1）中的截距项可以整理为下式：

$$\beta_0 = \overline{Y} - \beta_1\overline{X} - \beta_2\overline{M} \tag{5-7}$$

所以会得到：

$$b_0 = \overline{Y}$$

过去在回归分析中，我们很少探讨回归方程式中截距项的意义，但在多层次模式，截距项的意义反而相当重要。因为，我们可以将多层次模式写成式（5-8）、（5-9）与（5-10）：

$$\text{Level 1：} \quad Y_{ij} = \beta_{0j} + \beta_{1j} X_{ij} + \varepsilon_{ij} \tag{5-8}$$

$$\text{Level 2：} \quad \beta_{0j} = \gamma_{00} + \gamma_{01} Z_j + u_{0j} \tag{5-9}$$

$$\beta_{1j} = \gamma_{10} + \gamma_{11} Z_j + u_{1j} \tag{5-10}$$

其中方程式（5-8）中的截距项 β_{0j} 可以又表示成方程式（5-9），如果方程式（5-8）中的截距项 β_{0j} 没有解释上的意义，则方程式（5-9）的价值就丧失，因为方程式（5-9）在解释一个不存在的东西，连带方程式（5-9）中最后估计出来的 γ_{00} 与 γ_{01} 也就没有了意义。因此，在方程式（5-8）中解释变量 X_{ij} 的角色相当重要，其全距范围关系到方程式（5-9）回归系数的意义。如果 X_{ij} 的数值不包含 0，此时要让 β_{0j} 有意义，以及 γ_{00} 与 γ_{10} 有解释性，对解释变量 X_{ij} 进行变量变换（中心化或标准化）将相当重要。

同理，要让方程式（5-9）与（5-10）的 γ_{00} 与 γ_{10} 有解释上的意义，也必须对第二层解释变量 Z_j 的数值进行必要的处理。本书主要是以介绍第一层解释变量的平减处理进行示范说明，至于第二层解释变量的平减处理将不赘述，其背后原理与第一层解释变量中心化处理相同，其规则可以适用在第二层解释变量的平减上。

5.1.3　多层次分析的中心化

在 HLM 中，对第一层解释变量进行**总平均中心化**（grand mean centering）（总平减）要比**组平均中心化**（group mean centering）（组平减）简单许多，因为各变量的总平均数只有一个，但因为有巢套关系，各个解释变量是隶属在不同的组织或学校内，因此各个学校或组织的平均数不同，在操作上是不同学校或组织的个别受试者解释变量分数减去不同学校或组织的平均数。因为各学校或组织的组平均并不相同，大家所减掉的数值也就不相同，组平均中心化后的解释变量 $\tilde{X}_{ij}$ 系由原始分数 X_{ij} 减去各组平均数 $\bar{X}_j$ 成为 $X_{ij} - \bar{X}_j$ 使用此一新的变量来取代原始分数形式的解释变量，将使模型产生变化。将组平减后的变量代回方程式（5-11）后重新整理，此时组平均数在方程式的角色就如同其他第二层次的解释变量，如式（5-14）所示：

$$\text{Level 1：} \quad Y_{ij} = \beta_{0j} + \beta_{1j}\tilde{X}_{ij} + \varepsilon_{ij} \tag{5-11}$$

$$\text{Level 2：} \quad \beta_{0j} = \gamma_{00} + u_{0j} \tag{5-12}$$

$$\beta_{1j} = \gamma_{10} + u_{1j} \tag{5-13}$$

$$\text{Mixed：} \quad Y_{ij} = \gamma_{00} + \gamma_{10}X_{ij} - \gamma_{10}\bar{X}_j + u_{0j} + u_{1j}(X_{ij} - \bar{X}_j) + \varepsilon_{ij} \tag{5-14}$$

若是总平减后代回，则混合模式为：

$$\text{Mixed：} \quad Y_{ij} = \gamma_{00} + \gamma_{10}X_{ij} - \gamma_{10}\bar{X} + u_{0j} + u_{1j}(X_{ij} - \bar{X}) + \varepsilon_{ij} \tag{5-15}$$

而不中心化则为：

$$\text{Mixed：} \quad Y_{ij} = \gamma_{00} + \gamma_{10}X_{ij} + u_{0j} + u_{1j}X_{ij} + \varepsilon_{ij} \tag{5-16}$$

很明显的，解释变量 X 使用未平减的原始资料与总平减资料进行估计，虽然影响了参数的数值（截距项与截距误差项变异数），但是并没有改变模型的组成，基本上都是相同的模型。依照 Kreft 等（1995）所用的术语，原始分数模型与总平减模型为**等值线性模型**（equivalent linear models），但这并不是说所有的参数估计结果是真的相等。等值模型会有相同的**适配度**（**离异数**，deviance）、相同的预测值、相同的残差。至于参数估计数的数值，则可利用数学方法来证明其间的关系。

值得注意的是，组平减的混合模型方程式（5-14）中的平均数不是像先前的总平均数是单一数值，而是每一组都不一样。导致每一组的截距（$\gamma_{00} - \gamma_{10}\bar{X}_j$）被减去一个不一样的数值，因而没有一个共同的截距值。组平减的主要优点是各组截距项代表的就是各组依变量的组平均数，在解释上较为清楚。组平减模型与原始分数模型的相异不仅在于固定效果部分，也在随机系数部分，但是在下面两种情况下则不然。

组平减混合模型方程式（5-14）与未平减模型会相等的第一个例外是每一组的平均数 $\bar{X}_j$ 等于总平均数 $\bar{X}$，此种状况可能发生在重复量数研究，但几乎不会发生在社会科学与组间差异有关的研究中。（5-14）另外一种会发生组平减与原始分数两种模型为等值模型的情况是当模型中只有随机截距，斜率为固定值，此时组平均数又变成了第二层的解释变量。简单来说，当 $\gamma_{11} = 0$ 时，斜率为固定值，因此 $u_{1j} = 0$，且 $z_j = \bar{X}_j$。此时，模型的适配会与仅整有一个随机截距但第二层次没有平均数为解释变量的原始分数模型的适配相等，这两种简化的模型为等值模型，平减模型的参数估计可以通过数学过程转换出与这种简化原始分数模型相同的数据。

5.2 平减策略的比较

5.2.1 不同平减策略的影响

解释变量不平减、总平减或是组平减哪一个模型才是正确的，这个问题并没有办法单从技术层次来回答，因为公式（5-14）、（5-15）与（5-16）三个模型都是正确的。特别是在复杂的 HLM 模型，必须就研究者本身对于资料本身的理解与理论知识，以及研究的目的来考量平减时机。如果研究者感兴趣的是模型能够解释结果变量变异量的多寡，而不是第二阶层的效果，那么利用原始资料是最简单的做法。研究者不必去担心如何处理平均数的问题，因为一开始平均数就没有被中心化处理。同时，如果研究者较关心的是个别层次解释变量的表现，而不是组织层次间的差异时，不平减模型也是最好的选择（Kreft 等人，1995）。

Hofmann 与 Gavin（1998）和 Mathieu 与 Taylor（2007）的研究认为以总平减进行 HLM，一来可以避免共线性问题，二来其模式与不平减是统计等价模式，可以用来侦测脉络效果与跨层级交互作用。而 de Leeuw 与 Kreft（1995）认为在随机系数模型下，若进行组平减，那么建议要把平减用的组平均数置回模型之中，如果没有这么做，那么研究者所估计得到的效果并没有控制住组间的差异。然而在成长曲线模型，这种效果恰好是研究所要的，因为成长曲线模型的解释变量是时间。

根据 Anderson（2004）以**统计相等性**（statistical equivalence）、**参数相等性**（parameter equivalence）、**参数稳定性**（parameter stability）与回归系数的解释性或意义性来比较解释变量的不同中心化处理。在随机截距项模型中，其两层结构的 HLM 在参数估计值与标准误方面，不中心化的处理与以总平均数为中心化，除了截距项外，其他的参数估计与标准误，甚至是适配度（–2LL）都是完全相同的，可见这两种的中心化处理基本上具有参数与统计的相等性。

同样地，Hofmann 与 Gavin（1998）在脉络效果与跨层级交互作用的模式研究上，发现对解释变量不做中心化处理和以总平均数为基准的中心化结果，可视为相同的模式。因此，Raudenbush 与 Bryk（2002）建议，除非研究者有很清楚的理论，否则不适合配适以各组平均数为基准的中心化随机斜率模型。此外，有关于截距项和截距项标准误的解释，甚至与截距项相关的共变量等的解释也要特别小心。Kreft 与 de Leeuw（1998）认为，有关于中心化的方法选择，除了对资料特性的了解外，分析的目的也很重要，如果要以第一层各组平均数为基准的中心化处理，则最好能够将各组平均数纳入分析模式中，以利于对组平均数效果的修正。Snijders 与 Bosker（1999）建议：当在配适随机斜率模型时，最好不要采用以组平均数为基准的中心化解释变量，除非有清楚的理论说明相对分数 $X_{ij} - \bar{X}_j$ 与依变量有关，否则不建议使用以组平均数为基准的中心化，因为 $X_{ij} - \bar{X}_j$ 代表的是一个相对位置，且这个相对位置与这个组别的变项分布有关。

从以上的讨论，我们可以发现中心化或是平减的处理，尚牵涉到各种不同 HLM 的模型设定，以及研究欲探讨的主题：脉络效果、个体层次的关系抑或是跨层级交互作用效果，甚至与固定效果或随机效果的选择有关。不过我们可以从这些研究结果发现，通过平减确实可以减少多元共线性问题，也让截距项较容易有解释上的意义，不过要小心的是其随机效果的意义可能要加以注意。除此之外，不平减与总平减是等价的模式，唯一的差异就是截距以及与截距项有关的变异数与共变量解释上的意义，至于其他回归斜率的数值与意义则没有改变。

Enders 与 Tofighi（2007）在 Psychological Methods 中的 "Centering Predictor Variables in Cross–Sectional Multilevel Models：A New Look at an Old Issue" 一文指出，若单独研究脉络效果时，则要选择总平均数平减，如果只是关心个体层次解释变量对依变量的影响，则建议以组平均数平减，至于研究跨层级交互作用效果则是以组平均数平减较好。而 Hofmann 与 Gavin（1998）也提到当探讨第二层解释变量对结果变量的**递增效果**（incremental）时，是采用总平减较适合，研究第二层解释变量对结果变量的**中介效果**（mediational）时，采用固定斜率以及总平减处理，或是以组平减外带将组平均数置于截距方程式中；而考虑到跨层级第二层解释变量的调节作用（moderational）时，则以组平减方式较适当。同时，Wu 与 Wooldridge（2005）的研究也得到了相似的结果。

5.2.2 平减策略的数学特性

我们以下面的模式为例，说明平减方法的数学特性：

Level 1： $Y_{ij} = \beta_{0j} + \beta_{1j}X_{1ij} + \beta_{2j}X_{2ij} + \beta_{3j}X_{1ij}X_{2ij} + \varepsilon_{ij}$ （5–17）

Level 2： $\beta_{0j} = \gamma_{00} + \gamma_{01}Z_{1j} + \gamma_{02}Z_{2j} + \gamma_{03}Z_{1j}Z_{2j} + u_{0j}$ （5–18）

$\beta_{1j} = \gamma_{10} + \gamma_{11}Z_{1j} + u_{1j}$ （5–19）

$\beta_{2j} = \gamma_{20} + \gamma_{21}Z_{2j} + u_{2j}$ （5–20）

$\beta_{3j} = \gamma_{30}$ （5–21）

要使式（5–17）的 β_{0j} 有意义，则必须要所有解释变量 X_{1ij}、X_{2ij}、Z_{1j} 与 Z_{2j} 都为 0，如果这些变量的全距不包含零时，连带方程式（5–18）也没有意义，因此必须对这些解释变量进行适当的平减。同样地，γ_{00}、γ_{10} 与 γ_{20} 要有意义，则必须使 Z_{1j} 与 Z_{2j} 的全距包含 0。

此外，将方程式（5–18）至（5–21）代回方程式（5–17），可以获得混合模式，则 $X_{1ij} \times X_{2ij}$ 称为组内交互作用，因为这两个变量都是个体层次；$Z_{1j} \times Z_{2j}$ 称为组间交互作用，因为都是组织层次；而 $X_{1ij} \times Z_{1j}$ 与 $X_{2ij} \times Z_{2j}$ 皆称为跨层级交互作用，因为这两个解释变量一个是个体层次，一个是组织层次。这些交互作用都是对个体层次的结果变量产生影响，至于这些交互作用的选择设定，除了理论的依据外，实证的角度是去检视上述方程式误差项的分布是否具有同质性来加以考虑。基本上，牵涉到第二层的解释变量是总平减，牵涉到第一层解释变量的主效果也是总平减，若以组平减时必须将其组平均数置于第二层截距方程式内；若是跨层级交互项，因为此项的效果是设为固定效果，因此，个体层次解释变量是要组平减（如果要让式（5–18）的 β_{0j} 反映结果变项的组平均数，则 X_{1ij}、X_{2ij} 要组平减外，连带其交乘积项还要再进行共变量的平减）。

不管如何，总平减与组平减两种平减方法皆会改变所有解释变量的变异数共变量的资料结构，而组平减连带所估计的回归系数与误差项变异数皆与不平减的意义有些不同（温福星，2006），Enders 与 Tofighi（2007）建议在文章中说明研究者选择该项平减方法的理由。

5.2.3 不同平减策略数据变化模拟分析

前面已经提及，组平减是一种会改变资料相对位置的特殊平减策略。然而什么时候适合组平减方式呢？除了研究欲探讨组内相对位置而不考虑组间的影响，例如**池中蛙模式**（frog pond model）（Hofmann & Gavin，1998），Bickel（2007）还以美国总统大选研究为例进行了说明，由于美国总统大选的选举人投票是**采赢者通吃**（winner-take-all）的制度，各州的选举人投票相当于组内回归一样，不受到其他州结果的影响，这就是非常适合解释变量组平减的方式。同时 Hofmann 与 Gavin（1998）与 Bickel（2007）都认为第一层变量如果采用组平减时，其解释上的意义与其他两者不尽相同，在结果变量上的解释是属于平均的意思。以下，我们将以一个简单的例子来说明组平减对于资料产生变化的情形。

表 5.1　不同平减方式的模拟资料

编号	Group 组别	Y 结果变量	X 解释变量	XGDC X 总平减	XGPC X 组平减
1	1	1	2	−3	−1
2	1	2	3	−2	0
3	1	3	4	−1	1
组平均		2	3	−2	0
组标准差		1	1	1	1
4	2	4	4	−1	−1
5	2	5	5	0	0
6	2	6	6	1	1
组平均		5	5	0	0
组标准差		1	1	1	1
7	3	7	6	1	−1
8	3	8	7	2	0
9	3	9	8	3	1
组平均		8	7	2	0
组标准差		1	1	1	1
全体平均		5	5	0	0
全体标准差		2.739	1.936	1.936	0.866

5.2.3.1　OLS 回归分析的数据说明

表 5.1 中包含 X 与 Y 两个变量的九笔模拟资料。这九笔资料分成三组，每一组有三笔资料，每一组的平均数不同，但是标准差都相同（数值为 1）。我们以 Y 为结果变量，解释变量分别为未平减的 X、总平减（XGDC）与组平减（XGPC）来进行简单回归分析，得到方程式分别为：

X 未平减（X）　　　$Y_{ij} = \beta_0 + \beta_1 X_{ij} + \varepsilon_{ij} = -2 + 1.4 X_{ij} + e_{ij}$

X 总平减（XGDC）　$Y_{ij} = \beta_0 + \beta_1 X_{ij} + \varepsilon_{ij} = 5 + 1.4(X_{ij} - \bar{X}) + e_{ij}$

X 组平减（XGPC）　$Y_{ij} = \beta_0 + \beta_1 X_{ij} + \varepsilon_{ij} = 5 + 1.0(X_{ij} - \bar{X}_{\cdot j}) + e_{ij}$

SPSS 分析得到的报表数据如下：

■X 未平减

模式		未标准化系数		标准化系数	t	显著性
		B 之估计值	标准误	Beta 分配		
	(常数)	−2.000	0.402		−4.971	0.002
	X1	1.400	0.076	0.990	18.520	0.000

■X 总平减

模式		未标准化系数		标准化系数	t	显著性
		B 之估计值	标准误	Beta 分配		
	(常数)	5.000	0.138		36.228	0.000
	XGDC	1.400	0.076	0.990	18.520	0.000

■X 组平减

模式		未标准化系数		标准化系数	t	显著性
		B 之估计值	标准误	Beta 分配		
	(常数)	5.000	0.926		5.401	0.001
	XGDC	1.000	1.134	0.316	0.882	0.407

a 依变量：Y。

表 5.2　整体回归与分组回归的比较

	X X 未平减				XGDC X 总平减				XGPC X 组平减			
	截距	斜率	t	p	截距	斜率	t	p	截距	斜率	t	p
全体	−2	1.4	18.52	0.000	5	1.4	18.52	0.000	5	1	0.882	0.407
分组												
1	−1	1	—	—	4	1	—	—	2	1	—	—
2	0	1	—	—	5	1	—	—	5	1	—	—
3	1	1	—	—	6	1	—	—	8	1	—	—

　　由这些数据可知，未平减与总平减的斜率相同，但是截距不同。X 未经平减的回归截距为−2，X 经总平减的回归截距为5，显示总平减可以将回归截距调整为结果变量的平均数（$\bar{Y}=5$）。

　　另外，总平减与组平减的截距相同，皆为结果变量的平均数（5），但是斜率却不同，分别为总平减的 1.4（t = 18.52，p < 0.001）与组平减的 1.0（t = 0.882，ns），组平减后的斜率甚至未达显著水准，与总平减及未平减的结果相左。显示组平减将改变九个数据的相对位置，因而改变了总体回归的斜率数值。但是，值得注意的是，多层次分析并非以总体回归为分析对象，而是以各组来进行估计并加以整合比较。因此，我们将模拟资料的回归

分析进行分组回归，结果列于表 5.2。

由表 5.2 可以明确地看出，在所有的 9 次分组回归分析中，斜率均为 1，换言之，平减与否对于各组斜率不造成影响，但是却对截距造成明显的影响。其中，以组平减所获得的各组分组回归的截距（2、5、8）完全等同于依变量 Y 的各组平均数（$\bar{Y}_1 = 2$、$\bar{Y}_2 = 5$、$\bar{Y}_3 = 8$），总体回归截距则等于依变量 Y 的总平均数（$\bar{Y} = 5$），换言之，只有解释变量在组平均减情况下，各组回归的截距与总体回归的截距才能真实反映结果变量的组平与总平均。

至于总平减后的 X 所进行的分组回归得到的三个截距数值（4、5、6），则是调整了解释变量 X 的组平均数差异的依变量 Y 的调整后平均数，不再是原来依变量 Y 的各组平均数（$\bar{Y}_1 = 2$、$\bar{Y}_2 = 5$、$\bar{Y}_3 = 8$）。因此，研究者必须注意，采取总平减对于截距的影响，并非结果变量的原始平均数，而是调整后的平均数。当解释变量的各组平均数差异很大时（解释变量的 ICC 很大时），或是解释变量数目很多时，解释变量采取总平减将对分组截距产生很大的调整，也就是会对第二层的截距估计方程式产生直接影响，改变截距的随机效果（u_{0j}），导致研究结论的变化。但是，我们也可以预期，采用组平减虽然对截距（γ_{00}）与随机效果（u_{0j}）不造成影响，但是将对总体回归系数造成影响，亦即影响 HLM 分析的 γ_{10}，如果研究者关注的是这一系数，则采用组平减将会造成结果的改变。

如果用图表来呈现总体回归与分组回归的差异，可以更清楚地显示解释变数平减的影响。由图 5.1 可以看出，各组回归方程式的斜率（1.0）均相同，呈现平行的状态，但截距在未平减的情形下，分别落于 -1、0、1。总体回归方程式（以粗双箭头直线表示）的斜率值（1.4）则与各组回归斜率值不同，且会穿越（$\bar{Y}$，$\bar{X} = 5$，5）的中心点，但是截距落在 -2 处。

如果经过总平减，X 轴的原点将移至 $\bar{X}$ 处，四个回归方程式的斜率均保持不变，但总体回归方程式的截距即会等于 5.0（Y 的总平均数），各组回归截距则移至 4、5、6，这三个数值是调整 X 的组间差异后的 Y 的组平均数。真实的 $\bar{Y}_1$、$\bar{Y}_2$、$\bar{Y}_3$ 会出现在以 X 经过组平减时，三组各自的回归线会以 $\bar{Y}_1 = 2$、$\bar{Y}_2 = 5$、$\bar{Y}_3 = 8$ 为截距值，如图 5.1 中的三条短黑柱。

X 若经过组平减后与 Y 坐标图将会成为图 5.2 的关系，三组回归线通过原点时的坐标轴将会成为（0，2）、（0，5）、（0，8），各组截距维持为原来各组的依变量平均数。粗双箭头的总体回归方程式坐标原点则会成为（0，5），截距维持为依变量总平均数的 5，斜率则维持为 1.0，与各组相同。

由图 5.2 可以看出，组平减后的组间差异维持不变，每一组的三个观察值与回归方程式的距离也维持不变，因此，组平减不影响各组的截距与斜率估计，也不影响显著性考

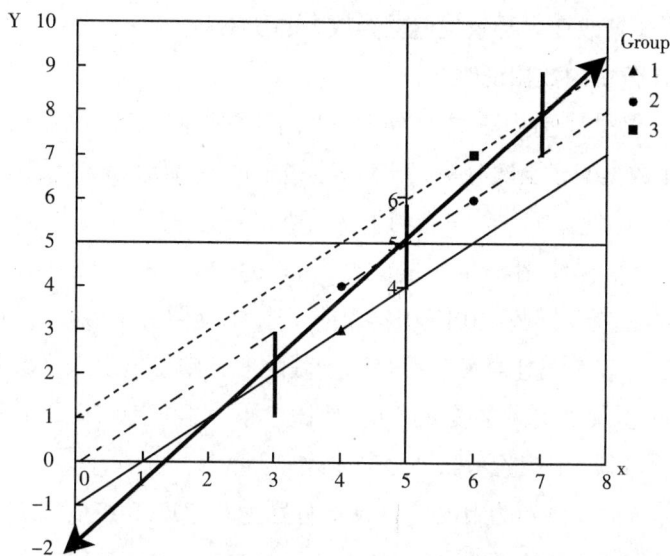

图 5.1 整体回归与分组回归（未平减）

验。但是若不分组来看，九个点的分布则不同于图 5.1，换言之，数值的相对位置产生变化，这九个点与粗双箭头直线总体回归方程式的垂直距离可以说是相当分散，也就是说，经过组平减后，用总体回归方程式去估计本范例的九个观察值的估计误差会放大，σ_e^2 放大到 2.777（未平减与总平减的估计标准误仅为 0.414），从个别参数来看，组平减后的解释变量标准误也从 0.076 放大到 1.134，因此同样是 1.0 的斜率，在各组回归的显著性考验结果会与总体回归有所不同。若以 HLM 的术语来说，组平减的组间差异虽然维持不变，但是组内差异会放大，导致 ICC 变小。我们可以在下一节 HLM 模拟分析的结果中看到组平

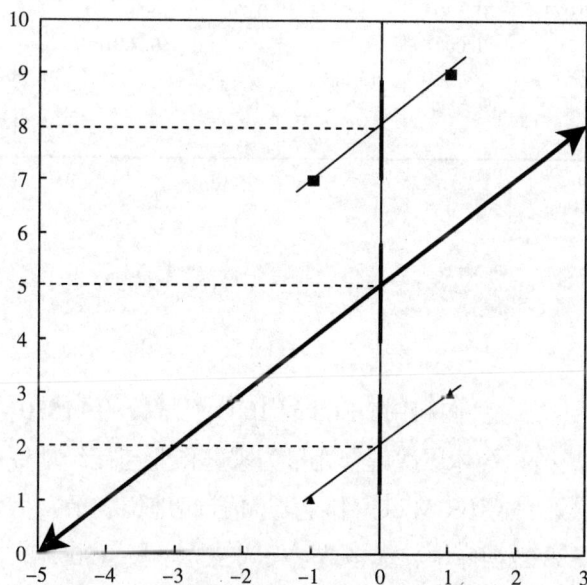

图 5.2 整体回归与分组回归（组平减后）

减后由于数据相对位置改变，导致组内差异放大的现象。

5.2.3.2 HLM 分析的数据说明

前一节的示范仅是分别用三次的 OLS 回归来检视各组截距的变化，以下我们使用 HLM 来进行表 5.1 数据的多层次分析，比较各系数的变化情形。结果列于表 5.3。

由表 5.3 可以明确地看出，总平减与未平减所得到的 γ_{10}、标准误、t 检验考验均相同，数值等于 OLS 回归的整体回归结果的 1.4，se = 0.076，t = 18.52（p < 0.001），离异数（13.118）与模型的组内变异数（0.171）均相同，显示这两种平减处理得到的结果不改变原始资料的斜率估计数与统计意义。但是对于截距估计则可发现未平减得到的 γ_{00} 是无意义的–2，总平减的 γ_{00} 则为总平均数的 5.0。相比之下，组平减可以得到正确的 γ_{00} 与各组截距，但是 γ_{10}、标准误、t 检验考验则会产生改变。

此外，三种平减估计得到的组内变异数 σ_e^2 分别为 0.171、0.171、7.714，显示组平减后会因为数据相对位置的改变，导致组内差异改变。可惜由于资料数太少，无法获得组间差异的随机效果的估计结果，无法进行组间变异数在三种平减策略下的数据变化与 ICC 的比较，因此有关该部分的比较将留待下一节的范例，以实际的 NELS88 资料来进行示范说明。

表 5.3 模拟资料的 HLM 分析结果

	X X 未平减			XGDC X 总平减			XGPC X 组平减		
	系数	se	t (p)	系数	se	t (p)	系数	se	t (p)
γ_{00}	–2	0.402	–4.971	5.0	0.138	36.228	5.0	0.926	5.401
			(0.001)			(0.000)			(0.000)
γ_{10}	1.4	0.076	18.520	1.4	0.076	18.50	1.0	1.134	0.882
			(0.000)			(0.000)			(0.407)
离异数	13.118			13.118			38.156		
组内 变异数	0.171			0.171			7.714		

5.3 范例说明

关于平减方法的示范，我们利用 NELS 的 1003 所学校的 21580 位学生的资料进行分析。结果变量为数学成绩，个体层次解释变量为家庭作业与社经地位，这两个变量同时也聚合成学校层次平均数，分别以 M 家庭作业与 M 社经地位表示，另外，总体层次解释变量还有公立。在 NELS88 数据库中，大多数学校为公立学校（80%），其余 20% 可以区分为天主教学校（10%）、宗教学校（4%）与非宗教学校（6%）等私立学校。

范例中，解释变量的处理方式分别有未平减的**原始分数**（raw scores，RS）、**总平减**（grand mean centering，GDC）、**组平减**（group mean centering，GPC）三种不同做法。而组平减还有两种情形：平均数置回（GPC_M）与不置回（GPC_N）第二层截距方程式，因此共有四种情况。

5.3.1 HLM 模型

■M1：（未平减模型；RS）

WHLM: hlm2 MDM File: NELS1003

File Basic Settings Other Settings Run Analysis Help

Outcome
Level-1
>> Level-2 <<

INTRCPT2
HOMEWORK
PUBLIC
MEANSES
MINORITY
RATIO

LEVEL 1 MODEL

$$\text{MATHACH}_{ij} = \beta_{0j} + \beta_{1j}(\text{HOMEWORK}_{ij}) + \beta_{2j}(\text{SES}_{ij}) + r_{ij}$$

LEVEL 2 MODEL

$$\beta_{0j} = \gamma_{00} + \gamma_{01}(\text{PUBLIC}_j) + u_{0j}$$

$$\beta_{1j} = \gamma_{10} + u_{1j}$$

$$\beta_{2j} = \gamma_{20} + u_{2j}$$

Mixed

■M2：（组平减模型，平均数未置回；GPC_N）

WHLM: hlm2 MDM File: NELS1003   Command File: whlmtemp.hlm

File Basic Settings Other Settings Run Analysis Help

Outcome
Level-1
>> Level-2 <<

INTRCPT2
HOMEWORK
PUBLIC
MEANSES
MINORITY
RATIO

LEVEL 1 MODEL

$$\text{MATHACH}_{ij} = \beta_{0j} + \beta_{1j}(\text{HOMEWORK}_{ij} - \overline{\text{HOMEWORK}}_{.j}) + \beta_{2j}(\text{SES}_{ij} - \overline{\text{SES}}_{.j}) + r_{ij}$$

LEVEL 2 MODEL

$$\beta_{0j} = \gamma_{00} + \gamma_{01}(\text{PUBLIC}_j) + u_{0j}$$

$$\beta_{1j} = \gamma_{10} + u_{1j}$$

$$\beta_{2j} = \gamma_{20} + u_{2j}$$

Mixed

■M3：（组平减模型，平均数置回；GPC_M）

WHLM: hlm2 MDM File: NELS1003   Command File: whlmtemp.hlm

File Basic Settings Other Settings Run Analysis Help

Outcome
Level-1
>> Level-2 <<

INTRCPT2
HOMEWORK
PUBLIC
MEANSES
MINORITY
RATIO

LEVEL 1 MODEL

$$\text{MATHACH}_{ij} = \beta_{0j} + \beta_{1j}(\text{HOMEWORK}_{ij} - \overline{\text{HOMEWORK}}_{.j}) + \beta_{2j}(\text{SES}_{ij} - \overline{\text{SES}}_{.j}) + r_{ij}$$

LEVEL 2 MODEL

$$\beta_{0j} = \gamma_{00} + \gamma_{01}(\text{HOMEWORK}_j) + \gamma_{02}(\text{PUBLIC}_j) + \gamma_{03}(\text{MEANSES}_j) + u_{0j}$$

$$\beta_{1j} = \gamma_{10} + u_{1j}$$

$$\beta_{2j} = \gamma_{20} + u_{2j}$$

Mixed

■M4：（总平减模型；GDC）

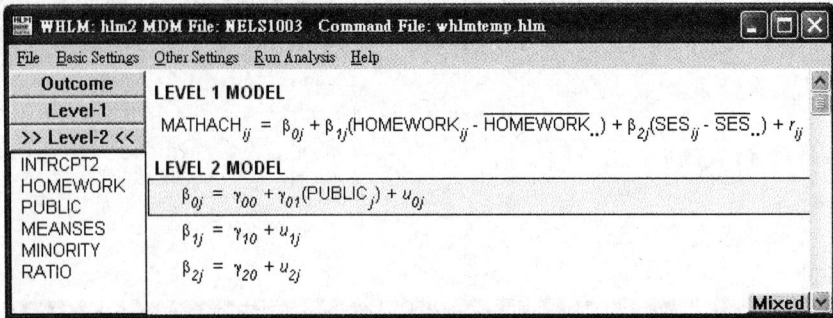

5.3.2　HLM 估计结果

各个分析模型中，个体层次解释变量都是家庭作业与 SES，但是平减程序则有不同。各模型的第二层解释变量都有公立，四个模型分别为 RS 模型、GPC 模型但没有将平均数置回第二层作为解释变量 （GPC_N）、GPC 模型但把平均数置回第二层作为解释变量 （GPC_M），以及总平减模型 （GDC）。

在 M3 模型 （GPC_M） 中，变量经过平减，但被减去的平均数则被置回第二层作为解释变量，此时平减变量的组间变异被移除了，但是平均数的差异在第二层获得还原。被移去的是解释变量的组间变异，此一组间变异在整个模型中扮演重要的角色。在我们的实际范例中即可看出，以平均数进行中心化平减，造成变量在各组间的变异被移除，包括家庭作业与 SES 两个变量，对于公私立别变量的效果影响很大。表 5.4 中，组平减后的变量以底线来表示，如 SES 与家庭作业。家庭作业在 RS 模型中被使用，而家庭作业被使用在两个 GPC 模型中。所有的模型都有公立这个变量，私立学校编码为 0，公立学校编码为 1。

值得注意的是，表 5.4 的第三个模型多了两个第二层次解释变量 SES 组平均与家庭作业组平均数。在 RS 模型，因为并没有任何的平减程序，因此，各组平均数的信息仍保留在模型中。各模型对于 SES 与家庭作业都设定为随机斜率。

表 5.4 显示，不仅在系数部分或是模型适配度 （离异数） 上，两个组平减模型不同，且 RC 模型与两个组平减模型的结果也不相同，但未平减的 RS 模型与总平减模型相同。差异的主因是 GPC_N 模型对于 SES 与家庭作业两个变量的学校间差异被移除的结果。平均数的差异经组平减后从原始资料中被去除且没有被置回。按理说，GPC_M 模型应该与RS 模型较接近，而 GPC_N 则不然，从数据中可知的确是 GPC_N 的适配度最差 （离异数最高）。

表 5.4 不同平减模型分析结果

变量	M1：RS 未平减			M2：GPC_N 组平减无置回			M3：GPC_M 组平减有置回			M4：GDC 总平减		
固定效果	Est	se	t	Est	se	t	Est	se	t	Est	se	t
截距	50.17	0.278	180.70	55.06	0.403	158.90	47.53	0.47	101.30	52.46	0.2620	199.90
家庭作业	1.24	0.046	27.09									
<u>家庭作业</u>				1.18	0.047	25.10	1.20	0.05	25.60			
~~家庭作业~~										1.24	0.460	27.11
SES	4.35	0.092	47.40									
<u>SES</u>				3.84	0.103	37.33	3.85	0.10	37.28			
~~SES~~										4.35	0.092	47.41
公立	-2.06	0.310	-6.97	**-5.42**	**0.441**	**-13.90**	**0.62**	**0.28**	**2.20**	-2.06	0.295	-6.97
SES 组平均							8.14	0.25	32.63			
家庭作业 组平均							1.65	0.20	8.26			
随机效果	var		x 平方	var		x 平方	var		x 平方	var		x_2
截距	10.582		1977.3	**22.733**		8420.0	**6.358**		3046.6	9.649		3142.5
家庭作业 斜率	0.358		1247.3	**0.420**		1257.8	**0.405**		1256.7	0.356		1247.3
SES 斜率	0.613		1243.9	**1.708**		1221.9	**1.734**		1220.9	0.612		1243.8
离异数 Deviance	153343			**153977**			**153017**			153343		
参数数目	7			7			7			7		

注：变量下方加直线为经组平减，加波浪线为经总平减。

固定效果的差异主要是在公立变量的系数与截距。家庭作业与 SES 系数的估计值在原始与平减模型都非常接近，标准误也非常接近相等。在随机部分，我们列出了 SES 的斜率变异数，而 RS 与 GPC 模型间的差异得到了相反结论。在 RS 模型，变异数并不显著，但是在两个 GPC 模型都是显著的。

相同的差异现象也发生在公立的固定效果上。在 RS 模型，公立变量具有高度的负向效果，系数为 -2.06，在 GPC_N 模型强度更高，系数达 -5.42，但是在 GPC_M 模型则改变了方向，成为 +0.62，数值虽小但是达到显著水准。这三个系数均具有统计的显著性，但强度不同，更重要的是方向也不同。很明显的，公私立别的效果可以从负向效果变成正向效果，取决于我们如何处理原始资料。平减但不置回平均数对于私立学校最有利，也就是 GPC_N 模型的结果，从原始的 RS 模型的 -2.06 提高到 -5.42。平减但置回平均数对于公立学校有利，公立的效果量变成 +0.62，变成对于公立学校有利的结果是因为平均数的被纳入估计，也就是说，SES 与家庭作业的校间差异被还原，造成结论的改变。

表 5.4 的四个模型中，除了 M1 与 M4 之外，其他模型并不是等值模型，且从离异数指标中看出，各模型对于资料的适配并不相等，GPC_N 模型的离异数指标最高，也就是对

于观察资料有最差的适配，这并不令人惊讶，因为 GPC_N 模型已把 SES 与家庭作业的组间差异移除，平均数亦未置回，改变幅度最大。另外，在随机部分的明显差异是在 RS 模型中，SES 斜率的随机性并没有达到统计的显著性，但是在两个 GPC 模型则达到统计的显著性。值得注意的是，如果要比较模型的适配度，必须改用带有充分信息的完全最大概似估计（FUML）才能对模型离异数进行完整的估计，相关议题将在第 7 章讨论。

6 固定与随机效果议题

6.1 概说

在统计学中，**随机**（random）与**固定**（fixed）两个名词有多种不同的意义。在线性模型中，至少有三种不同的说法：随机效果与固定效果、随机变量与固定变量、随机系数与固定系数。

6.1.1 随机效果与固定效果

固定与随机效果的概念普遍应用在实验研究的资料分析中。在一个实验中，研究者操控自变量来观察依变量的变化，自变量称为**因子**（factor），是影响依变量变化的**来源**（source），通过变异数分析（ananlysis of variance，ANOVA），可以检验因子的效果是否具有统计意义。

变异数分析中，类别自变项对于依变项的影响有两种不同的形式：**固定效果模式**（fixed-effect models）与**随机效果模式**（random-effect models）。固定效果模式是指当一个研究的类别自变项的水准个数（k），包括了该变项所有可能的水准数（K组），也就是样本的水准数等于母体的水准数（k = K），此时类别自变量对于依变项的影响，无须推论到其他的情境，亦即独变项的效果是固定在 k 个水准上。例如比较大学四个年级学生的旷课次数（依变项），此时独变项为年级，具有四个水准，而母体亦为四个年级，年级效果是固定的。

随机效果模式是指研究所取用的类别独变项的 k 个水准，是从具有 K 个水准的母体中所随机抽取得到的，亦即样本的水准数小于母体的水准数（k < K），此时类别独变量对于依变项的影响，是随机取样的结果，完整的独变项效果必须从样本的 k 个水准推论到母体的 K 个水准上，增加了一项抽样与推论程序。例如地方教育官员抽查五所学校，比较他们的办学绩效，类别独变项的五所学校是由当地学校母体中所随机取得，这五所学校办学绩效的差异，若要推得本市各校办学绩效有异的结论，必须注意独变项水准数的抽样问题，此时即适用随机效果模式。有关固定与随机效果的经典论述，可参考 Scheffé（1956，1959）和 Wilk 与 Kempthorne（1955）的著作。

在学术研究中，对于固定效果与随机效果的区分是非常重要的议题，因为所造成的推论结果，以及研究发现所能够推论的范围有别。例如，固定效果仅允许对于研究中所发生的各种状况的推论，效果的本身是被假设为固定常数而无测量误差。相对地，在随机效果模型中，例如前面所提及的学校效能研究，推论的范围可以扩大到参与实验的学校以外。此时，研究者的目的是在学校母体的推论，而非实验中的学校。实验的效果并不假设为常数，而是具有些微差异，或带有抽样误差的测量。这是因为被选择的学校是抽样得来所导致的结果，我们所欲推论的是母体的本身。我们可以预期若以另一组样本重复研究，得到的结果多多少少会有差异。

假设变异数分析的线性模式如下式所示：

$$Y_{ij} = \mu + \alpha_j + \varepsilon_{ij} \tag{6-1}$$

则固定效果与随机效果的虚无假设分别如下：

$$H_{Fixed}: \ \alpha_1 = \alpha_2 = \cdots = \alpha_p \tag{6-2}$$

$$H_{Random}: \ \sigma_\alpha^2 = 0 \tag{6-3}$$

方程式（6-1）为依变项可以拆解为总平均数、组间效果以及组内误差项的和，在固定效果情况下，存在固定的 α_1，α_2，$\cdots$，α_p 效果值，因此估计其参数估计值计算组间平均数离均差平方和，即可以检定公式（6-2）是否成立。至于随机效果则是假设 α_1，α_2，$\cdots$，α_p 效果值是随机抽样的结果，其假设服从常态分配平均数为 0、变异数为 σ_α^2。当计算检定统计量卡方值，如果不显著即代表 $\sigma_\alpha^2 = 0$ 的假设不被拒绝，也就是母体的效果是相等的意思，即 $\alpha_1 = \alpha_2 = \cdots = \alpha_P$，否则代表母体各处理的效果不同。

HLM 与 GLM 的最大差异，在于样本具有多层次的结构，低阶的分析单位嵌套在高阶的分析单位中。更具体来说，总体层次的分析单位是由个体层次的分析单位汇集或分组而得，因此，在 HLM 分析中，高阶的分析单位的组间差异，即可能具有固定效果与随机效果之别：当高阶的组数（k）等于母体的组数（K），组间差异无须推论到其他情况，因此没有抽样问题，是为固定效果模式；相对地，当高阶的组数（k）是从母体的 K 组中随机取样，那么高阶的组间差异即有抽样问题，在检验高阶效果时，必须估计抽样误差，是为随机效果模式。所以在变异数分析中，因为每个受试者都随机分派到不同的实验进行处理，因此相同实验处理水准下的受试者，相当于嵌套在实验处理内。如果此时实验处理水准是从母体众多的实验处理中随机抽样而来，则具有随机效果的特性，因此存在了组内个别差异与组间差异，也就是有组内误差变异数与组间效果的变异数之分，这与 HLM 的原理相符合，所以具随机效果的变异数分析是最基本的 HLM 模式。

6.1.2　随机变量与固定变量

固定与随机变量是统计理论上的概念，所谓**随机变量**（random variable）一般是指一个变量的数值来自某种概率分配。因此，一个随机变量会有一个期望值（平均数）与变异数（可能是已知或未知）。变量的数值会有所不同，除了受测者的个别差异，还涉及测量误差，导致每一次测量都不一样，例如 IQ 的测量，个人的智力可以在同一个情况下反复多次测量，每一次都得出不同的数值，因此随机变量的"随机"一词反映了个体 真实得分与随机测量误差的影响。

相对于随机变量的随机性，**固定变量**（fixed variable）表示一个变量的数值是已知的，是固定的一组数值。例如性别，每一次某一个人被测量他的性别时，我们假设相同的性别将会出现。传统上的回归模型中的预测变量与变异数分析反应实验处理的**设计变量**（design variable），通常都被视为固定变量，表示该分析具有固定的设计。但是在线性结构关系的分析中，变量多被视为是随机的。简言之，固定变量所关心的是变量中所出现的已知不含测量误的数据，随机变量所关心的则是参数背后所存在的概率分配。HLM 模型如同一般的回归分析，解释变量皆假定为固定变量。

6.1.3　随机系数与固定系数

系数是**固定系数**（fixed coefficient）或**随机系数**（random coefficient）与线性模型的参数特性有关。在传统的回归模型中，所估计的参数（回归系数）包括斜率与截距，这些系数均被假设为固定数值而不会变动，系数数值是通过观察资料所估计得出，因此称为系数估计值。而随机系数是指系数的数值为概率函数分配的抽样观察值，一个概率分配即有其期望值与变异数。在多层次模型架构中，第一阶层的回归模型系数被以随机系数来处理。有时研究者的兴趣在于这些参数的期望值（平均数），有时则是这些随机系数的变异数，有时是两者。

以斜率来说，斜率的随机系数被区分为两个部分：第一是整体斜率（overall slope）的数值，是从所有的个体所估计得出，无关乎这些个体属于哪一个组。第二是斜率变异数（slope variance），表示每一个组的斜率与整体斜率有所差异的变动情形。在多层次模型，若为随机系数模型，则允许各组从平均数处存在变异，不论是截距或斜率上的变异，进而可以估计变异情形。

6.2　多层次模式中的随机与固定问题

从前述的讨论中，我们可以得知"随机"或"固定"一词有效果、变数与系数三种意义，而这三种意义都会在多层次模式中产生影响。尤其是随机效果与随机系数，两者与多层次分析的执行过程与结果推论都有直接关系。

根据 Cohen、Cohen、West 与 Aiken（2003）的整理，在多层次分析架构下，**随机系数回归**（random coefficient regression）的组成元素包含三个部分：第一部分为个体层次的回归系数，如公式（6-4）的回归系数 β_{0j} 与 β_{1j}；第二部分为模型的固定部分，也就是母体的固定回归系数，如公式（6-5）与（6-6）的回归系数 γ_{00}、γ_{10}、γ_{01} 与 γ_{11}，反映了解释变项的效果强弱；第三部分为模型的随机部分，含各层的残差项与**变异数成分**（variance components），如公式（6–5）与（6–6）的误差项 u_{0j} 与 u_{1j}，反映了各组独特的效果强弱这个变异数成分就是**随机效果**（random effect）。

$$\text{Level1：} \quad Y_{ij} = \beta_{0j} + \beta_{1j}X_{ij} + \varepsilon_{ij} \tag{6-4}$$

$$\text{Level2：} \quad \beta_{0j} = \gamma_{00} + \gamma_{01}Z_j + u_{0j} \tag{6-5}$$

$$\beta_{1j} = \gamma_{10} + \gamma_{11}Z_j + u_{1j} \tag{6-6}$$

Kreft 与 de Leeuw（1998）认为前述模式中的误差项 u_{0j} 与 u_{1j} 是随机变量，随机变量的意义是指从某一概率分配随机抽样的结果，所以在 HLM 中依变项也是属于随机变量，隐含就是一种随机效果。如果将 HLM 模型各层的误差项变异数设定为零（除第一层外），则各层误差项的随机变量效果消失，只存在回归系数这一固定部分，等于回归模式没有随机变量存在，这就是固定效果模型。

以公式（6–4）为例，第一层的截距 β_{0j} 被第二层变量 Z_j 所解释，在随机效果模式下，k 个组即代表 k 个水准系由母体的 K 个水准随机取样而得，因此具有抽样误差，以 u_{0j} 表示，即得公式（6–5）：$\beta_{0j} = \gamma_{00} + \gamma_{01}Z_j + u_{0j}$。相同地，公式（6–4）中，第一层的斜率系数 β_{1j} 被具有第二层变量 Z_j 所解释，在随机效果模式下，k 个组即代表 k 个水准系由母体的 K 个水准随机取样而得，因此具有抽样误差，以 u_{1j} 表示，即得公式（6–6）：$\beta_{1j} = \gamma_{10} + \gamma_{11}Z_j + u_{1j}$。$\gamma_{00}$ 与 γ_{10} 为高层（第二层）回归方程式的截距项，γ_{01} 与 γ_{11} 则是高层（第二层）回归方程式的斜率系数，代表第二层的解释变项（Z_j）对第一层回归模式的固定效果，而 u_{0j} 与 u_{1j} 是平均数为 0、变异数分别为 τ_{00} 与 τ_{11} 的二元常态随机变量。如果是固定效果模式，且没有任何第二层解释变项对第一层参数进行影响时，亦即缺乏高层自变量 Z_j，则方程式（6–5）与（6–6）即可简化为公式（6–7）与（6–8）：

$$\beta_{0j} = \gamma_{00} \tag{6-7}$$

$$\beta_{1j} = \gamma_{10} \tag{6-8}$$

将式（6–7）与（6–8）代入公式（6–4），得到固定效果整合阶层回归方程式如下：

$$Y_{ij} = \gamma_{00} + \gamma_{10}X_{ij} + \varepsilon_{ij} \tag{6-9}$$

公式（6–9）即为一般的简单回归分析，不考虑各组回归线是否有差异，或各组的资料都是同质的，因此可用一条回归线来表达依变项与解释变项之间的关系，也就是包含有连续自变项（X）与类别自变项（高阶的 k 个水准）的**混合回归**（mixed regression）（邱皓政，2005），或是计量经济学中的**合并回归**（pooled regression）。若同样是固定效果模式，但有第二层解释变项对第一层参数进行影响时，则方程式（6–5）与（6–6）即可简化为公式（6–10）与（6–11）：

$$\beta_{0j} = \gamma_{00} + \gamma_{01}Z_j \tag{6-10}$$

$$\beta_{1j} = \gamma_{10} + \gamma_{11}Z_j \tag{6-11}$$

此时式（6-10）与（6-11）称为**非随机变动模式**（non-random varying model），意即第一层回归系数的变动是随第二层的解释变量而变，并未含有任何随机变动部分。若将公式（6-10）与（6-11）代回公式（6-4），得到的阶层回归方程式如下：

$$Y_{ij} = \gamma_{00} + \gamma_{10}X_{ij} + \gamma_{01}Z_j + \gamma_{11}Z_jX_{ij} + \varepsilon_{ij} \qquad\qquad (6\text{-}12)$$

此时式（6-12）还是属于一般的回归分析，因为只有一个第一层的误差项。

6.3 随机与固定效果的差异与决策准则

6.3.1 随机与固定效果设定的结果

多层次分析对于参数设定为固定或是随机对于参数估计的影响，可以很容易地从图形中看出。以式（6-13）为例，方程式中仅包含一个个体层次解释变量 X，可能存在着 u_{0j} 与 u_{1j} 两个误差项，u_{0j} 反映的是截距的组间差异，u_{1j} 反映的是斜率的组间差异，由于两者是总体层次的误差项，因此假设符合常态分配的基本假设。

$$Y_{ij} = \gamma_{00} + \gamma_{10}X_{ij} + u_{0j} + u_{1j}X_{ij} + \varepsilon_{ij} \qquad\qquad (6\text{-}13)$$

假设现在有一个研究，解释变量 X 是学生做作业的时间，依变量 Y 是学生的数学成绩，j 是 NELS88 资料库中 23 个学校，Y_{ij} 表示 512 位学生的数学成绩，方程式（6-13）是利用家庭作业去解释数学成绩。

式（6-13）中的 u_{0j} 与 u_{1j} 两个误差项中，前者表示各校数学成绩的平均数变异情形，后者则表示 X→Y 的回归系数的校间变异。如果 u_{0j} 与 u_{1j} 两者都不加以估计，就是典型的 OLS 回归分析，也就是取全体 512 个观察值去进行 X→Y 的回归分析，整个资料库并不会被切割成不同总体层次观察单位来进行回归分析，因此仅有一个斜率与一个截距，如图 6.1(a) 所示。换言之，当 u_{0j} 与 u_{1j} 两者都不加以估计时，表示截距与斜率都被设定为固定，仅有固定效果（单一斜率与截距值）而没有随机效果。

如果 u_{0j} 加以估计，而 u_{1j} 不估计，表示总体层次截距项具有随机变化的效果，截距不止一个，但是斜率只有一个，换言之，斜率是固定的一个数值，如图 6.1(b) 所示，截距越高者，表示结果变量的平均数越高，在本范例中的意义就是该校的数学成绩越好，但是对每一个学校而言，家庭作业对数学成绩的影响力都是相同的。

相对地，如果 u_{0j} 不加以估计，但对 u_{1j} 加以估计，表示总体层次截距项都一样（固定效果），而 X→Y 的预测力具有随机变化的效果，斜率不止一个，而被假设呈现常态分布，如图 6.1(c) 所示。斜率越陡者，表示 X→Y 的预测力越强，在本范例中的意义就是当该校学生做作业的平均时间越高，对于数学成绩的预测力越强，但是对每一个学校而言，学生

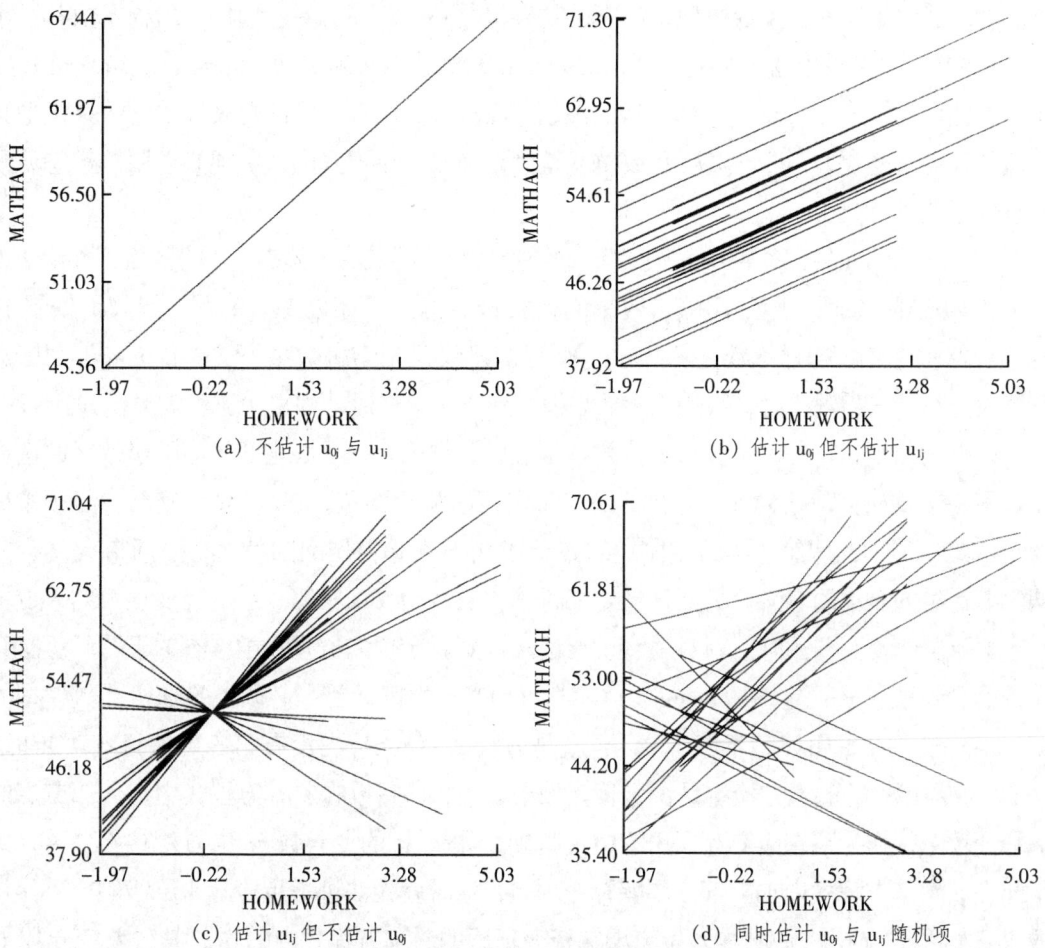

图 6.1 四种不同固定与随机效果设定的参数估计结果

(a) 不估计 u_{0j} 与 u_{1j}

(b) 估计 u_{0j} 但不估计 u_{1j}

(c) 估计 u_{1j} 但不估计 u_{0j}

(d) 同时估计 u_{0j} 与 u_{1j} 随机项

的数学成绩在家庭作业为 0 时的分数都被设定为相同。

最后一种状况是 u_{0j} 与 u_{1j} 两者都加以估计，此时不仅总体层次截距项具有随机变化的效果，X→Y 的预测力也具有相同的随机变化效果，斜率与截距都不只有一个，而且两者都被假设呈常态分布，如图 6.1(d) 所示。

6.3.2 随机与固定效果的设定时机

有关于 HLM 模型是否设计为固定效果模型或是随机系数模型，Snijders 与 Bosker (1999) 提出了一个建议法则，也就是依据第二层的组数、每组内的样本数、第一层与第二层残差项的分布、第二层各组如何被抽出的假设、研究结果推论的一般化与我们分析的关注焦点等来进行判断。因此他们的建议如下：

第一，当第二层每一组的样本有特殊的特征，而我们欲在每一组建构同样模式时，建议采用固定效果模型；第二，相反地，当样本来自母群抽样的结果，而我们欲推论回母群特征时，建议采用随机系数模型；第三，如果是关心第二层解释变项每一组样本数都过小时（1~50），建议采用随机系数模型，因为参数的估计量必须借助（borrowing strength）所有资料的信息，利用实证贝氏估计量的**缩动**（shrinkage）特性，否则采用固定效果模型其参数估计将不稳定；第四，随机系数模型是假设在第二层模式的误差项必须服从常态分配的条件方能进行。

Snijders 与 Bosker（1999）曾提出一个经验法则，即取决于第二层 J 的数目，如果 J 太少，例如低于 10 时，则使用固定效果的模式设定方式；如果 J 不太少，例如不低于 10 时，且每一个 J 内的样本数是不少于 100 时，建议采用随机效果模式。Longford（1993）则建议当第二层组数少时，采用固定效果模式；当组数多时，则采用随机效果模式。

以上的原则只是一种建议法则，并不是最后决定因素，其固定效果与随机效果的选择还是取决于其研究范畴的理论基础，不过唯一可以确定的是，在 MLM 下则至少必须采用随机截距模型，意即第一层回归模式的截距项 β_{0j}，在第二层回归模式时必须带有 u_{0j}，方能去表达组内相关的意义。另外，当要探讨第二层解释变项对第一层解释变项对结果变项影响的跨层级交互作用时，则必须将误差项加入到斜率项的方程式中。有关于跨层级交互作用的影响的模式设定，Hofmann 与 Gavin（1998）指出，首先必须检验随机系数模型的第二层随机效果是否显著不等于 0，也就是方程式（6-6）内没有第二层解释变项 Z_j 时，其 u_{1j} 的变异数 τ_{11} 的卡方检定是否显著。如果显著，方可以在斜率方程式中加入第二层的解释变项 Z_j，作为跨层级交互作用的检定基础；如果 u_{1j} 的变异数 τ_{11} 卡方检定不显著，则不能在该斜率方程式内加上第二层解释变项 Z_j，这时就无法进一步检验跨层级的交互作用效果。如果 τ_{11} 显著，此时加入第二层解释变项后的斜率方程式内的 u_{1j}，其残差变异数 τ_{11} 可能会变为不显著，这时可以考虑将方程式的随机效果去除，保留第二层的解释变项 Z_j，此时构成非随机变动模式。Hofmann 与 Gavin（1998）的检验程序常常会发生在随机系数模型时，即 τ_{11} 的卡方检定不显著，但进一步检验跨层级交互作用却显著（Liao & Chuang，2007；温福星与丘皓政，2009）。因此，有关于固定效果与随机效果的设定，如果有理论基础时则根据理论基础设定；如果没有理论基础时，可以根据实证结果变异数检定的显著性与否加以选择，必要时在随机系数模型的变异数不显著的情况下，尝试加入第二层解释变项构成非随机变动模式，以考验跨层级交互作用是否发生。

6.4 范例说明

以下，我们以 NEL S88 的 23 校 519 位学生的资料库，来示范固定效果与随机效果的差异。所使用的模型是以数学成绩为结果变量，个体层次解释变量为社经地位，总体层次解释变量为反映学校特性的公私立。个体层次解释变量以总平减处理，以使总平均反映在截距 γ_{00} 上。将斜率与截距均以随机效果处理的 M_1 模型设定如下（M_2 则无 u_{1j}，斜率为固定系数无随机效果；M_3 则无 u_{0j}，截距为固定系数无随机效果；M_4 则为 u_{0j} 与 u_{1j} 均无，斜率与截距均为固定系数，无随机效果，亦即为传统回归模式）：

Level 1：Y_{ij}[数学成绩]$= \beta_{0j} + X_{ij}$[社经地位]$+ \varepsilon_{ij}$

Level 2：$\beta_{0j} = \gamma_{00} + \gamma_{01}Z_j$[公私立]$+ u_{0j}$

$\beta_{1j} = \gamma_{00} + \gamma_{11}Z_j$[公私立]$+ u_{1j}$

6.4.1 HLM 分析与结果

M1 模型（截距与斜率均为随机系数，具有随机效果）

Final estimation of fixed effects:

Fixed Effect		Coefficient	Standard Error	T-ratio	Approx. d. f.	P-value
For	INTRCPT1, B0					
INTRCPT2, G00		53.166751	1.539608	34.533	21	0.000
PUBLIC, G01		−2.673458	1.877705	−1.424	21	0.169
For SES slope,	B1					
INTRCPT2, G10		3.375139	1.043173	3.235	21	0.004
PUBLIC, G11		1.116347	1.267454	0.881	21	0.389

Final estimation of variance components:

Random Effect		Standard Deviation	Variance Component	df	Chi-square	P-value
INTRCPT1,	U0	3.54464	12.56447	21	89.81152	0.000
SES slope,	U1	0.35154	0.12358	21	28.73749	0.120
level−1,	R	8.67201	75.20370			

M2 模型（斜率为固定系数，无 u_{1j} 随机效果）

Final estimation of fixed effects:

Fixed Effect		Coefficient	Standard Error	T-ratio	Approx. d. f.	P-value
For	INTRCPT1, B0					
	INTRCPT2, G00	53.160094	1.533483	34.666	21	0.000
	PUBLIC, G01	−2.667490	1.870791	−1.426	21	0.169
For	SES slope, B1					
	INTRCPT2, G10	3.357520	1.035036	3.244	515	0.002
	PUBLIC, G11	1.136787	1.256814	0.904	515	0.366

Final estimation of variance components:

Random Effect		Standard Deviation	Variance Component	df	Chi-square	P-value
INTRCPT1,	U0	3.53015	12.46195	21	106.63869	0.000
level-1,	R	8.67620	75.27645			

M3 模型（截距为固定系数，无 u_{0j} 随机效果）

Final estimation of fixed effects:

Fixed Effect		Coefficient	Standard Error	T-ratio	Approx. d. f.	P-value
For	INTRCPT1, B0					
	INTRCPT2, G00	53.126437	0.866016	61.346	515	0.000
	PUBLIC, G01	−2.466800	1.049253	−2.351	515	0.019
For	SES slope, B1					
	INTRCPT2, G10	4.642641	1.131915	4.102	21	0.001
	PUBLIC, G11	0.481207	1.416165	0.340	21	0.737

Final estimation of variance components:

Random Effect		Standard Deviation	Variance Component	df	Chi-square	P-value
SES,	U1	1.67879	2.81834	21	32.78087	0.048
level-1,	R	9.17803	84.23630			

M4 模型（截距与斜率均为固定系数，无 u_{0j} 与 u_{1j} 随机效果）

Final estimation of fixed effects:

Fixed Effect		Coefficient	Standard Error	T-ratio	Approx. d. f.	P-value
For	INTRCPT1, B0					
	INTRCPT2, G00	53.347669	0.847502	62.947	515	0.000
	PUBLIC, G01	−2.679556	1.032826	−2.594	515	0.010
For	SES slope, B1					
	INTRCPT2, G10	5.173910	0.887647	5.829	515	0.000
	PUBLIC, G11	−0.048734	1.138081	−0.043	515	0.966

由 M1 的结果可知，第二层模型中 γ_{00}、γ_{10}、γ_{01} 与 γ_{11}，$\gamma_{00} = 53.167$ 为总平均数（调整后总平均数），$\gamma_{10} = 3.375$ 为社经地位的影响力，$\gamma_{01} = -2.673$ 为公私立的影响力，$\gamma_{11} = 1.116$ 为跨层次交互作用效果。这四个系数的显著性考验除了 γ_{00} 没有意义（检验平均数是否等于 0），其他三者均可作为系数统计意义的检验。上述四个模型显示跨层级交互作用效果 γ_{11} 皆不显著，可以考虑去除公私立对斜率的影响。

变异数成分 u_{0j} 与 u_{1j} 数值分别是 12.56 与 0.12，但仅有 u_{0j} 的变异数显著不等于 0，表示截距的组间差异具有统计意义，应以随机效果处理，相比之下，斜率的随机性并未达到显著水准，斜率的组间差异并不明显，应改以固定效果处理。M3 的结果显示，当没有 u_{0j} 时，u_{1j} 的变异数却达到 0.05 的显著水准，可以怀疑这是限制固定截距项后所产生的斜率上的差异。而 M4 的跨层级交互作用在没有任何组间随机效果下，呈现负的估计值，这是和前面三个模型最大的差异，但是和前面模型一样都不显著。另外一个比较不同的是，M3 与 M4 的 γ_{10} 数值也比 M1 与 M2 要大，显示不同第二层误差项随机效果设定上的差异。

6.4.2 HLM 的图示

为了使斜率与截距的组间变异更容易了解，我们以图示法来说明前述数据的意义。HLM 软件操作画面如下：

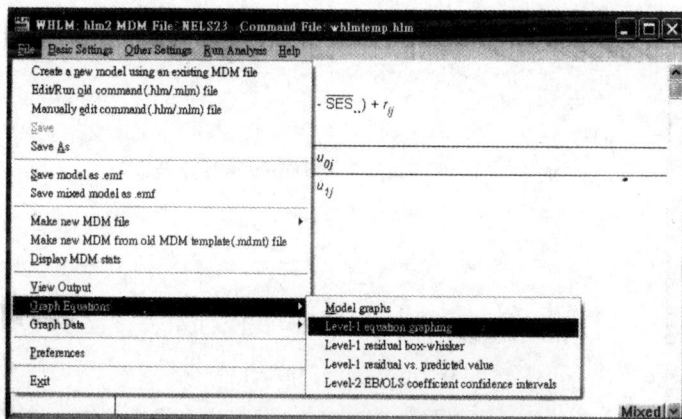

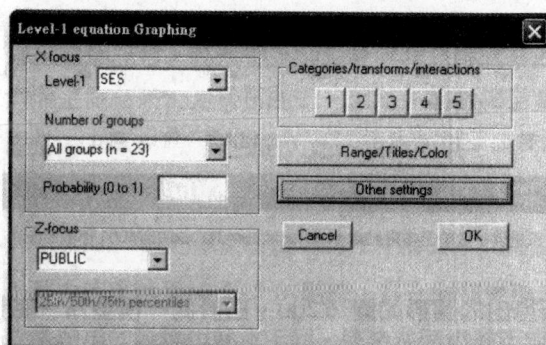

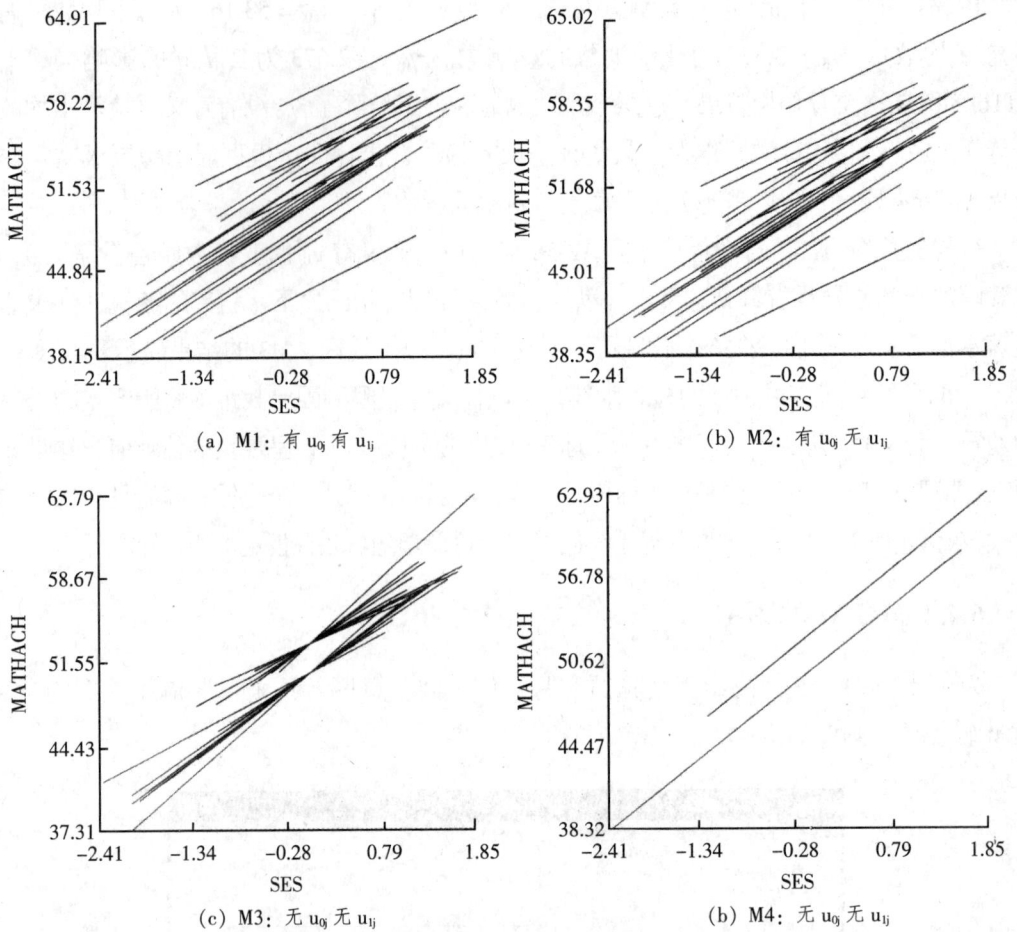

(a) M1：有 u_{0j} 有 u_{1j}

(b) M2：有 u_{0j} 无 u_{1j}

(c) M3：无 u_{0j} 无 u_{1j}

(b) M4：无 u_{0j} 无 u_{1j}

图 6.2　四种不同随机与固定效果估计结果

　　M1 模型的结果绘制得出的图形如图 6.2（a）所示。由于此模型为一个完整模型，因此截距与斜率均被设定为随机效果，在图中呈现随机变化。如果将斜率设定为固定效果而无随机变化，亦即 M2 模型，所绘制的图形则如图 6.2（b）所示。

　　虽然图 6.2（a）与图 6.2（b）两个图相当类似，但是图 6.2（b）的斜率针对公立（红色）与私立（蓝色）个别类型的学校均只有单一值。换言之，8 个私立学校的斜率相同，15 个公立学校的斜率也是单一值，两种学校的平均斜率相差 1.136，此一差值可以从 M2 的 γ_{11} = 1.137 查知，但这个差异不显著，$t_{(515)}$ = 0.904，p = 0.366，所以看起来蓝色与红色斜率都很接近。

　　至于 M3 则为截距无随机效果，因此公立与私立学校在数学成绩的平均数均为同一个固定值，两个学校的差异为 γ_{01} 的 -2.467，$t_{(515)}$ = -2.351，p < 0.05，具有显著差异，换言之，M3 模型反映了研究者仅关心两类学校在结果变量的平均差异，忽略各类学校之下的单一

学校的平均数差异。当然，从先前 u_{0j} 达到统计显著水准的结果，我们可以确知 M3 模型是不恰当的模型，因为学校间的截距差异是具有统计意义的！值得注意的是，M3 的随机斜率 u_{1j} 变异数 = 2.82，竟然达到显著差异，$\chi^2_{(21)}$ = 32.78，p = 0.048，显然这是不当设定的扭曲估计结果。

最后，斜率与截距均为固定系数的 M4 模型等同于传统固定系数回归模型，因此在图 6.2(d) 中各校既无截距差异，也无斜率差异，呈现两个个别的斜率与截距，分别为私立与公立学校的两条回归线，等同于传统我们只放入一个虚拟的"公私立"的虚拟回归分析罢了！

根据 M4 的估计结果，两条回归线的斜率差为 -0.049（$t_{(515)}$ = -0.043，p = 0.966），截距差为 5.17（$t_{(515)}$ = 5.829，p < 0.001），显示两类学校的数学成绩的平均差异在控制了社会经济地位的影响后具有显著差异，但是斜率则无显著差异。然而这个结果仍是被扭曲的，因为先前数据证实各校之间的截距是有差异，但是 M3 与 M4 均无法纳入此一随机效果。

有关于随机效果的设定与中心化（或平减）也有关系。当解释变项不包括 0 时，例如一般的李克特量表的尺度编码，如果是 5 点尺度时，我们一般是从小到大依序给予 1~5 的数据。当在解释变项未给予适度的平减时，则有关于截距项的解释也会不同，连带在随机截距模式中的误差项 u_{0j} 与其变异数的解释也会改变。例如下面式（6–14）~（6–16）：

Level1：$Y_{ij} = \beta_{0j} + \beta_{1j}X_{ij} + \varepsilon_{ij}$ (6–14)

Level2：$\beta_{0j} = \gamma_{00} + u_{0j}$ (6–15)

$\beta_{1j} = \gamma_{10}$ (6–16)

根据上述说明，如果 X_{ij} 不包含 0，则 β_{0j} 是一个数学上的辅助参数，它们可能是在非常遥远的一端，也就是 X_{ij} 为 0 时的 Y_{ij}，此时 β_{0j} 的总平均 γ_{00} 也没有实质解释上的意义，连 u_{0j} 也在 X_{ij} 全距以外变动，当然其变异数 τ_{00} 的解释也相同。但在解释变项 X_{ij} 做组平减或总平减后，β_{0j} 可以变为 Y_{ij} 的组平均数或调整后组平均数，此时 u_{0j} 为组平均数（或调整后组平均数）与总平均数（或调整后总平均数）γ_{00} 的差距，这样 τ_{00} 的解释也就是组平均数（或调整后组平均数）的变异数，在解释上有其实质的意义。

7 估计法议题

7.1 概说

在多层次研究中，主要用来分析多层次资料的专业软件有 HLM 与 MLwiN 两种软件，而在一般通用统计软件中可以用来进行多层次回归分析的软件则有 SPSS、SAS 与 Stata 等。在其参数估计方面，包含了固定效果与随机效果的参数估计，主要有两种估计法，在 HLM 与 SPSS 软件有 FUML 与 REML 法的选择，而在 MLwiN 则主要有 IGLS 与 RIGLS 两种。所谓的 FUML 是**完全最大概似估计法**（full maximal likelihood）的称呼，而 REML 是**受限或残差最大概似估计法**（restricted/residual maximal likelihood）的术语。至于 IGLS 为**迭代一般化最小平方估计法**（iterative generalized least squares）的称呼，而 RIGLS 是**受限迭代一般化最小平方估计法**（restricted iterative generalized least squares）的术语。基本上，FUML 相对于 IGLS，而 REML 相对于 RIGLS。

之所以有这两种估计法的产生，来自于多层次回归分析中，牵涉到有固定效果的回归系数与随机效果的第一层误差项和第二层各个误差项变异数、与之间的共变量要估计（假设在两层结构的多层次分析）。以下将此两种方法的基本原理加以说明。

7.1.1　FUML 估计

在一般回归分析中，所要估计的参数除了是固定效果的回归系数外，只有一个误差项的变异数要估计，因为我们假设误差项服从平均数为 0、变异数为 σ^2 的独立同质常态分配。最大概似法在估计回归的误差变异数时，是以样本数作为自由度来计算残差变异数，公式如下：

$$\hat{\sigma}^2_{ML} = \frac{\sum_{i=1}^{n}(Y_i - \hat{Y}_i)^2}{n} \tag{7-1}$$

由式（7-1）所进行之最大概似估计法，是运用了完整的信息来进行分析，因此被称为完全最大概似估计法，简称为 FUML 或 FML 估计法。

以公式（7-1）所估计出来的回归系数虽是母体的回归系数的不偏估计值，但误差项变异数估计值会有低估的现象，因为公式（7-1）的分母并未考虑最大概似估计所耗费的自由度。

7.1.2　REML 估计

为了将最大概似估计所耗费的自由度加以考量，公式（7-1）需加以修正，使母体误差变异数的不偏估计值以公式（7-2）进行估计：

$$\hat{\sigma}^2_{\text{REML}} = \frac{\sum_{i=1}^{n}(Y_i - \hat{Y}_i)^2}{n - p - 1} \tag{7-2}$$

以公式（7-2）进行估计时，可以不使用完整的信息来估计分子部分，因此称之为受限或残差最大概似估计法，简称 REML 法。事实上公式（7-2）即为回归分析中所用**一般最小平方法**（ordinary least squares）所估计的误差变异数公式。其中公式（7-2）分母中的 p 为回归分析中的解释变项数目。相比之下，公式（7-1）的 ML 估计并未对回归方程式要估计的回归系数所用掉的自由度进行调整，而 REML 则是考虑了估计 $\hat{Y}_i$ 所要估计的回归系数参数数目。当解释变量越多时，以公式（7-1）进行的 ML 估计的残差变异数偏误程度会越大，但在样本数越大的情况下，两者所估计出来的结果相差有限。

7.2 多层次分析中的估计方法

7.2.1 多层次模式的估计问题

前述对于 FUML 与 REML 在一般回归中的差异其实并不会很明显，是因为两者的差异仅在于分母项是否将回归分析中基于自由度的损耗加以考量，也就是有无把研究所投入的解释变量数目加以考量。但是在多层次回归中，由于误差项被切割成不同的来源，解释变量来自于不同层次，因此模型更为复杂，采用这两种不同估计方法所得到的结果差异也就更为明显。

假设今天有一个多层次回归模式，各层回归方程式如式（7-3）至（7-5）所示，混合模式如（7-6）所示：

Level 1：$Y_{ij} = \beta_{0j} + \beta_{1j}X_{ij} + \varepsilon_{ij}$ (7-3)

Level 2：$\beta_{0j} = \gamma_{00} + \gamma_{01}Z_j + u_{0j}$ (7-4)

$\beta_{1j} = \gamma_{10} + \gamma_{11}Z_j + u_{1j}$ (7-5)

Mixefd：$Y_{ij} = \gamma_{00} + \gamma_{01}Z_j + \gamma_{10}X_{ij} + \gamma_{11}X_{ij}Z_j + u_{0j} + u_{1j}X_{ij} + \varepsilon_{ij}$ (7-6)

在式（7-6）等号右边的前四项 $\gamma_{00} + \gamma_{01}Z_j + \gamma_{10}X_{ij} + \gamma_{11}X_{ij}Z_j$，其回归系数为固定系数，类似一般回归分析方程式中解释变项的部分，而后三项 $u_{0j} + u_{1j}X_{ij} + \varepsilon_{ij}$ 则为第一层与第二层误差项总和的随机系数部分。在一般回归分析中没有 $u_{0j} + u_{1j}X_{ij}$ 部分，这是 MLM 与 GLM 最大的差异。因为第二层误差项服从下面式（7 7）二元常态分配：

$$\begin{pmatrix} u_{0j} \\ u_{1j} \end{pmatrix} \sim N\left[\begin{pmatrix} 0 \\ 0 \end{pmatrix}, \begin{pmatrix} \tau_{00} & \tau_{10} \\ \tau_{01} & \tau_{11} \end{pmatrix} \right] \tag{7-7}$$

因此，式（7-6）Y_{ij} 的变异数为下式：

$$Var(Y_{ij}) = \tau_{00} + 2X_{ij}\tau_{01} + X_{ij}^2 + \sigma^2 \tag{7-8}$$

换言之，Y_{ij} 的误差项不再是独立同质的情况，在估计固定效果的回归系数是采用**一般化最小平方法**（generalized least squares）估计法，这个估计法和 ML 估计法一样。而在误差项变异数与变异成分方面，有 τ_{00}、τ_{11}、τ_{01} 与 σ^2 要估计，此时 FUML 估计法采用的公式就是类似公式（7-1），而 REML 估计法就是类似公式（7-2）。

由于估计误差项变异数与变异成分必须先计算 u_{0j}、u_{1j} 与 ε_{ij} 的估计值，但要计算 u_{0j}、u_{1j} 与 ε_{ij} 的估计值必须要有 Y_{ij} 的估计值，也就是 γ_{00}、γ_{01}、γ_{10} 与 γ_{11} 的估计值要先估计出来。而估计这些固定效果回归系数必须考虑一般化最小平方法（GLS），换言之要用到 τ_{00}、τ_{11}、τ_{01} 与 σ^2 的估计值，因此形成鸡生蛋、蛋生鸡的递归或**迭代**状态（iterations），先利用回归系数的初始值先估计误差项，再从误差项估计变异数成分，再利用变异数成分去进行一般化最小平方法（GLS）估计回归系数，这样不断周而复始迭代，直到所有的系数估计值，包含固定系数与随机变异数成分都不再变化或变化在很小范围内，程序则结束迭代估计，最后一次迭代的结果就是最后的估计值。

相较 GLM 在 MLM 架构下，除了估计固定效果的回归系数与个体层次误差项的变异数外，另外要估计第二层误差项变异数与误差项间的共变量，相形之下就更复杂许多。FUML 估计法可以视为同时估计固定效果与随机效果的变异数成分，因此在计算变异数成分时是以样本数作为估计的基础，而 REML 在估计回归系数与变异数成分时，相当于先估计固定效果回归系数，再求观察值与固定效果估计的预测值之间的整体残差项，然后再从整体的残差项去估计各层的误差项的变异数与误差项间的共变量，因此在计算变异数时会考虑到利用预测值的固定效果参数个数，使得自由度可以经过调整，所以 REML 的 R 可以另外称为 residual 残差的意思。

7.2.2 HLM 中的 FUML 与 REML 估计

假设现在有一个 HLM 模型如下图所示：

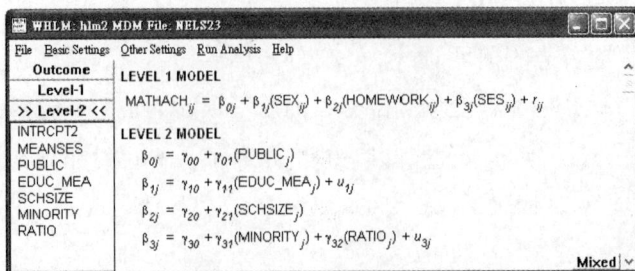

混合模式如下:

```
Mixed Model

MATHACH_ij = γ_00 + γ_01*PUBLIC_j + γ_10*SEX_ij + γ_11*EDUC_MEA_j*SEX_ij + γ_20*HOMEWORK_ij +
             γ_21*SCHSIZE_j*HOMEWORK_ij + γ_30*SES_ij + γ_31*MINORITY_j*SES_ij +
             γ_32*RATIO_j*SES_ij + u_1j*SEX_ij + u_3j*SES_ij + r_ij
```

其中待估计的回归系数（固定效果部分）共有 γ_{00}、γ_{01}、γ_{10}、γ_{11}、γ_{20}、γ_{21}、γ_{30}、γ_{31}、γ_{32} 9 个，待估计的残差变异成分共有 4 个，分别是个体层次的残差 r_{ij} 的变异数 σ^2、总体层次的残差 u_{1j} 与 u_{3j} 的变异数 τ_{11} 与 τ_{33}，以及总体层次残差 u_{1j} 与 u_{3j} 的共变量 τ_{13}。尽管多层次分析绝大多数不会对总体层次残差共变量（τ_{13}）感兴趣，但是它是混合模型中自动存在的一个参数，占据一个自由度。以 REML 与 FUML 分别估计得到的模式离异数、参数数目与变异成分列于表 7.1。

表 7.1　以 REML 与 FUML 估计得出的离异数与参数数目

	离异数	参数数目	σ^2	τ_{11}	τ_{33}	τ_{13}
REML	3661.421032	4	63.93765	5.6582	0.4832	−1.5916
FUML	3660.467495	13	63.17006	4.7064	0.5520	−1.5809

很明显的，以 REML 法估计所需估计的参数仅有 4 个，显示估计时先进行对于固定参数估计后，再对变异成分进行估计，此时所得到的残差变异数为母体之不偏估计数。相对之下，FUML 法同时对 13 个参数进行估计（4 个残差变异数、共变量与 9 个固定回归系数），此时对于残差估计为未能反映自由度减少的偏估计数。

7.3　REML 与 FUML 的决策准则

一般而言，REML 所估计的随机效果的变异数成分会较 FUML 来得大，由表 7.1 的变异数成分估计结果亦可看出此一现象，因此当研究者关注的是残差变异数时，较佳的选择是使用 REML 以避免低估。但是，如果研究关心的是整个模式的改善程度，那么 REML 无法全盘反映模式的参数增减变动，而必须采用 FUML 估计。

有趣的是，以 REML 与 FUML 两者估计得出的随机效果的变异数成分大小未必一定相同。在 Bryk 与 Raudenbush（2002）所发展的 HLM 软件中，REML 有时表现得比 FUML 法来得好，尤其是较小的数据库。所谓小的数据库是指总体层次组数较少，而非指组内每一组人数的多寡。Goldstein（2003）的专著虽讨论了两种方法的差异，但是也没有清楚地指出哪一种方法应该使用在哪一种情况下，只留下一些信息以及模拟研究的结果。但从这些多层次研究数据文献中，可得知各种估计方法中，对于变异成分估计最重要的条件是要有足够数量的组数。

在蒙地卡罗模拟的研究中，多数的模拟是以低度组内相关（$\rho \leqslant 0.25$）所进行，以符合多数社会科学研究的特性。其中两个研究探讨了固定参数估计数（γ）的特性（Kim，1990；Van der Leeden & Busing，1994），两个研究检验变异成分在不同估计方法时的特性（Busing，1993；Van der Leeden & Busing，1994）。Kim 所比较的各种估计方法包括 OLS、GLS 与 EB/ML 法（REML 形式），结果显示在各种条件之下，估计的结果是相同的，同时研究结果也显示，若要获得不偏的估计值，不一定要用到像 EB/ML 法这种复杂度高的技术，他所比较的几种方法都可以获得不偏估计数。Kreft 与 Leeuw（1998）重新计算 Kim 研究所获得的固定参数估计值的效能，来进行 OLS、GLS 与 EB/ML 三种估计法的比较。他们发现 GLS 与 EB/ML 法的 γ 估计值是相同的，在 OLS 与 EB/ML 法之间则有些微的差异，OLS 法的结果会有较大的估计变异数。但是在大样本的情况下就不会这样，OLS 与其他两种方法在大样本时对于 γ 的估计并没有差别。OLS 法的效能（检定力）在各种条件下都可以达到 0.90 的水准。若与其他方法相比有较低的效能的话，表示该方法要获得更多的观察值才能获得相同的效能水准。整个的结论大致如下：①GLS 与 EB/ML 法具有相同的效能；②所有三种方法所得到的 γ 估计值都是不偏的。

Van der Leeden 与 Busing（1994）也进行了 OLS、GLS 与 RIGL（也就是 HLM 中的 REML 法）三种估计方法在处理跨层级估计值上的比较。研究结果就如同 Kim 的研究发现，这三种方法对于跨层级的 γ 估计值都没有差别，而且这三种估计法都可获得不偏估计值。Busing（1993）与 Van der Leeden（1994）针对变异成分的估计方法进行模拟研究，前者是以 IGLS 或 FML 来估计变异成分，后者则是以 RIGLS 或 REML 来估计变异成分，两个研究都是使用 MLn 软件（Rasbash et al.，1990，MLwiN 的先期版）来进行参数估计。估计方法是在样本规模、组内相关、组数等不同条件下来进行比较。研究的条件如下：

（1）四种不同的组内相关系数 ρ，分别为 0.20、0.40、0.60、0.80。

（2）三种不同的第二层误差项间的相关系数分别为 0.25、0.50、0.75。

（3）第二层组数分别为 5、10、25、50、100、300，而组内样本数分别为 5、10、25、50、100。

（4）每个模拟状况进行 1000 次重制。

然后对斜率、截距、斜率与截距的共变量等各变异成分以及标准误的相对不偏性结果进行讨论，结果发现相对于 IGLS 估计变异成分，则 RIGLS 是比较不会产生偏误但效能较差的估计方法，因此很难说两种方法哪一种较为理想。同时估计的复杂度与估计效能之间的消长在不同的情况下也显得没有规则，这些研究的作者也无法对于何时该用何种方法给出一个明确的建议。

如果根据统计不偏估计的原则，一般建议是较倾向使用 REML，许多软体如 SPSS 与 HLM 等的预设模式即是 REML 法。但是在大样本的情况下，而且是当第二层组数不小时，FUML 与 REML 两种估计法所估计得出的变异数成分差异很小。只有当研究者关注模型适配差异大小时，则可采用 FUML 法来确保模式的巢套特性，因为进行模式比较时，一般是在不同的模式下，也就是有不同的解释变项，因此要将所有要估计的参数一起考虑进来。而在有固定效果的模式下，欲比较不同的随机效果设定时，是因为在相同的解释变项基础下，要比较的是随机效果变异数与共变量的有无，此时可以在巢套设计下计算不同模式 REML 所估计的离异数差来进行卡方显著性考验。

7.4 范例说明

以下，我们即以 NELS88 的 23 校 519 位学生的资料库，来示范 REML 与 FUML 估计的差异。结果变量为数学成绩，个体层次解释变量为社经地位，总体层次解释变量为反映少数民族比例的种族比。为简化说明，各变量均未进行平减处理。各模型设定如下：

7.4.1 HLM 的模型设定

M0（零无模型）：

Level 1：Y_{ij}[数学成绩] $= \beta_{0j} + \varepsilon_{ij}$

Level 2：$\beta_{0j} = \gamma_{00} + u_{0j}$

M1（共变量模型）

Level 1：Y_{ij}[数学成绩] $= \beta_{0j} + \beta_{1j}X_{ij}$[社经地位 SES] $+ \varepsilon_{ij}$

Level 2：$\beta_{0j} = \gamma_{00} + u_{0j}$

$\qquad \beta_{1j} = \gamma_{10}$

M2（随机系数模型）：

Level 1：Y_{ij}[数学成绩] $= \beta_{0j} + \beta_{1j}X_{ij}$[社经地位 SES] $+ \varepsilon_{ij}$

Level 2：$\beta_{0j} = \gamma_{00} + u_{0j}$

$\qquad \beta_{1j} = \gamma_{10} + u_{1j}$

M3（截距为结果模型）：

Level 1：Y_{ij}[数学成绩] $= \beta_{0j} + \beta_{1j}X_{ij}$[社经地位 SES] $+ \varepsilon_{ij}$

Level 2：$\beta_{0j} = \gamma_{00} + \gamma_{0j}Z_{1j}$[种族比] $+ u_{0j}$

$\qquad \beta_{1j} = \gamma_{10}$

M4（斜率与截距为结果模型）：

Level 1：Y_{ij}[数学成绩] $= \beta_{0j} + \beta_{1j}X_{ij}$[社经地位 SES] $+ \varepsilon_{ij}$

Level 2：$\beta_{0j} = \gamma_{00} + \gamma_{01}Z_{1j}$[种族比] $+ u_{0j}$

$\beta_{1j} = \gamma_{10} + u_{1j}$

M5（完整模型）：

Level 1：Y_{ij}[数学成绩] $= \beta_{0j} + \beta_{1j}X_{ij}$[社经地位 SES] $+ \varepsilon_{ij}$

Level 2：$\beta_{0j} = \gamma_{00} + \gamma_{01}Z_{1j}$[种族比] $+ u_{0j}$

$\beta_{1j} = \gamma_{10} + \gamma_{11}Z_{1j}$[种族比] $+ u_{1j}$

兹以最后一个 M5 模型为例，说明 HLM 的设定如下：

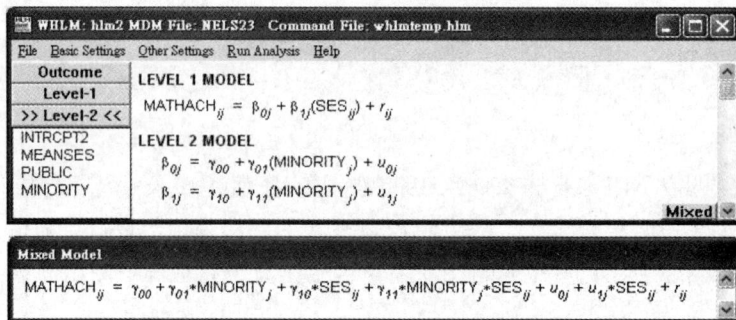

7.4.2　HLM 的操作程序

在 HLM 软件中，REML 为预设模式，若要改成 FUML 估计，则以下列画面改变设定即可：

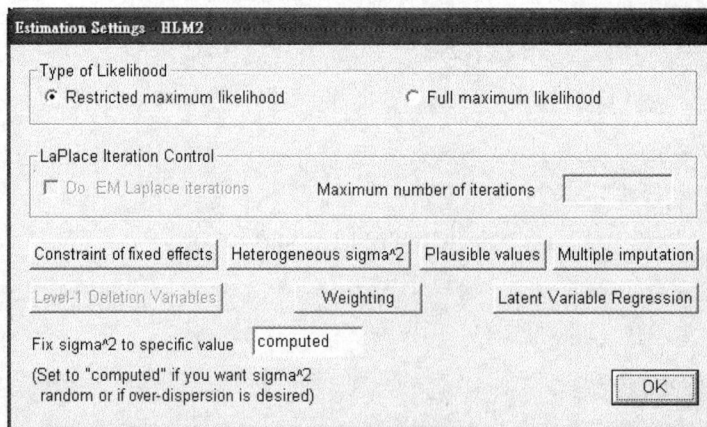

由表 7.2 的参数估计摘要表可以看出，以 REML 及 FUML 估计得到的回归系数（固定效果）并没有太大的不同，但是在残差变异数（随机效果部分）则有明显的差异。各模型

以 REML 方法估计得出的残差变异均大于 FUML 估计得到的结果，显示以 REML 法确实能够修正因为最大概似估计无法反映自由度变化的低估问题。

但是，如果以 REML 法来估计，各模型的估计参数数目仅能反映残差变异数的多寡，而无法反映固定系数的增减，因此无法用来进行模式适配差异比较，如表 7.3 所示。如果要比较巢套模型，则必须使用 FUML 估计。例如带有完整变量估计的 Full model 增加了跨层级交互作用的离异数，比未增加跨层级交互作用的斜率与截距为结果模型 M4 的离异数减少 6.1，$\Delta df = 1$，$p < 0.05$，显示模式显著改善。由 γ_{11} 的参数检验也得到显著的结果，显示少数民族比例确实会调节社经地位对于数学成绩的影响（$\gamma_{11} = -0.68$，$t = -2.56$，$df = 21$，$p < 0.05$）。因此，利用 FUML 才可从离异数卡方差异比较来检验模型适配差异，见表 7.3。

表 7.2　各种 HLM 模型 REML 与 FUML 估计结果摘要表

	M0: Null		M1: ANCOVA		M2: Random coefficient model		M3: Intercept as outcome		M4: intercept/slopt as outcome		M5: Full Model	
	REML	FML	REML	FML	REML	FML	REML	FML	REML	FML	REML	FML
Fixed												
γ_{00}	50.76	50.76	51.20	51.20	51.25	51.25	53.13	53.11	54.00	53.91	53.63	53.62
se	1.151	1.127	0.851	0.828	0.858	0.835	1.178	1.127	1.265	1.210	1.210	1.147
t	45.04	45.04	60.19	61.80	59.74	61.39	45.11	47.15	42.70	44.57	44.33	46.75
df	22	22	22	22	22	22	21	21	21	21	21	21
γ_{10} b1 of SES			4.33	4.35	4.33	4.35	4.30	4.34	4.40	4.43	6.25	6.30
se			0.566	0.564	0.571	0.567	0.562	0.557	0.589	0.578	0.947	0.931
t			7.65	7.73	7.57	7.67	7.65	7.79	7.47	7.66	6.60	6.77
df			517	517	22	22	516	516	22	22	21	21
γ_{01} for b0							−0.81	−0.80	−1.11	−1.07	−1.03	−1.02
se							0.36	0.35	0.40	0.38	0.38	0.36
t							−2.22	−2.31	−2.81	−2.83	−2.71	−2.84
df							21	21	21	21	21	21
γ_{11} for b1											−0.68	−0.68
se											0.27	0.27
t											−2.49	−2.56
df											21	21
Random												
r	81.24	81.24	75.33	75.20	75.17	75.06	75.17	75.02	75.08	74.07	73.85	73.64
$\tau_{(u)}$	26.12	24.85	12.63	11.79	12.93	12.06	10.70	9.43	12.88	11.33	11.28	9.71
x^2	240.76	240.80	119.56	119.31	93.96	94.09	110.57	109.89	73.37	73.49	73.83	74.06

	M0: Null		M1: ANCOVA		M2: Random coefficient model		M3: Intercept as outcome		M4: intercept/slopt as outcome		M5: Full Model	
	REML	FML	REML	FML	REML	FML	REML	FML	REML	FML	REML	FML
df	22	22	22	22	22	22	21	21	21	21	21	21
τ_{11}					0.168	0.126			0.976	0.799	0.410	0.269
χ^2					29.95	30.05			30.55	30.68	24.76	24.92
df					22	22			22	22	21	21

表 7.3　各种 HLM 模型 REML 与 FUML 估计的模式适配估计摘要表

	M0: Null		M1: ANCOVA		M2: Random coefficient model		M3: Intercept as outcome		M4: intercept/slopt as outcome		M5: Full Model	
	REML	FML	REML	FML	REML	FML	REML	FML	REML	FML	REML	FML
deviance[注]	3798	3798	3744	3746	3744	3746	3741	3741	3739	3739	3732	3733
#ofpara.	2	3	2	4	4	6	2	5	4	7	4	8
Δde-viance				52.42 (M1-M0)		0.14 (M2-M1)		4.97 (M3-M1)		2.08 (M4-M3)		6.1 (M5-M4)
Δdf				1		2		1		2		1

注：离异数小数点后无条件舍去。

8 模式适配议题

8.1 概说

在以模型为基础的高阶统计方法中（例如结构方程模式、多层次模式、项目反应理论、潜在类别模式等），研究者所提出的模式是否能够适配观察资料是一个非常基本的问题，称为模式适配检验（test for goodness-of-fit）或模式评鉴（model evaluation）。模式评鉴的一个重要概念，是检验程序虽能用来评估研究者所提出的假设模型是否有误，在模型解释力上是否随着参数的增减有所变化，但是究竟何者才是真正能够反映真实世界的变项之间关系的模型，这一个结论并不能够从评鉴程序中得出，因为除了研究者所提出的模型之外，相同解释力的模式也可能由不同形式的模型组合中得出，高阶模型的使用者不但必须谨记统计方法学本身的限制，熟悉模式适配与解释力变动的原理，更必须避免陷入过度推论的陷阱当中。

8.1.1　一般回归的模式解释力检验

在进入多层次模式的模式适配介绍之前，我们先介绍一般回归分析中的模式适配比较，作为一个暖身。一般多元回归分析要比较不同解释变项对依变项的解释程度，还是在巢套的条件下进行，所用到的统计量或指标有 R^2 改变量的 F 检定、残差变异误与 C_P 等，在这里我们介绍和多层次模式适配有关的 R^2 改变量的 F 检定。假设模型 A 有 p 个解释变项，依序为 X_1, X_2, …, X_p，而模型 B 有 p + q 个解释变项，依序为 X_1, X_2, …, X_p, X_{p+1}, …, X_{p+q}，则模型 A 与模型 B 的回归方程式如式（8-1）与（8-2）所示：

$$\hat{Y}_A = \hat{\beta}_0 + \hat{\beta}_1 X_1 + \hat{\beta}_2 X_2 + \cdots + \hat{\beta}_p X_p \tag{8-1}$$

$$\hat{Y}_B = \hat{\gamma}_0 + \hat{\gamma}_1 X_1 + \hat{\gamma}_2 X_2 + \cdots + \hat{\gamma}_p X_p + \hat{\gamma}_{p+1} X_{p+1} \cdots + \hat{\gamma}_{p+q} X_{p+q} \tag{8-2}$$

前面二式中，A 模型的回归分析得到的可解释变异为 SSR_A，模型 B 的回归分析得到的可解释变异为 SSR_B，则 R^2 改变量的 F 检定如式（8-3）：

$$F = \frac{\dfrac{SSR_B - SSR_A}{q}}{\dfrac{SSE_B}{n - (p+q) - 1}} \tag{8-3}$$

8.1.2　模式解释力的改变量检验

由前述的说明可知，回归分析的解释力可由 F 考验来检验其统计意义。基本上，F 统计量的分子一般会大于或等于 0，表示模型 B 比模型 A 有较多的解释变项，因此可以解释的回归变异会较多，除非所增加的 q 个解释变项没有解释力时，则 SSR$_A$ 等于 SSR$_B$。由于多增加 q 个解释变项，因此除以自由度的差即为 q，反映了均方可解释变异。式（8-3）分母部分的分子则为模型 B 的残差变异或是无法解释变异 SSE$_B$，其自由度为样本数减去所有的回归系数个数，在这里是解释变项个数加一，代表有 1 个截距项和 p + q 个斜率项，整个分母部分即为均方残差变异。整个公式（8-3）所表达的是 p + q 解释变项的决定系数比 p 个解释变项的决定系数所额外增加的解释力，相对残差变异是否达到显著水准，这就是 R^2 改变量的 F 检定。至于为何称为 R^2 改变量的 F 检定，只要将公式（8-3）的分子与分母都除上总变异 SST，得到下面公式（8-4）：

$$F = \frac{\frac{1}{q}(\frac{SSR_B}{SST} - \frac{SSR_A}{SST})}{\frac{1}{n-(p+q)-1}(1 - \frac{SSE_B}{SST})} = \frac{\frac{R_B^2 - R_A^2}{q}}{\frac{1 - R_B^2}{n-(p+q)-1}} \tag{8-4}$$

有关于 R^2 改变量的 F 检定可以通过 SPSS 的**阶层回归**（hierarchical regression）来达成，将前面 p 个解释变项放入第一个**区组**（block），再将后面 q 个解释变项放入第二个区组，即可计算出这个决定系数改变量的 F 检定。

8.2 多层次模式的模式适配与比较

8.2.1 离异数的估计与运用

在多层次模式中，模型的适配度以**离异数**（deviance）来表示，而这个离异数是负两倍的**对数概似值**（log likelihood），以符号表示为-2LL。由于离异数是衡量模型与观察资料间的**不吻合程度**（badness of fit）的指标，因此称为离异数。当离异数越小，代表模型所估计出来的参数与资料间的适配较佳，离异数越大则表示参数与资料间的适配不良。

值得注意的是，单一模式的离异数是个绝对数值，无法说明好坏，唯通过各种竞争模式之间的比较，方能用来比较离异数的差异以选择最适的模式。

由于离异数用到概似值，亦即将分配所假设的参数的估计值代入概似函数，因此离异数与概似函数有关，而概似函数又与结果变项或是误差项的概率分配有关。当两个模型是属于**巢套**（nested）关系时，我们就可以计算两个模型的离异数，以及两个模型所估计的参数个数，通过两个模型离异数的差异是否服从自由度为两个模型参数个数差的卡方分配，检定其离异数差异是否显著，从而判断模型的优劣。若以符号来表示，假设模型 A 包含于模型 B，则 Δ 代表离异数的差异，而 p 代表模式的参数个数，则：

$$\Delta = -2LL_A - (-2LL_B) \sim X^2_{P_B - P_A} \tag{8-5}$$

若 Δ 显著，则代表模式 B 优于模式 A。借由离异数变化的卡方显著性考验，研究者得以判断两个模型是否具有显著不同。

8.2.2　信息指标的估计与运用

在模式的比较上，一般做法是比较两者适配度的好坏，但是比较的前提条件是在两个模式是巢套情况下方能以离异数来比较。换言之，当要比较的模型不属于巢套关系时，离异数的差异检定是派不上用场的。此时，必须利用不同的适配度指标，一般是采用具**信息量标准**（information criteria）的 AIC 或是 BIC，其判断准则为选择有较小的 AIC 或 BIC 值。AIC 的公式为：

$$AIC = -2LL + 2p \tag{8-6}$$

式（8-6）中的 p 亦代表模式所需估计的参数个数，此指标与模式的**简效性**（parsimonious）有关，当模式越精简，则所计算出来的 AIC 越小；而 BIC 的公式为：

$$BIC = -2LL + p\ln(N^*) \tag{8-7}$$

上述 BIC 的公式中，除了与模式所需估计的参数个数 p 有关外，尚与资料的样本数有关，这个 N^* 是指有效样本数，但是在多层次架构下，这个 N^* 并不是很清楚。Goldstein（2003）认为在 MLM 下，这个样本数 N^* 是第二层的组数较为恰当，而非一般公式所用第一层的组内总样本数。但在一般统计软件中，例如 SPSS 或 SAS 就是以所有个体层次的样本数作为有效样本数。

8.2.3　估计法的影响

由于离异数的计算牵涉到参数的估计法，因此有关于模式的比较就与模式的设定，以及所用的估计法的选择有所关联。当我们研究所要比较的固定效果的不同时，亦即模式牵涉到有不同的解释变项时，则在巢套条件下，是以 FUML 估计法来进行，此时所估计出来的离异数，其所计算的参数个数是包含固定效果与随机效果的个数。当我们所要比较的是在相同的固定效果下，亦即两个模式有相同的解释变项，但要比较的是不同随机效果设定时，同样在巢套条件下，是以 REML 估计法来进行，此时所估计出来的离异数，其所计算的参数个数只包含随机效果的个数。

估计法的选择与模式中解释变项是否平减或中心化也有关系。当选择 FUML 法时，不平减与总平减（以总平均数为平减变量）所估计的离异数是相同的，换言之，它们是**等价**（equivalence）模式。但是，以组平减（以组平均数为平减对象）所计算的离异数则和不平减与总平减的方法不同。

相较结构方程模式（SEM）多样化的适配度指标，MLM 相对较少，可用到的指标就是上述的离异数与 AIC、BIC。但在多层次中涉及个体层次与组织层次测量模式时，一般所采用的软件还是 SEM，此时可用的适配度指标就相对较多。虽然 HLM 或 SPSS 软件 mixed 模型也可以进行类似 SEM 的潜在构念的估计，但是这些软件是在假设**平行题项**（parallel items）的条件下进行，换言之，其因素负荷量是设定在 1 的情况下估计。

8.3 效果量与解释力

在传统回归分析中，由于模式相对比较单纯，以及研究目的多在对于特定变量的解释或预测，因此研究者多半不会强调回归模型与观察资料的适配好坏，而是直接检视模型对于依变量的解释力。

8.3.1 回归模式下的效果量与解释力

最常用来说明解释变量对回归模式的贡献或是对依变项的解释程度的是利用依变项的误差变异程度来定义的。这个误差变异程度是计算依变项实际观测值与预测值的差异，再求**离均差平方和**（SS：sum of squares）。因此计算出，在没有任何解释变量下的依变项离均差平方和，与引进解释变项后的依变项的预测误差平方和的差异，计算一个百分比称为决定系数或解释力 R^2，其公式定义如下：

$$R^2 = 1 - \frac{\sum_{i}^{n}(Y_i - \hat{Y}_i)^2}{\sum_{i}^{n}(Y_i - \bar{Y})^2} \tag{8-8}$$

而 $\hat{Y}_i = \hat{\beta}_0 + \hat{\beta}_1 X_{1i} + \cdots + \hat{\beta}_p X_{pi}$，在最小平方估计法下：

$$\sum_{i}^{n}(Y_i - \bar{Y})^2 = \sum_{i}^{n}(Y_i - \hat{Y}_i)^2 + \sum_{i}^{n}(\hat{Y}_i - \bar{Y})^2 \tag{8-9}$$

公式（8-9）亦即依变项的总变异为误差变异与回归可解释变异的和，其原理是计算回归变异占总变异的百分比，来说明解释变项可以解释依变项的变异程度。

公式（8-9）有一个重要的性质，是其运算值为解释变项个数的非递减函数，因此只要一直增加解释变项，不管其是否对依变项有解释力，其计算出来的 R^2 不会减少。为了校正因为一直增加解释变项个数，而使得自由度持续减少，在检定回归系数上检定力的减弱，因此设计了调整 R^2 或 R_a^2，亦即将自由度考虑到原先的 R_a^2 公式上：

$$R_a^2 = 1 - \frac{\sum_i^n (Y_i - \hat{Y}_i)^2/(n-p-1)}{\sum_i^n (Y_i - \bar{Y}_i)^2/(n-1)} \tag{8-10}$$

式（8-10）的分子部分除上所使用回归系数后的自由度（$n-p-1$），而分母的除项是没有解释变项时的总变异数自由度，换言之，对可解释变异做适当的修正调整。当上式不断增加解释变项，则第二项分子的（$n-p-1$）越来越小，当 $\sum_i^n (Y_i - \hat{Y}_i)^2$ 的减少程度不及（$n-p-1$）变小的程度时，可能让整个分子变大；而在分母不变的情况下，所计算出来的 R_a^2 可能会变小，不再是解释变项个数的非递减函数，通过这样的调整，可以在解释变项个数的挑选与解释变异的变化上取得调和的程度。事实上，R_a^2 可以再经整理成为我们所熟悉的变异数形式：

$$R_a^2 = 1 - \frac{\sum_i^n (Y_i - \hat{Y}_i)^2/(n-p-1)}{\sum_i^n (Y_i - \bar{Y})^2/(n-1)} = 1 - \frac{S_e^2}{S^2} = \frac{S^2 - S_e^2}{S^2} \tag{8-11}$$

从公式（8-11）的最后一项可以看出，R_a^2 可以视为变异数的改善幅度或解释变异数（explained variance），当没有任何解释变量时，回归模式就是一条水平线，代表平均数的意思，因此分母是原始资料的变异数 S^2，而分子的 S_e^2 是在回归模式下依变项的残差变异数，当没有解释变项时的变异数减少到有解释变项的残差变异数，之间变异数的减少幅度视为解释变项对依变项的解释程度。值得注意的是，R_a^2 未必是大于 0 的统计量，它有可能会是负值的情况，特别是在解释变项少的时候，例如当只有一个解释变项时，计算出来的调整后决定系数会是负值。当样本越大的情况下，（$n-p-1$）与（$n-1$）可以视为相等而消掉，这时 R_a^2 就会接近 R^2，否则一般而言 R_a^2 会小于 R^2。

8.3.2 多层次模式的效果量与解释力

根据同样的概念，R_a^2 可以应用在 MLM 上，因为 MLM 计算误差是包含多个层次的误差项和，无法计算单一的变异指标，因此无法计算出像传统回归中的 R^2 的统计量。以两层结构的多层次模式为例，当模式为零模型时，其回归模式为：

Level 1：$Y_{ij} = \beta_{0j} + \varepsilon_{ij}$ \hfill (8-12)

Level 2：$\beta_{0j} = \gamma_{00} + u_{0j}$ \hfill (8-13)

第一层误差项变异数的估计值为 $\hat{\sigma}_{Null}^2$，而第二层误差项变异数的估计值为 $\hat{\tau}_{00Null}$。当引进第一层与第二层解释变项 X_{ij} 与 Z_j 后，且将 X_{ij} 以总平减或组平减处理和设定为固定效果，则以截距为结果的回归模式如下：

Level 1：$Y_{ij} = \beta_{0j} + \beta_{1j}X_{ij} + \varepsilon_{ij}$　　　　　　　　　　　　　(8–14)

Level 2：$\beta_{0j} = \gamma_{00} + \gamma_{01}Z_j + u_{0j}$　　　　　　　　　　　　　(8–15)

　　　　　$\beta_{1j} = \gamma_{10}$　　　　　　　　　　　　　　　　　(8–16)

此时第一层误差项变异数的估计值为 $\hat{\sigma}^2_{Inter}$，而第二层误差项变异数的估计值为 $\hat{\tau}_{00Inter}$。我们可以计算在第一层回归模式中引进 X_{ij} 后 $\hat{\sigma}^2$ 的减少程度百分比，以及在第二层回归模式中引进 Z_j 后 $\hat{\tau}_{00}$ 的减少程度百分比。

$$R^2_1 = 1 - \frac{\hat{\sigma}^2_{Inter}}{\hat{\sigma}^2_{Null}} = \frac{\hat{\sigma}^2_{Null} - \hat{\sigma}^2_{Inter}}{\hat{\sigma}^2_{Null}} \tag{8–17}$$

$$R^2_2 = 1 - \frac{\hat{\tau}_{00Inter}}{\hat{\tau}_{00Null}} = \frac{\hat{\tau}_{00Null} - \hat{\tau}_{00Inter}}{\hat{\tau}_{00Null}} \tag{8–18}$$

有关（8–17）与（8–18）的公式，R^2 的下标 1 与 2 是表示第一层误差项与第二层截距误差项的变异数改善程度，在 MLM 中不称为决定系数，而是以虚假决定系数（pseudo R^2）来称呼，事实上就是调整后决定系数：R^2_a。同样的概念，也可以适用在以截距与斜率为结果的回归模式，其第二层截距与斜率项方程式的 pseudo R^2 是以随机系数模型作为参考模型，在某一个层次的误差项变异数的减少可以利用削减百分比的形式来呈现。

以削减百分比的形式或是 pseudo R^2 有个缺点，当在进行模式比较时，可能会得到负的解释力，如同在只有一个解释变项的 R^2_a，这是不合理的现象，但是在 HLM 中可能会发生。特别是在第二层加入解释变量后，其 $\hat{\tau}_{00}$ 不降反升，尤其是在第一层加入解释变项时未加以适当的平减处理。一般而言，增加第一层的解释变项会使得 $\hat{\sigma}^2$ 减少，增加第二层的解释变项会使得 $\hat{\tau}_{00}$ 变小。为了克服这种因增加解释变项而误差项变异数增加这种违反直觉的现象，Snijders 与 Bosker（1999）利用预测误差的概念，整合所有不同层次解释变项对依变项的解释力，以整体的变异数定义了个体层次的 R^2_1 与总体层次的 R^2_2。同样以零模型与以截距为结果的模型为例，个体层次的 R^2_1 的定义为：

$$R^2_1 = 1 - \frac{\hat{\sigma}^2_{Inter} + \hat{\tau}_{00Inter}}{\hat{\sigma}^2_{Null} + \hat{\tau}_{00Null}} = \frac{\hat{\sigma}^2_{Null} + \hat{\tau}_{00Null} - (\hat{\sigma}^2_{Inter} + \hat{\tau}_{00Inter})}{\hat{\sigma}^2_{Null} + \hat{\tau}_{00Null}} \tag{8–19}$$

$$R^2_2 = 1 - \frac{\hat{\sigma}^2_{Inter}/\tilde{n} + \hat{\tau}_{00Inter}}{\hat{\sigma}^2_{Null}/\tilde{n} + \hat{\tau}_{00Null}} = \frac{\hat{\sigma}^2_{Null}/\tilde{n} + \hat{\tau}_{00Null} - (\hat{\sigma}^2_{Inter}/\tilde{n} + \hat{\tau}_{00Inter})}{\hat{\sigma}^2_{Null}/\tilde{n} + \hat{\tau}_{00Null}} \tag{8–20}$$

上面 R^2_1 公式第一个等号右边第二项的分子是以截距为结果的模型下的个体层次平均预测误差，亦即 $Var(Y^{Inter}_{ij})$，而分母为零模型下的个体层次平均预测误差，亦即 $Var(Y^{Null}_{ij})$。

而 R_2^2 公式第一个等号右边第二项的分子是以截距为结果的模型下总体层次的平均预测误差变异数，第二个等号右边分子亦即 $Var(\bar{Y}_j^{Inter}) - Var(\bar{Y}_j^{Null})$，而分母为零模型下总体层次的平均预测误差变异数，亦即 $Var(\bar{Y}_j^{Null})$，这个总体层次预测误差变异数即组平均数的变异数，而 $\bar{n}$ 为平均的组内样本数。

前述 Snijders 与 Bosker（1999）的定义有两个优点：第一个是将个体层次与总体层次解释变项一同考虑进来，虽然不同层次的解释变项对不同的误差项产生影响，但是以整体的形式来看待解释变项的解释力；第二个是 R_1^2 与 R_2^2 不会是负值，如果一旦产生负值的 R_1^2 与 R_2^2，即代表模式设定有问题，研究者可以通过 R_1^2 与 R_2^2 的变化来了解模式的设定，以避免产生错误模式设定的问题。

8.4 范例说明

为了示范离异数的使用与解释变异数的计算，我们利用 NELS88 资料库 23 个学校的 519 位学生的资料来进行说明。结果变量为数学成绩，个体层次解释变量为社会经济地位，总体层次解释变量为少数民族与平均 SES。模型估计为 FUML 法，为简化说明，各变量均未进行平减处理。模型设定如下：

8.4.1 HLM 的模型设定

M0（虚无模型）：

Level 1：Y_{ij}[数学成绩] $= \beta_{0j} + \varepsilon_{ij}$

Level 2：$\beta_{0j} = \gamma_{00} + u_{0j}$

M1（共变量模型）：

Level 1：Y_{ij}[数学成绩] $= \beta_{0j} + \beta_{1j}X_{ij}$[社经地位 SES] $+ \varepsilon_{ij}$

Level 2：$\beta_{0j} = \gamma_{00} + u_{0j}$

$\beta_{1j} = \gamma_{10}$

M2（随机系数模型）：

Level 1：Y_{ij}[数学成绩] $= \beta_{0j} + \beta_{1j}X_{ij}$[社经地位 SES] $+ \varepsilon_{ij}$

Level 2：$\beta_{0j} = \gamma_{00} + u_{0j}$

$\beta_{1j} = \gamma_{10} + u_{1j}$

M3（截距为结果模型，Z 的个数为 1）：

Level 1：Y_{ij}[数学成绩] $= \beta_{0j} + \beta_{1j}X_{ij}$[社经地位 SES] $+ \varepsilon_{ij}$

Level 2：$\beta_{0j} = \gamma_{00} + \gamma_{01}Z_{1j}$[种族比] $+ u_{0j}$

　　　　$\beta_{1j} = \gamma_{10}$

M4（截距为结果模型，Z 的个数为 2）：

Level 1 ：Y_{ij}[数学成绩] $= \beta_{0j} + \beta_{1j}X_{ij}$[社经地位 SES] $+ \varepsilon_{ij}$

Level 2：$\beta_{0j} = \gamma_{00} + \gamma_{01}Z_{1j}$[种族比] $+ \gamma_{02}Z_{2j}$[平均 SES]$+ u_{0j}$

　　　　$\beta_{1j} = \gamma_{10}$

这四个模型用来检验学生所身处的环境对于数学成绩的影响。所谓环境是从两个层面来定义：个体的家庭环境，以及学校的环境。个体家庭环境以父母的社经地位来衡量，该变量系合并教育水准与薪资所得。而作为学校环境的变量，我们采用了学校中少数民族学生所占的比例种族比，以及学校平均社经地位。

8.4.2　HLM 的操作与结果

各模型的数据摘要如表 8.1 所示，各模型的 HLM 分析与报表则介绍如下：

8.4.2.1　M0：零模型

亦即没有任何解释变量的初始模型。

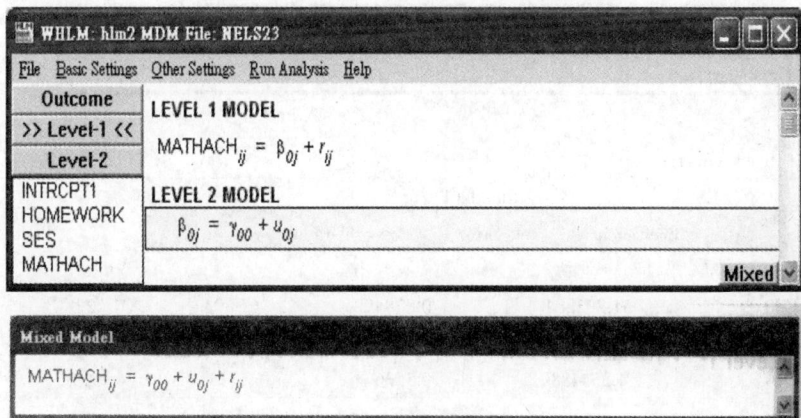

Final estimation of fixed effects:

Fixed Effect	Coefficient	Standard Error	T-ratio	Approx. d. f.	P-value
For　　　INTRCPT1，B0					
INTRCPT2，G00	50.757428	1.126896	45.042	22	0.000

Final estimation of variance components：

Random Effect		Standard Deviation	Variance Component	df	Chi-square	P-value
INTRCPT1,	U0	4.98501	24.85032	22	240.80119	0.000
level−1,	R	9.01318	81.23743			

Statistics for current covariance components model

Deviance	= 3798.938543
Number of estimated parameters	= 3

根据 M0 的 FUML 估计结果显示，离异数为 3798.94，截距的组间变异数（τ_{00}）为 24.85，组内变异数为 81.24，各校截距具有显著差异（$X^2_{(22)} = 240.80$，$p < 0.001$），ICC 达到 0.234。

8.4.2.2　M1：共变量模型（ANCOVA）

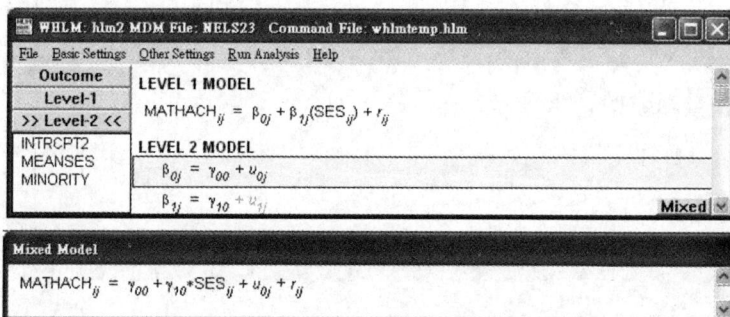

```
WHLM: hlm2 MDM File: NELS23   Command File: whlmtemp.hlm
File   Basic Settings   Other Settings   Run Analysis   Help
┌─────────────┬──────────────────────────────────────────┐
│  Outcome    │ LEVEL 1 MODEL                             │
│  Level-1    │ MATHACHᵢⱼ = β₀ⱼ + β₁ⱼ(SESᵢⱼ) + rᵢⱼ        │
│ >> Level-2 <<│                                          │
│ INTRCPT2    │ LEVEL 2 MODEL                             │
│ MEANSES     │   β₀ⱼ = γ₀₀ + υ₀ⱼ                         │
│ MINORITY    │   β₁ⱼ = γ₁₀ + υ₁ⱼ                  Mixed  │
└─────────────┴──────────────────────────────────────────┘
Mixed Model
MATHACHᵢⱼ = γ₀₀ + γ₁₀*SESᵢⱼ + υ₀ⱼ + rᵢⱼ
```

Final estimation of fixed effects：

Fixed Effect	Coefficient	Standard Error	T-ratio	Approx. d. f.	P-value
For　　　　INTRCPT1, B0					
INTRCPT2, G00	51.202284	0.828498	61.801	22	0.000
For　　　　SES slope, B1					
INTRCPT2, G10	4.354488	0.563674	7.725	517	0.000

Final estimation of variance components：

Random Effect		Standard Deviation	Variance Component	df	Chi-square	P-value
INTRCPT1,	U0	3.43464	11.79678	22	119.30969	0.000
level−1,	R	8.67187	75.20135			

Statistics for current covariance components model

Deviance	= 3746.518753
Number of estimated parameters	= 4

根据 M1 的 FUML 估计结果显示，SES 的固定系数（$\gamma_{10} = 4.35$）具统计显著性，$t = 7.73$（$p < 0.001$），M1 与虚无模型 M0 离异数差值为 52.42（M1 的 FUML 离异数为 3746.52、虚无模型的 FUML 离异数为 3798.94），此一差值非常大，超过 $df = 1$ 的卡方分配临界值 3.54，因此我们得到结论：学生的家庭环境对于数学成绩具有相当影响力。

与虚无模型相较之下，模型 M1 的变异数成分数值也有所改变。截距的组间变异数（τ_{00}）从虚无模型的 24.85 降至 12.63，减少了 49.2%。组间变异数解释力 R_B^2（或 R_2^2）= 0.492。组内变异数也降低了，从虚无模型的 81.24 降至 75.20，减少了 7.4%。因此组内变异数解释力 R_W^2（或 R_1^2）= 0.074。SES 的效果主要是学校间的效果，而非组内的效果（个体间的差异）。从这个现象来看，我们可以预期 SES 的系数在各校之间显著不同。

8.4.2.3　M2：随机系数模型（random coefficient model）

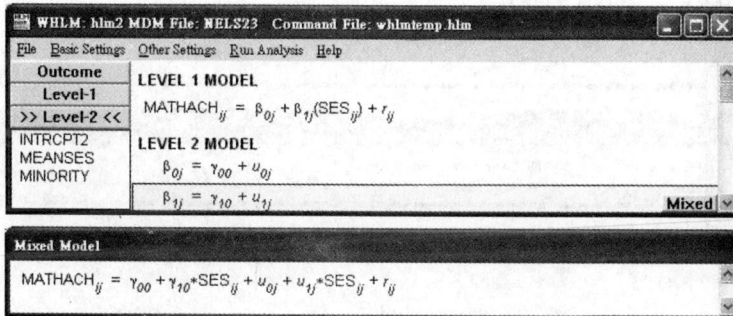

Final estimation of fixed effects:

Fixed Effect		Coefficient	Standard Error	T-ratio	Approx. d. f.	P-value
For	INTRCPT1, B0					
	INTRCPT2, G00	51.247314	0.834763	61.391	22	0.000
For	SES slope, B1					
	INTRCPT2, G10	4.348595	0.566963	7.670	22	0.000

Final estimation of variance components:

Random Effect		Standard Deviation	Variance Component	df	Chi-square	P-value
INTRCPT1,	U0	3.47264	12.05920	22	94.09143	0.000
SES slope,	U1	0.35513	0.12612	22	30.05187	0.117
level-1,	R	8.66365	75.05882			

Statistics for current covariance components model

Deviance = 3746.384374

Number of estimated parameters = 6

随机系数模型 M2 增加 SES 的随机斜率设定，因此模型会增加两个参数，一个斜率变异数，一个随机斜率与随机截距的共变量。由于斜率的组间变异数（$\tau_{11} = 0.126$，$x^2 = 30.05$，$p = 0.117$）未达显著水准，M2 与 M1 的离异数分别为 3746.38 与 3746.52，差距仅为 0.14，亦未达显著水准，显示增加随机斜率的估计未能改善模式适配。因此，某些学校的 SES 与数学成绩关系有所不同这个假设未获支持。

8.4.2.4　M3：截距结果模型（intercept-as-outcome model）

单一高层解释变量（Single Z），使用少数民族来解释数学成绩。

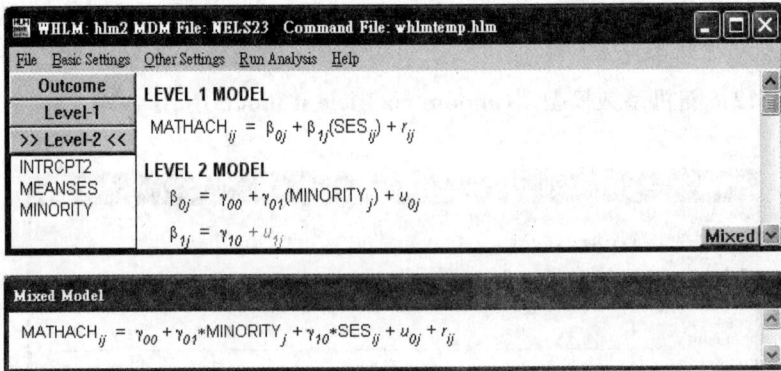

```
WHLM: hlm2 MDM File: NELS23   Command File: whlmtemp.hlm      _ □ X

File  Basic Settings  Other Settings  Run Analysis  Help

  Outcome      LEVEL 1 MODEL
  Level-1      MATHACH_ij = β_0j + β_1j(SES_ij) + r_ij
>> Level-2 <<
INTRCPT2       LEVEL 2 MODEL
MEANSES        β_0j = γ_00 + γ_01(MINORITY_j) + u_0j
MINORITY
               β_1j = γ_10 + u_1j                          Mixed
```

Mixed Model

$$MATHACH_{ij} = \gamma_{00} + \gamma_{01}*MINORITY_j + \gamma_{10}*SES_{ij} + u_{0j} + r_{ij}$$

Final estimation of fixed effects:

Fixed Effect		Coefficient	Standard Error	T-ratio	Approx. d. f.	P-value
For	INTRCPT1,　B0					
	INTRCPT2,　G00	53.117327	1.126528	47.151	21	0.000
	MINORITY,　G01	−0.802107	0.348618	−2.301	21	0.032
For	SES slope,　B1					
	INTRCPT2,　G10	4.338787	0.557079	7.788	516	0.000

Final estimation of variance components:

Random Effect		Standard Deviation	Variance Component	df	Chi-square	P-value
INTRCPT1,	U0	3.07118	9.43212	21	109.89301	0.000
level-1,	R	8.66147	75.02103			

Statistics for current covariance components model

Deviance　　　　　　　　　　　　 = 3741.554933

Number of estimated parameters = 5

增加学校特征种族比（minority）的截距结果模型为 M3，需把 SES 的斜率改回固定才是截距结果模型。分析结果显示，SES 的系数估计值与前一个模型相似，不论是系数的强度或标准误，t = 7.788，达到 0.001 显著水准。离异数（3741.55）相较于共变量模型 M1 显著降低（$\chi^2_{(1)} = 4.97$，p < 0.05），显示增加种族比可以有效改善模式适配。

由于增加解释变量可能造成两个层次变异数估计的变化，而种族比为第二层变量，因此影响学校层次的组间变异成分较大。分析结果正如预期，截距变异数从 M2 共变量模型的 11.80 降到 9.43，减少 2.37，亦即组间部分增加 9.5% 的被解释变异量，R^2_B（或 R^2_2）增加 9.5%。

值得注意的是，在前述模型比较过程中，我们并没有比较第一层的组内变异数，因为我们假设第一层的组内变异数不受新增的学校层次变量的影响。在多层次分析中，第一层与第二层残差是独立无关的。第二层的变量只有组间变异部分，不像第一层变量有组间与组内变异两个部分。由数据可知，第一层的组内变异数在 M3（75.02）与 M1（75.20）没有明显变化。

8.4.2.5　M4：截距结果模型（intercept-as-outcome model）

两个高层解释变量（Two Zs），增加 MEANSES 来解释数学成绩。

Final estimation of fixed effects:

Fixed Effect		Coefficient	Standard Error	T-ratio	Approx. d. f.	P-value
For	INTRCPT1, B0					
	INTRCPT2, G00	53.08456	1.031125	51.482	20	0.000
	MEANSES, G01	2.863536	1.391769	2.057	20	0.053
	MONASES, GO2	−0.682678	0.322737	−2.115	20	0.047
For	SES slope, B1					
	INTRCPT2, G10	3.884760	0.609123	6.378	515	0.000

Final estimation of variance components:

Random Effect		Standard Deviation	Variance Component	df	Chi-square	P-value
INTRCPT1,	U0	2.68795	7.22508	20	77.05438	0.000
level-1,	R	8.66488	75.08023			

```
Statistics for current covariance components model
-----------------------------------------------------------------------
Deviance                      = 3737.768968
Number of estimated parameters = 6
-----------------------------------------------------------------------
```

增加一个学校环境有关的变量平均 SES 所延伸出来的新模型，估计结果得到，平均 SES 的系数是临界显著水准的 $t = 2.057$，$p = 0.057$，而种族比则几乎没有变动，$t = -2.1153$。离异数（3727.77）与最初的共变量模型（没有种族比与平均 SES 的 M2）相比，离异数差值为 8.75，改变的幅度并不大，但与自由度为 2 的 $p = 0.05$ 卡方临界值（5.99）相比则达到显著。若与前一个模型（仅有种族比没有平均 SES 的 M3）的 3741.55 相比，离异数差值只有 3.78，改善幅度更小，未达 3.84 的显著水准临界值，显示新增的平均 SES 变量对于模型适配度并没有明显的影响。

从组间变异数（截距变异数）的变化来看也很有意思，当新增了两个学校层次变量后，组间变异数降低到 7.23。若以被解释变异量的术语来说，与共变量模型相比，增加两个总体层次解释变量解释了截距差异的 38.7%：$(11.79 - 7.23)/11.79 = 0.387$ 的组间变异数。此一数值可能会被研究者解释为两个变量具有强大的效果。

如果从虚无模型开始计算到 M4 的组间与组内变异数的总解释变异数的虚假 R^2，组间变异数从虚无模型的 24.85 降至 7.23，减少 17.62，虚假 R^2 为 $(24.85 - 7.23)/24.85 = 0.709$，亦即 R_B^2（或 R_2^2）$= 0.709$，SES 解释了 49.2% 的组间变异数，两校特征变量额外解释了 $0.709 - 0.492 = 0.217$，亦即 21.7% 的组间变异数。在组内变异数部分，虚无模型为 81.24，最后一个模型为 75.08，差值为 6.16，R_W^2（或 R_1^2）$= 0.08$。

在此要强调的是，平均 SES 的个别参数估计值，与被解释变异量的增加，两者是矛盾的结果，为避免此一矛盾，研究者应使用模型适配的数据来判断最后的结论为何，整体模式适配是用来评估个别参数估计量与可解释变异量较为稳定可靠的指标。各模型的数据摘要如表 8.1 所示。

表 8.1　各种 HLM 模型分析结果摘要表

	M0: Null	M1: ANCOVA	M2: Random coefficient model	M3: Intercept as outcome（one Z）	M4: Intercept as outcome（two Z）
Fixed					
γ_{00}	50.76	51.20	51.25	53.11	53.08
se	1.127	0.828	0.835	1.127	1.031
t	45.04	61.80	61.39	47.15	51.48
df	22	22	22	20	20
γ_{10} b1 of SES		4.35	4.35	4.34	3.89
se		0.564	0.567	0.557	0.609

续表

	M0：Null	M1：ANCOVA	M2：Random coefficient model	M3：Intercept as outcome（one Z）	M4：Intercept as outcome（two Z）
t		7.73	7.67	7.79	6.38
df		517	22	516	515
τ_{01} Z1（Minority）for b0				−0.80	−0.68
se				0.35	0.32
t				−2.31	−2.12
df				21	20
τ_{02} Z2（meanses）for b0					2.86
se					1.39
t					2.06
df					20
Random					
r	81.24	75.20	75.06	75.02	75.08
τ_{00}	24.85	11.80	12.06	9.43	7.23
χ^2	240.80	119.31	94.09	109.89	77.05
df	22	22	22	21	20
τ_{11}			0.126		
χ^2			30.05		
df			22		
FUML Deviance	3798.94	3746.52	3746.38	3741.55	3737.77
# of para.	3	4	6	5	6
Deviance change		52.42	0.14	4.97	8.75
df change		1	2	1	2
REML Deviance	3798.68	3744.34	3744.19	3741.61	3733.78
# of para.	2	2	4	2	2

9 估计强韧性议题

9.1 概说

由于 MLM 在估计参数时是采用 ML 估计法（FUML 与 REML），而 ML 估计法一般而言较**强韧**（robust），亦即当资料的分配与假设的分配不吻合时，若这个不吻合程度不大，则 ML 估计法所估计出来的参数仍然具有一致性。但是，这些参数估计值的抽样标准误却没有这样的特性，使得所计算的检定统计量以及假设检定的结果会与所假设分配的离异程度有关。

在回归分析中，最常被违反的假设是常态性与独立同质性假设。独立性因资料是来自横断面抽样结果，所以没有太大问题。而常态性被违反常伴随变异数异质性的产生，因此常态分配的假设在回归分析中是相当重要的假设。而 MLM 亦属于回归分析的范畴，所以常态分配也是 MLM 很重要的假设之一，特别是 MLM 有不同层次误差项的常态性假设。

9.2 统计假设检验与误差估计

9.2.1 强韧性标准误

在单一层次的回归分析中，针对误差项的同质性与独立性被违反，可以以加权最小平方方法（WLS）或是一般化最小平方方法（GLS）来估计回归系数。如果误差项的变异数为异质性时，一般是采用 WLS，针对误差项的变异数共变量矩阵的对角线进行调整，使符合同质性的假设；而当资料的误差项为非独立时，换言之，误差项与误差项会有相关或共变，这在追踪资料的分析中最容易出现，此时通过对误差项的变量变换（连带就是对依变项与解释变项进行变量变换）使其变成独立不相关的变项且符合变异数同质性的假设，这就是 GLS。因此，GLS 所估计出来的回归系数如下式：

$$\hat{\beta}_{GLS} = (X^TV^{-1}X)^{-1}X^TV^{-1}Y \tag{9-1}$$

上式中的 V 为依变项 Y 的条件变异数，如果资料误差项的假设是独立同质，则公式（9-1）中的 V^{-1} 会消失变为 $(X^TX)^{-1}X^TY$，这就是一般最小平方方法的估计值（OLS 或 OLE）。而 $\hat{\beta}_{GLS}$ 的抽样变异误为：

$$Var(\hat{\beta}_{GLS}) = (X^TV^{-1}X)^{-1}X^TV^{-1}Var(Y)V^{-1}X(X^TV^{-1}X)^{-1} \tag{9-2}$$

当上式 Var（Y）以 V 代入，再将 V 以资料估计的估计值 $\hat{V}$ 代回，则回归系数估计值的变异误为下式，即为一般的估计变异误：

$$\text{Vâr}(\hat{\beta}_{GLS}) = (X^T\hat{V}^{-1}X)^{-1} \tag{9-3}$$

若 Y 或误差项违反常态分配，则 Var(Y) 以 $\hat{V}$ 代入，容易使得所估计出来的变异误不具一致性，亦即即使样本够大，其估计值亦未是母体的不偏变异数。所以在 Var(Y) 的计算上，不用样本估计值 $\hat{V}$，而改用实际资料所计算出来的残差（$\tilde{e}$）去估计，即：

$$\text{Var}(Y) = E(\tilde{e}\tilde{e}^T) \tag{9-4}$$

并将 $E(\tilde{e}\tilde{e}^T)$ 代回 $\hat{\beta}_{GLS}$ 的抽样变异误：

$$\text{Var}(\hat{\beta}_{GLS}) = (X^TV^{-1}X)^{-1}X^TV^{-1}E(\tilde{e}\tilde{e}^T)V^{-1}X(X^TV^{-1}X)^{-1} \tag{9-5}$$

此时，所计算出来的回归系数估计值的标准误称为**强韧性标准误**（robust S.E.），这时这个标准误就会与当初假设的误差项分配关系较小，而达到强韧性的功用。仔细观察变异数公式，这个实际残差所计算的变异数是在公式的中间，因此也被称为**三明治估计值**（sandwich estimate）（Huber，1967）。

而在 MLM 中，因为利用**混合模式**（mixed/composite model）来估计回归系数，基本精神与单一层次回归分析一样，但牵涉到误差项或残差项则包含了各个层次，因此所计算的公式相形之下更是复杂。假设两层结构的 MLM 模式设定如下：

$$Y = X\beta + \varepsilon \tag{9-6}$$

$$\beta = Z\gamma + u \tag{9-7}$$

上述两个方程式的呈现都是以向量与矩阵的方式表达，Y 为依变项向量、X 为第一层解释变项所组合的设计矩阵、β 为第一层回归系数的组合为一向量、ε 为第一层误差向量；而 Z 为第二层解释变项所组成的设计矩阵、γ 为第二层回归系数所组成的向量、u 为第二层误差项所组成的向量。将第二层方程式（9-7）代回第一层的回归模式（9-6），所得到的组合模式如下：

$$Y = XZ\gamma + Xu + \varepsilon \tag{9-8}$$

习惯上，我们将 XZ 以一个矩阵符号 W 来表示，它是两层解释变项资料的组合，则模式（9-8）变为：

$$Y = W\gamma + Xu + \varepsilon \tag{9-9}$$

上式中的 γ 即为我们要估计的固定效果回归系数，但 Y 的边际或条件变异数共变量矩阵则变为 $\text{Var}(Xu + \varepsilon)$：

$$\text{Var}(Y) = XTX^T + \sigma^2I \tag{9-10}$$

上式中的 T 为第二层误差项变异数 τ_{00}，τ_{11}，…，τ_{pp} 与共变量 τ_{01}，τ_{12}，…，$\tau_{p-1,p}$ 所构成的矩阵，σ^2 为第一层误差项变异数、I 为单位矩阵。因此，在混合模型中总误差项 $Xu + \varepsilon$ 并非是独立同质的分配，连带估计 γ 时是采用类似 GLS 的方式。

至于什么时机该选择强韧性标准误来检定回归系数的显著性，文献上并没有很明确地指出，因为回归分析的误差项是否违反常态性，必须利用估计之后的残差项来检视。至于称为强韧性理由，应该随时都可以使用，因为不管有无违反，它的公式都是使用实际估计的残差项计算而来，比较贴近实际的资料。

不管如何，当所估计的一般标准误与强韧性标准误有明显的差异时，可以说明的是我们的资料与模式所假设的分配是不吻合的，这个不吻合包含模式的设定错误（Hox，2002），研究者必须小心来解释分析的结果，最好的方式是重新检视资料，去发掘可能的问题，再通过合适的模式设定进行分析。换言之，这个强韧性标准误的计算和一般估计的标准误的差异可以视为一种错误模式设定的警告信息。

9.2.2 第一层误差项变异数异质性的估计

除了统计分配的强韧性问题，另一个影响多层次模式参数估计效能的议题是误差项变异数的异质性。

在 HLM 中，通过第二层的随机效果设定，可以捕捉在巢套数据结构下整体误差项的非独立性与异质性问题。在 HLM 软件中亦可以针对多层次模式下的第一层误差项变异数的同质性进行检定，对模式误差项假设违反可以提供更进一步的信息。除了可以利用同质性检定来检视第一层误差项，亦可以利用图标将第一层残差对各解释变项作图来判断。一旦发现第一层残差的同质性检定显著，或是残差图有系统性的类型时，我们可以进一步来配适第一层误差项的变异数方程式，来解释第一层误差项的可能影响因素。

传统上对于误差项变异数同质性假设一旦被违反，过去的修正做法都是对结果变项进行变量变换，通过检视残差图来选择适当的转换函数，例如取对数或开根号等，再重新配适新的回归方程式。如果新的回归方程式残差项符合假设，则接受新的回归方程式，但此做法的后果是，变项间的关系可能因变量变换后而改变意义。在财务计量中的 GARCH 模式，因为是属于时间数列，其假设误差项的变异数可以不具同质性，意即变异数随时间而变，但可以通过变异数方程式来加以估计。HLM 软件亦提供第一层误差项变异数的估计，方程式如下所示：

$$\ln(\sigma_{ij}^2) = \alpha_0 + \alpha_1 X_{1ij} + \alpha_2 X_{2ij} \tag{9-11}$$

其 HLM 软件操作画面在 Other Settings 内的 Estimation Setings：

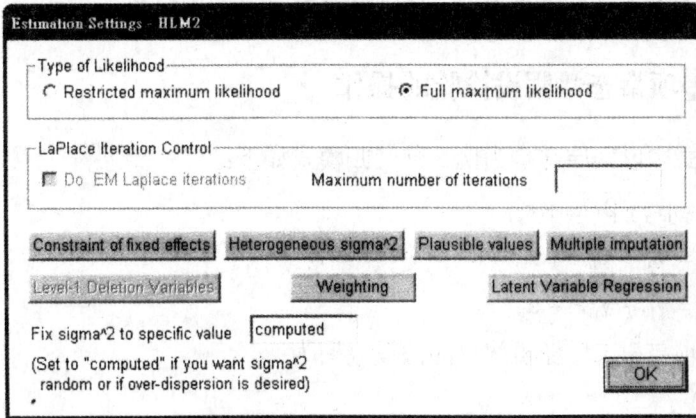

再挑选 Heterogeneous sigma^2 的选项，则可以进入变异数方程式的设定：

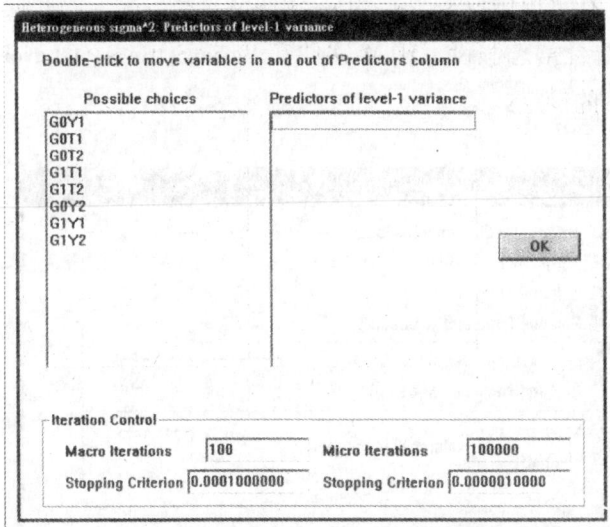

将可能影响变异数异质性的变项在左边的 Possible choices 内的变项以鼠标左键点选两下，即可以将该变项移至右边的 Predictors of level-1 variance，被挑选的变项就会出现在方程式（9-11）的右边。

以方程式（9-11）为例，假设第一层误差项的变异数存在异质性，且可能与第一层个体解释变项 X_{1ij} 与 X_{2ij} 有关，则可以利用回归分析来检视之间的关系。上式等号的左边是对变异数取对数，其原因在于变异数不可能为负，因此通过对数的转换后可以是正也可以是负，因此在方程式的右侧参数估计就可以为负。HLM 软件可以通过检视方程式（9-11）在 HLM 模式下，检定 α_1 和 α_2 的显著性以判断误差项变异数是否同质。此外，HLM 软件亦针对重复量数或追踪资料的成长模式误差项，进行第一层误差项变异数同质性与异质性的估计，并对其假设进行卡方差异检定，进行异质性与同质性的适配度比较，根据适配度卡方检定结果以决定在成长模式中误差项变异数是要设定为同质或异质。

9.2.3 误差项常态性假设检验的操作

在多层次模式中以两层结构为例，其回归模式如下：

Level 1：$Y_{ij} = \beta_{0j} + \beta_{1j}X_{ij} + \varepsilon_{ij}$ （9-12）

Level 2：$\beta_{0j} = \gamma_{00} + \gamma_{01}Z_j + u_{0j}$ （9-13）

$\beta_{1j} = \gamma_{10} + \gamma_{11}Z_j + u_{1j}$ （9-14）

第一层误差项与第二层随机效果的假设分别为：

$\varepsilon_{ij} \sim N(0, \sigma^2)$ （9-15）

$$\begin{pmatrix} u_{0j} \\ u_{1j} \end{pmatrix} \sim N\left[\begin{pmatrix} 0 \\ 0 \end{pmatrix}, \begin{pmatrix} \tau_{00} & \tau_{01} \\ \tau_{10} & \tau_{11} \end{pmatrix} \right]$$ （9-16）

且 ε 与 u 独立。在这里假设 ε_{ij}、u_{0j} 与 u_{1j} 都服从常态分配，因此模式估计之后必须去检视其残差项是否符合常态假设。HLM 软件在 Basic Settings 有 Level-1 Residual File 与 Level-2 Residual File 的设定：

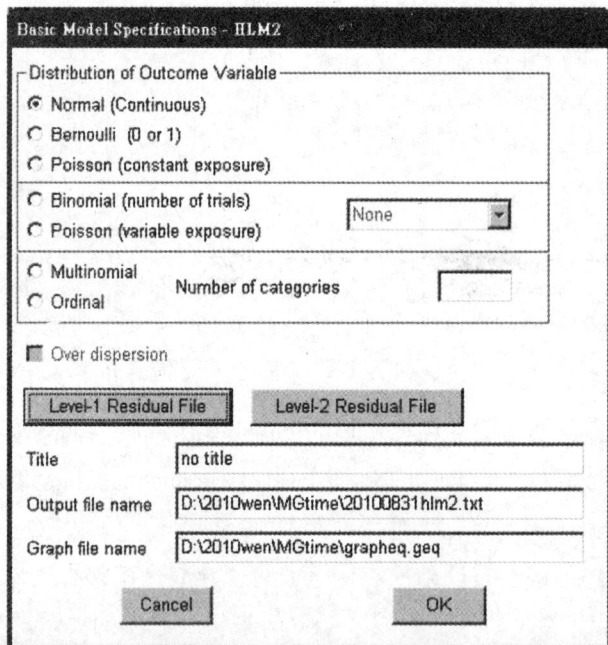

再点选 Level-1 Residual File 选项后，即进入下面的视窗：

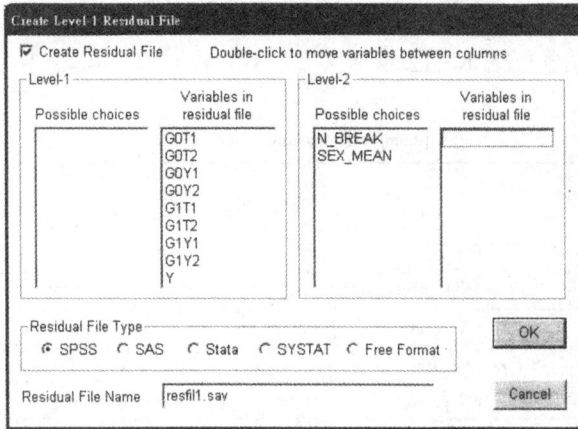

点选 Level-2 Residual File 选项后，则可以进入下面的视窗：

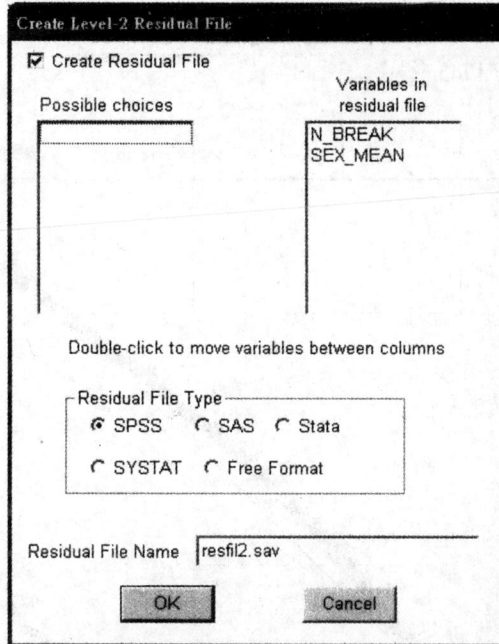

　　研究者可以在 Residual File Name 输入适当的档名，以及在 Possible choices 内的变项点选鼠标左键两下将变项选入 Variables in residual file，残差的数据即会被储存于该档案中（resfil2.sav）。HLM 软件提供四种统计软件的档案形态：SPSS、SAS、Stata 与 SYSTAT，以及 Free Format 的格式。研究者可以在适当的统计软件，将所存取误差项档案进行第一层与第二层误差项的常态性检定，例如以 SPSS 的无母数检定 One-Sample Kolmogorov-Smirnov Test 勾选常态分配进行检定；或是以 P-P Plots 来制作常态概率图，当图上的点与 45 度直线重合在一起时，即表示所检验的变项分配与常态分配相似的意思。以下即为几个

示范的图形。

第一层误差项常态分配的 KS 检定：

One-Sample Kolmogorov-Smirnov Test

		l1resid
N		664
Normal Parameters[a,b]	Mean	0.00000
	Std. Deviation	1.178366
Most Extreme	Absolute	0.069
Differences	Positive	0.048
	Negative	−0.069
Kolmogorov-Smirnov Z		1.773
Asymp. Sig. (2-tailed)		0.004

a. Test distribution is Normal.

b. Calculated from data.

第一层误差项的 P-P Plots 图：

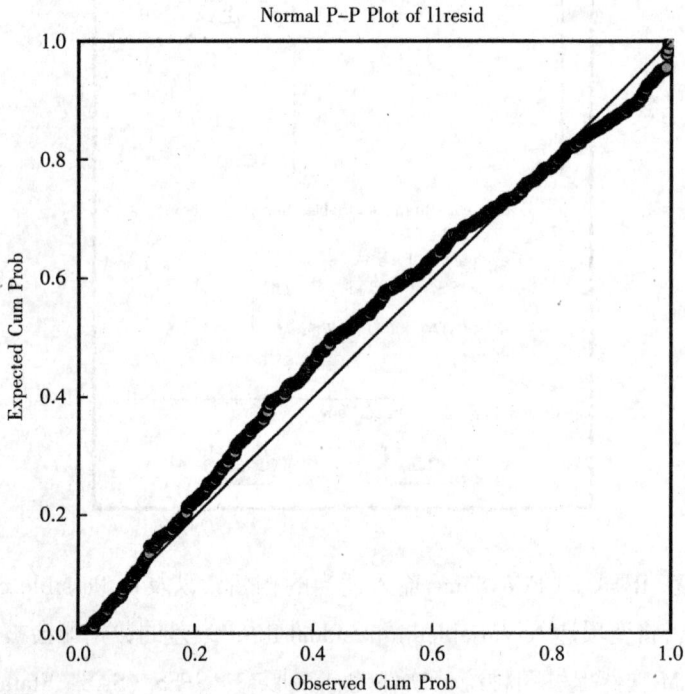

Normal P-P Plot of l1resid

第二层误差项常态分配的 KS 检定：

One–Sample Kolmogorov–Smirnov Test

		ebintrcp
N		24
Normal Parameters[a,b]	Mean	0.00000
	Std. Deviation	0.198144
Most Extreme	Absolute	0.089
Differences	Positive	0.079
	Negative	−0.089
Kolmogorov–Smirnov Z		0.435
Asymp. Sig.（2–tailed）		0.991

a. Test distribution is Normal.

b. Calculated from data.

第二层误差项的 P–P Plots 图：

Normal P–P Plot of ebintrcp

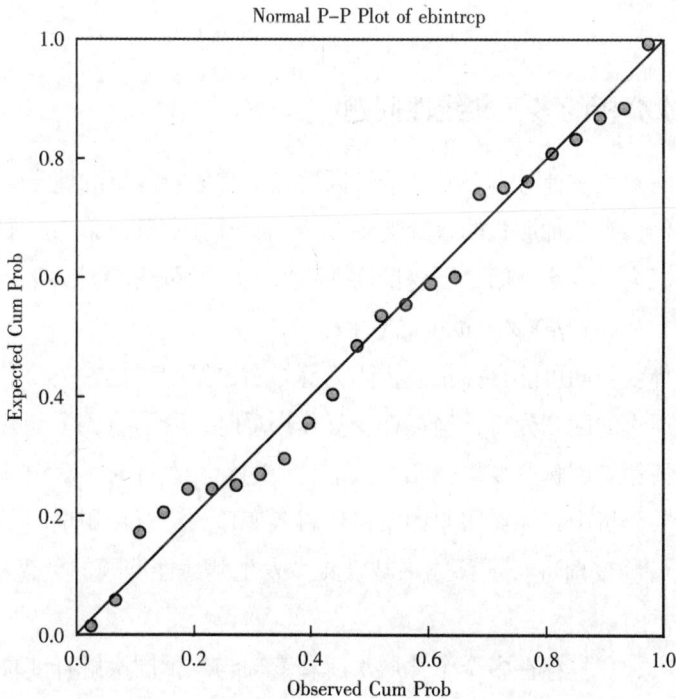

9.3 多元共线性问题

9.3.1 一般回归的多元共线性问题

在典型的回归分析中，**多元共线性**（multicollinearity）是一个非常重要的议题，因为在估计回归系数时，是将解释变项的设计矩阵进行转置后相乘，再取反矩阵，最后再与解释变项和依变项交乘项矩阵相乘，其数学公式如下：

$$\hat{\beta}_{OLS} = (X^TX)^{-1}X^TY \tag{9-17}$$

当发生严重的多元共线性时，即代表解释变项的设计矩阵其变项间有高度的线性相依情况发生，导致 $(X^TX)^{-1}$ 无法计算，也就是在 SEM 软件中所发生的**非正定现象**（non-positive definite）。

所谓的线性相依，是指在解释变项中可能有一个变项或多个变项可以被其他剩下的解释变项所复制或线性组合，其产生的严重后果是整体多元回归分析决定系数的总检定 F 考验是显著的，但在每个回归系数估计值的 t 检定大部分是不显著的，原因是回归系数估计值的标准误太大。因此，用来诊断多元回归分析的多元共线性问题，一般采用**变异数膨胀因子**（variance inflation factor，VIF）或是数学矩阵上特征值的**条件值**（conditional number）来检测[1]。

9.3.2　多层次分析的多元共线性问题

在多层次分析的参数估计时，多元共线性问题是非常值得注意的地方。在一个完整的多层次模型中，我们会有三种形式的解释变项：第一层解释变量、第二层解释变量，以及跨层级交互作用项（为第一层与第二层变量的乘积），以下列方程式表示：

$$Y_{ij} = \gamma_{00} + \gamma_{01}Z_j + \gamma_{10}X_{ij} + \gamma_{11}X_{ij}Z_j + u_{0j} + u_{1j}X_{ij} + \varepsilon_{ij} \tag{9-18}$$

由于这三种解释变项间可能存在相关，因为等号右边第四项是右边第二项第三项变量的乘积，如同单一层次的回归分析，当存在交互作用项时，容易造成多元共线性问题，导致第一层解释变量或第二层解释变量回归系数估计值的标准误过大，获得不显著的检定结果。在单一层次回归分析中，为克服原始单位资料各变项与交互作用项间所造成的共线性问题，一般会先将解释变项进行平移或平减以减少发生共线性问题的疑虑（Tabachnick & Fidell，2006）。

在多层次模式中，一旦存在多个个体层次解释变项与总体层次解释变项时，特别是在脉络模式或是完整模式下就更加复杂，增添了多元共线性的机会。如同一般回归分析，检测所有解释变项间是否具有严重的多元共线性问题，仍然可以采取一般回归分析的**变异数膨胀因子**（VIF）或**条件值**（condition number）来诊断。因为 HLM 在估计固定效果回归系数时是采用混合模式，是将第二层变项**解构**（disaggregated）为个体层次进行分析，因此，平减方法亦可运用到多层次模式。在多层次模式下，主要平减方法有两种：**总平减**（grand mean centering）与**组平减**（group mean centering），其中通过组平减可以减缓多元

---

[1] 有关多元共线性的诊断可参考邱皓政（2010）第 11 章的介绍。

共线性问题。在多层次模式下，个体层次解释变项可以拆解为组间与组内两个部分的和：

$$X_{ij} = \bar{X}_j + (X_{ij} - \bar{X}_j) \tag{9-19}$$

$$\sum_{j}^{J} \sum_{i=1}^{n_j} (X_{ij} - \bar{\bar{X}})^2 = \sum_{j}^{J} \sum_{i=1}^{n_j} (\bar{X}_j - \bar{\bar{X}})^2 + \sum_{j}^{J} \sum_{i=1}^{n_j} (X_{ij} - \bar{X}_j)^2 \tag{9-20}$$

上式（9-19）中的组平均数 $\bar{X}_j$ 与离均差 $(X_{ij} - \bar{X}_j)$ 两个成分彼此是独立的，因此在计算离均差平方和时，公式（9-20）就是变异数分析（ANOVA）中的正交拆解。在以两层结构的 MLM，其第二层解释变量的组内变异数成分则为 0，若第一层解释变量以组平均数进行中心化（组平减）后，其组平减后的第一层解释变量与任何第二层解释变量也是相关为 0。进一步地，如果第一层解释变量经过了组平减，则此一变量与任何一个第二层解释变量的跨层级交互作用之间都是无关的，式（9-21）即为证明。因此，当 MLM 中，存在所有的第一层个体层次解释变量都进行组平减时，此时第一层组平减后的解释变项会与所有的第二层解释变项彼此独立，且第一层组平减后的变项与第二层变项的乘积项亦与第二层变项的相关为 0，这大大减少了解释变项间（包含跨层级解释变项间交乘积项）的多元共线性问题。

$$\sum_{j=1}^{J} \sum_{i=1}^{n_j} (X_{ij} - \bar{X}_j)(Z_j - \bar{Z})$$

$$= \sum_{j=1}^{J} \sum_{i=1}^{n_j} \left[(X_{ij} - \bar{X}_j)Z_j - \bar{Z}(X_{ij} - \bar{X}_j) \right]$$

$$= \sum_{j=1}^{J} Z_j \sum_{i=1}^{n_j} (X_{ij} - \bar{X}_j) - \bar{Z} \sum_{j=1}^{J} \sum_{i=1}^{n_j} (X_{ij} - \bar{X}_j)$$

$$= 0 - 0 = 0 \tag{9-21}$$

但是通过组平减方式来削减共线性问题时，也同时引发了另一个问题，就是整个模式不再和以原始单位分析的模式**等价**（equivalence），一是 MLM 第一层回归模式截距项的解释变得较有意义，二是通过组平减方式会消除组间差异，为了让模式能够维持第一层解释变项组平均数不同的差异，必须将第一层解释变项的组平均数置回放入到第二层的截距项回归模式中，以还原原先模式的意义。

此外，Preacher、Curran 与 Bauer（2006）指出，HLM 中变项的交互作用以多种不同的形式产生影响，除了不同层次间，不同类型变量的交互作用外，也可能是不同量尺（类别或连续）间的交互作用。整体来说，组平减程序可以使得第一层解释变量与第二层解释变量的相关为 0、第二层解释变量与跨层级交互作用变量两者之间的相关为 0、第一层解释变量与跨层级交互作用变量两者之间的相关接近于 0，减缓了多元共线性的威胁，表示我们只要担心第一层或第二层解释变量间的高相关问题就好了。

至于如何检验 HLM 或 MLM 间的多元共线性问题，首先必须通过 HLM 软件的 Basic Settings 内 Level–1 Residual File 选项。将所有模式中用到的第一层解释变项与第二层解释变项存到 Level–1 Residual File 的档案内（参考上一小节误差项常态性假设问题的操作），然后在 SPSS 软件下，通过数据选项内的整合项计算个体层次解释变项的组平均数，如图 9.1 所示。

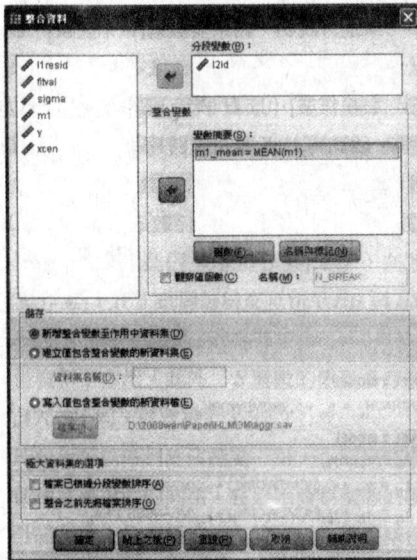

图 9.1　以 SPSS 进行各组平均数计算的操作视窗

图 9.1 中右上角的"分段变数"就是组织的识别变项，整合变数的"变数摘要"是计算每个组织内的解释变项的各组平均数，然后在储存中选取"新增整合变量至作用中资料集"，即可产生各个受试者所属组织的解释变项平均数 m1_mean，然后再通过"转换"内的"计算变量"将原先的第一层解释变项 m1 减去组平均数 m1_mean 产生组平减后的第一层解释变项。而在计算所有跨层级交互作用项时，亦通过"转换"内的"计算变量"计算组平减后的第一层解释变项与任何第二层解释变项（必要时进行总平减）的乘积项，此乘积项即为跨层级交互作用项。

在产生所有 HLM 软件内混合模式的所有解释变项后，再利用 SPSS 软件的分析进行多元回归分析，随意挑选任何的依变项后，将所有 HLM 混合模式内的变项选入为共变项进行分析。因为多元共线性是指解释变项间的线性相依关系，与依变项没有任何关联，因此通过共线性诊断的 VIF 或 conditional number 来检视多层次模式中所有回归模式解释变项间的多元共线性问题。

9.4 范例说明

9.4.1 HLM 的模型设定

为了表示基本假设违反问题，我们利用 NELS88 数据库 1003 个学校的 21580 笔完整资料来进行说明。结果变量为数学成绩，个体层次解释变量为家庭作业（以 H 表示）与社经地位（以 S 表示），以及利用聚合程序获得的各校平均数 M 家庭作业（以 $\overline{\text{H}}$ 表示）与 M 社经地位（以 $\overline{\text{S}}$ 表示）。模型中采用完整模型，因此可以得到四个跨层级交互作用项：$\overline{\text{HH}}$、$\overline{\text{HS}}$、$\overline{\text{SH}}$、$\overline{\text{SS}}$。以数学成绩（以 M 表示）作为依变项，加上原来四个主效果，共有九个变量。这九个变量的相关系数矩阵列于表 9.1。HLM 估计模型如下：

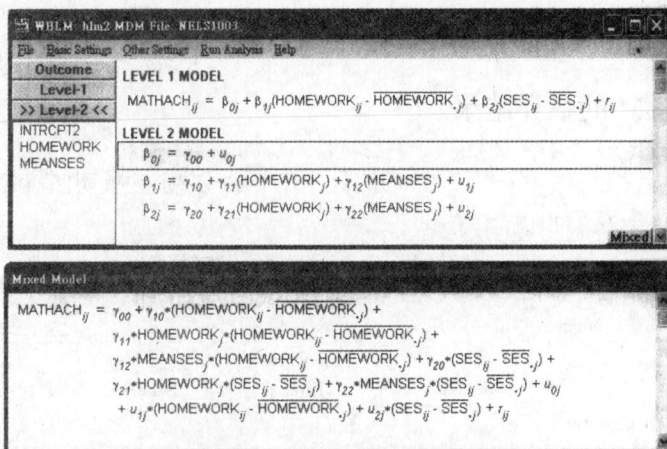

表 9.1　各变量与跨层级交互作用相关系数矩阵

	H	S	$\overline{\text{H}}$	$\overline{\text{S}}$	$\overline{\text{HH}}$	$\overline{\text{HS}}$	$\overline{\text{SH}}$	$\overline{\text{SS}}$	M
H	—	0.11	0.00	0.00	0.97	0.12	0.05	−0.01	0.19
S	0.21	—	0.00	0.00	0.11	0.97	−0.01	−0.19	0.25
$\overline{\text{H}}$	0.38	0.34	—	0.52	0.00	0.00	0.00	0.00	0.30
$\overline{\text{S}}$	0.20	0.65	0.52	—	0.00	0.00	0.00	0.00	0.45
$\overline{\text{HH}}$	0.93	0.28	0.63	0.34	—	0.12	0.18	−0.00	0.18
$\overline{\text{HS}}$	0.23	0.96	0.39	0.66	0.33	—	−0.00	−0.06	0.24
$\overline{\text{SH}}$	0.21	0.52	0.48	0.81	0.40	0.59	—	0.07	0.01
$\overline{\text{SS}}$	0.07	0.02	0.21	0.18	0.16	0.19	0.29	—	−0.01
M	0.29	0.48	0.30	0.45	0.33	0.47	0.37	0.07	—

注：下三角形内为原始分数相关矩阵，上三角形为组平减分数相关矩阵。

表 9.1 的下三角形中，家庭作业与 SES 变量为原始分数的资料形态，上三角形则是组平减的资料形态。很明显的，在对角线以上的相关系数都比较小，很多相关系数都为 0 或接近 0。显示如果把第一层变量进行组平减处理后，多元共线性问题并不严重。但是我们仍可以看到非常高的相关系数，例如 H 与 $\overline{H}H$ 之间、S 与 $\overline{H}S$ 之间。这是因为家庭作业（H）的变异，几乎全发生在组（学校）内，因此平均家庭作业（$\overline{H}$）在各校之间就没有差异，带有平均家庭作业（$\overline{H}$）的跨层级交互作用 $\overline{H}H$ 与 $\overline{H}S$ 几乎等于原来的第一层的 H 变量，造成 S 与 $\overline{H}S$ 的回归系数非常不稳定。不仅在原始资料时如此，在组平减资料中亦然。此外，S 变量的变异多存在于学校之间，因此 $\overline{S}H$ 与 H 会有很大的不同，而会接近 $\overline{S}$。

从相关系数的分析可以得到如下结论：即使在固定系数模型，跨层级交互作用的使用也会有很大的问题。在原始资料形态的模型中，甚至组平减的模型，估计结果会十分不稳定。整体来说，组平减程序可以减缓多元共线性的威胁。第二层解释变量与第一层解释变量及跨层级交互作用变量两者之间的相关接近 0，表示我们只要担心跨层级交互作用与相对应的第一层解释变量的高相关问题就好了。

9.4.2　HLM 的估计结果

从 HLM 估计结果可以看出，强韧估计下的标准误与非强韧估计结果非常接近，显示本范例的模式设定并无明显问题。

Final estimation of fixed effects:

Fixed Effect		Coefficient	Standard Error	T-ratio	Approx. d. f.	P-value
For	INTRCPT1, B0					
INTRCPT2,	G00	50.800126	0.174952	290.366	1002	0.000
For HOMEWORK slope,	B1					
INTRCPT2,	G10	1.195457	0.214666	5.569	1000	0.000
HOMEWORK,	G11	0.005729	0.099420	0.058	1000	0.954
MEANSES,	G12	0.219355	0.105293	2.083	1000	0.037
For SES slope,	B2					
INTRCPT2,	G20	4.851554	0.454208	10.681	1000	0.000
HOMEWORK,	G21	−0.522423	0.221260	−2.361	1000	0.019
MEANSES,	G22	−0.432543	0.249757	−1.732	1000	0.083

The outcome variable is MATHACh

Final estimation of fixed effects：
(with robust standard errors)

Fixed Effect		Coefficient	Standard Error	T-ratio	Approx. d. f.	P-value
·For	INTRCPT1, B0					
INTRCPT2,	G00	50.800126	0.174838	290.556	1002	0.000
For HOMEWORK slope,	B1					
INTRCPT2,	G10	1.195457	0.223038	5.360	1000	0.000
HOMEWORK,	G11	0.005729	0.101495	0.056	1000	0.955
MEANSES,	G12	0.219355	0.105163	2.086	1000	0.037
For SES slope,	B2					
INTRCPT2,	G20	4.851554	0.451413	10.747	1000	0.000
HOMEWORK,	G21	−0.522423	0.220104	−2.374	1000	0.018
MEANSES,	G22	−0.432543	0.255984	−1.690	1000	0.091

Final estimation of variance components:

Random Effect		Standard Deviation	Variance Component	df	Chi-square	P-value
INTRCPT1,	U0	5.21305	27.17587	992	10078.53401	0.000
HOMEWORK slope,	U1	0.64925	0.42132	990	1264.41987	0.000
SES slope,	U2	1.42360	2.02664	990	1242.11450	0.000
level−1,	R	8.09243	65.48750			

10 贝氏估计议题

10.1 概说

10.1.1 从 OLS 到贝氏估计

在多层次模型中，我们是通过个体层次结果变项对个体层次解释变项的回归得到第一层回归系数，然后再将这些回归系数对第二层解释变项进行回归来建构多层次回归模式，增加我们对 MLM 的了解。但事实上并非如此，因为通过个体层次结果变项对个体层次解释变项的回归，得到第一层回归系数，这个第一层回归系数是个估计值并非是原先 HLM 的母体参数。许多文献或书籍这样介绍 MLM，基本上是不恰当的，但是可以理解的是通过这样的描述是为了帮助读者对 HLM 的认识。以两层结构的 MLM 为例：

Level 1：$Y_{ij} = \beta_{0j} + \beta_{1j}X_{ij} + \varepsilon_{ij}$ (10–1)

Level 2：$\beta_{0j} = \gamma_{00} + \gamma_{01}Z_j + u_{0j}$ (10–2)

$\beta_{1j} + \gamma_{10} + \gamma_{11}Z_j + u_{1j}$ (10–3)

我们发现式（10–2）与式（10–3）的结果变项不是式（10–1）回归模式的参数估计值，而是母体参数，这是在学习多层次模式中必须要注意的。如果将第二层回归模式代回第一层回归方程式，则第一层的回归系数消失掉，取而代之的是混合模型，其表示如下：

Mixed：$Y_{ij} = \gamma_{00} + \gamma_{10}X_{ij} + \gamma_{01}Z_j + \gamma_{11}Z_jX_{ij} + u_{0j} + u_{1j}X_{ij} + \varepsilon_{ij}$ (10–4)

因此，MLM 或 HLM 也好，并不是多阶段估计这些回归系数，而是利用式（10–4）估计所有的回归系数，所以 HLM 软件的呈现方式会被读者误会为多阶段回归分析的结果，事实上它们都是依式（10–4）单一层次的估计，所以 SPSS、SAS、stata 与 R 等统计软件都是以式（10–4）的方式来输入解释变项，而 MLwiN 软件则和 HLM 软件一样可以分层显示和以混合模型呈现。在 MLM 中，式（10–1）至式（10–3）的 β 回归系数如同潜在变项一样是观察不到的。如果我们研究关心的是 β 系数，则如何估计这些第一层的回归系数呢？为了简化说明，我们还是用零模型来示范解释。零模型如下：

Level 1：$Y_{ij} = \beta_{0j} + \varepsilon_{ij}$ (10–5)

Level 2：$\beta_{0j} = \gamma_{00} + u_{0j}$ (10–6)

而

$\varepsilon_{ij}^{iid} \sim N(0, \sigma^2)$ (10–7)

$u_{0j}^{iid} \sim N(0, \tau_{00})$ (10–8)

混合模型为：

$$Y_{ij} = \gamma_{00} + u_{0j} + \varepsilon_{ij} \tag{10-9}$$

由于 γ_{00} 是个常数，则 β_{0j} 分配的变异数与 u_{0j} 一样，其概率分配为：

$$\beta_{0j}^{iid} \sim N(\gamma_{00},\ \tau_{00}) \tag{10-10}$$

而在第一层：

$$Y_{ij}^{iid} \sim N(\beta_{0j},\ \sigma^2) \tag{10-11}$$

对 β_{0j} 的估计，相当于**贝式估计**（Bayesian estimator），而 $N(\gamma_{00},\ \tau_{00})$ 相当于**事前分配**（prior distribution）。由于 γ_{00} 已由混合模式估计而得，所以 $N(\hat{\gamma}_{00},\ \hat{\tau}_{00})$ 就为已知，因此称 β_{0j} 的贝氏估计值为实证贝氏估计值，因为事前的参数不是给定，而是通过样本资料估计而得。因此，在已知的参数估计值条件下：$\hat{\gamma}_{00}$、$\hat{\tau}_{00}$ 与 $\hat{\sigma}_2$ 已获得，β_{0j} 的事后分配期望值或是**实证贝式**（empirical Bayesian）估计值为：

$$\hat{\beta}_{0j}^{EB} = \frac{\hat{\tau}_{00}}{\hat{\tau}_{00} + \hat{\sigma}^2/n_j}\overline{Y}_i + \frac{\hat{\sigma}^2/nj}{\hat{\tau}_{00} + \hat{\sigma}^2/n_j}\hat{\gamma}_{00} \tag{10-12}$$

上式可以用很直觉的方式来解读，因为 $Y_{ij} = \beta_{0j} + \varepsilon_{ij}$，而 $\varepsilon_{ij}^{iid} \sim N(0,\ \sigma^2)$，则 β_{0j} 的 BLUE（best linear unbiased estimate，**最佳线性不偏估计值**）则为 $\overline{Y}_j$，其 $\overline{Y}_j$ 分配的变异数为 σ^2/n_j；此外 $\beta_{0j} = \gamma_{00} + u_{0j}$，所以 β_{0j} 的估计值为 $\hat{\gamma}_{00}$，其分配的变异数为 τ_{00}，在估计 σ^2 与 τ_{00} 之后，就可以利用这两个信息估计 β_{0j} 的平均估计值。而上式方程式等号右边第一个分式即为信度的估计式，而 $\overline{Y}_j$ 是在 j 群样本下 β_{0j} 的最小平方估计值，所以 $\hat{\beta}_{0j}^{EB}$ 又可以表示成：

$$\hat{\beta}_{0j}^{EB} = \hat{\lambda}_j\hat{\beta}_{0j}^{OLS} + (1 - \hat{\lambda}_j)\hat{\gamma}_{00} \tag{10-13}$$

10.2 缩动与填补

从式（10-13）可以发现，β_{0j} 的事后分配期望值或是实证贝氏估计值是 $\hat{\beta}_{0j}^{OLS}$ 与 $\hat{\gamma}_{00}$ 的加权平均数，而 $\hat{\beta}_{0j}^{OLS}$ 是 j 群样本的平均数，其信息的提供只有来自第 j 群样本；而 $\hat{\gamma}_{00}$ 则为整体样本的加权平均数，代表信息是来自所有样本的资料。而 $\hat{\lambda}_j$ 所扮演的角色就是权重，因此 $\hat{\beta}_{0j}^{EB}$ 又被称为**缩收变动估计值**（shrinkaged estimate）。当第 j 群样本的样本数 n_j 很大时，则 $\hat{\lambda}_j$ 接近于 1，意即 $\hat{\beta}_{0j}^{OLS}$ 很可靠，其可信度较高，因此 $\hat{\beta}_{0j}^{EB}$ 往 $\hat{\beta}_{0j}^{OLS}$ 移动；当第 j 群样本的样本数 n_j 很小时，而 $\hat{\sigma}^2$ 又很大则 $\hat{\lambda}_j$ 接近于 0，意即 $\hat{\beta}_{0j}^{OLS}$ 的信息不可靠，其可信度低，因此 $\hat{\beta}_{0j}^{EB}$ 往 $\hat{\gamma}_{00}$ 靠。

换言之，当第 j 群样本少时，其信息的准确性低，则 β_{0j} 的估计值是通过其他或所有样本资料的信息来填补自己信息的不足，因此有向全体样本信息**借力**（borrowing strength）之意（Kreft & de Leeuw，1998），我们在此称为**填补**（filling in）。此外，$\hat{\beta}_{0j}^{EB}$ 不是 β_{0j} 的不偏估计值，但是它有最小的平均估计误差（MSE）。所以，HLM 在各层的组内样本数可以不一样多，但在考虑高信度的情况下，组内样本数越多越好。

这里的信度与形成组织变项的 ICC(2) 检验，其公式是一样但是在解释上是不同的。有关内容在第 4 章变量聚合问题中是指个体层次解释变项如何形成可以值得信赖的组织层次变项，以个体层次组织内的平均数作为组织变量，而本节是在强调结果变项的信度。从古典测量理论来说，信度的定义是观察分数总变异数分之真分数的变异数，在多层次模式中，假设每个组织的受试者人数一样多即为 n 的情况，在式（10-7）与式（10-8）两式成立的前提下，结果变项平均数的变异数为：

$$Var(\bar{Y}_j) = \tau_{00} + \frac{\sigma^2}{n} \tag{10-14}$$

此时组间变异数 τ_{00} 相当于真分数的变异数，而式（10-14）可视为观察分数的总变异数，则信度为：

$$\lambda = \frac{\tau_{00}}{\tau_{00} + \dfrac{\sigma^2}{n}} \tag{10-15}$$

这个公式是说明在随机截距模型下（或零模型下），结果变项平均数的变异数其系统性变异占总变异的百分比程度，这个百分比程度越大，越代表可以引进组织层次的变项到截距方程式中，来解释组间平均数间的变异数 τ_{00}。当 λ 越小时，可能代表组间变异数 τ_{00} 太小，没有足够的系统变异可以引进组织变项来解释平均数之间的差异。同理，当存在随机系数模型时，只要在第二层的回归模式中设有随机效果，HLM 软件就会计算设有随机效果的截距项与斜率项的信度，以反映是否有够大的系统变异可以再引进解释变项。即使在第二层回归模式中已放入第二层解释变项后，HLM 软件亦计算引进这些解释变项后还有多少的信度（或系统变异数），可供进一步再放入第二层其他的解释变量到回归模式中。研究者可以通过结果变项各个随机效果的信度，配合随机效果变异数的卡方检定显著与否，综合判断是否可以在第二层回归模式中再放入解释变量。

10.3 范例说明

为了解实证贝氏估计数与 OLS 估计数的差异，以下以 NELS88 的 23 所学校的 519 位学生的资料来进行示范。结果变量为数学成绩，个体层次解释变量为社经地位，以随机系数模型设定，个体层次解释变量则以总平减处理，以保持原有的斜率特征。

10.3.1 HLM 的模型设定

本范例的模型是以 SES 为解释变量，数学成绩为结果变量，HLM 的操作画面如下：

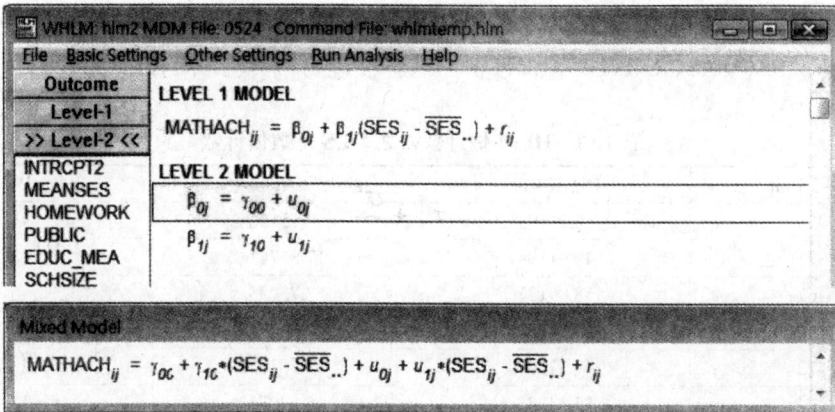

Final estimation of fixed effects:

Fixed Effect		Coefficient	Standard Error	T-ratio	Approx. d. f.	P-value
For	INTRCPT1，B0					
	INTRCPT2，G00	51.243509	0.857897	59.732	22	0.000
For	SES slope，B1					
	INTRCPT2，G10	4.326499	0.571339	7.573	22	0.000

Final estimation of variance components:

Random Effect		Standard Deviation	Variance Component	df	Chi-square	P-value
INTRCPT1,	U0	3.59634	12.93369	22	93.92697	0.000
SES slope,	U1	0.40933	0.16755	22	29.95491	0.119
level-1,	R	8.66987	75.1660			

在估计时，为了要求 HLM 软体报告详细各学校的估计数，在输出设定上需做如下修改，亦即移除 Reduced output 设定，以获取完整的报表，另外在报告 OLS 估计数的数目上，提升至超过学校数的数值，例如本范例有 23 个学校，因此将预设数目由原来的 10 提高至 100：

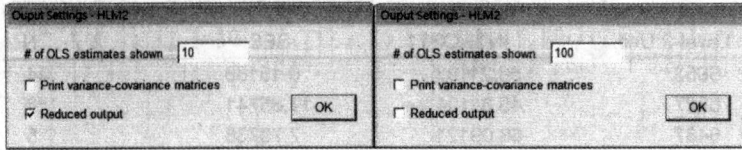

HLM 估计完毕后即会输出各学校的 OLS 回归方程式系数，如表 10.1 所示。表 10.1 中的最后一栏为各学校的样本数，截距与 SES 斜率则为 OLS 估计后的结果。回归系数估计数与一般用 SPSS、SAS、STATA 等统计软件对各校进行回归分析的结果完全一致。

表 10.1 HLM 估计获得之 OLS 系数估计数

Level−2 Unit	INTRCPT1	SES slope	N
6053	56.21193	0.15156	44
6327	45.61104	17.85741	8
6467	58.09121	7.73735	5
7194	49.17733	2.10195	24
7472	47.52107	3.70207	23
7474	55.33385	5.67976	17
7801	49.69833	−1.20930	22
7829	41.25343	−1.05887	20
7930	52.43785	5.47435	24
24371	50.82606	6.22549	20
24725	48.33585	6.84697	22
25456	50.7972	4.77413	22
25642	46.48468	0.07935	20
26537	53.46476	2.47150	16
46417	57.08939	5.00815	23
47583	50.42368	7.80252	20
54344	40.30178	3.59275	19
62821	64.13231	−1.25386	67
68448	50.50108	4.91756	21
68493	48.53315	4.76578	21
72080	51.8918	1.99568	27
72292	52.93016	10.09514	20
72991	54.29119	7.77429	14

至于实证贝氏的估计结果，则必须在 OLS 估计数外，另行填补总体信息，这在 HLM 报表中并未列出（可以通过 Level−2 Residual File 的设定输出实证贝氏估计值），但可由图示功能（Graph Equations）来获得各校的 EB 估计数与 95 信赖区间。操作界面如下：

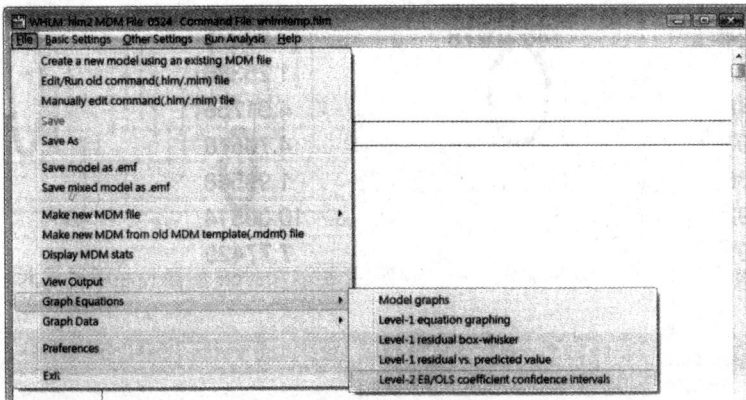

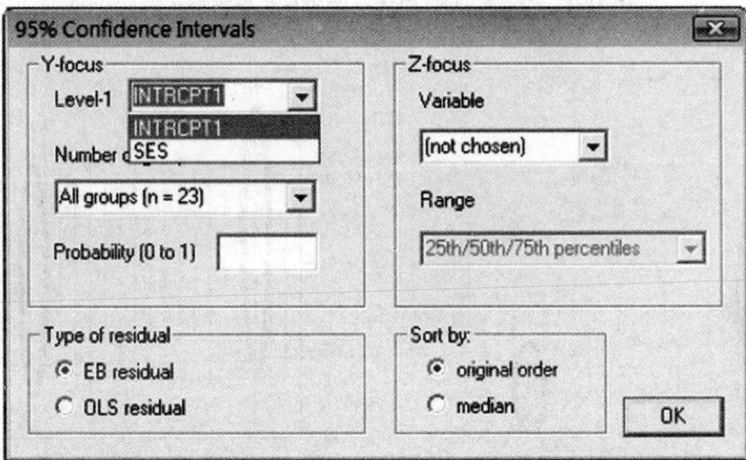

10.3.2 HLM 的结果图示

图示结果发现，NELS 数据库中，23 所学校 519 位学生的数学成绩平均值的截距估计数，若以 OLS 来估算时，列于图 10.1(a)，若以 EB 来估算时，则列于图 10.1(b)。至于如果以社经地位 SES 来解释学生的数学成绩时，所得到的斜率估计数，列于图 10.2，若以 OLS 来估算时，列于图 10.2(a)，若以 EB 来估算时，则列于图 10.2(b)。

由两图可以看出，OLS 所得到的参数估计波动情形大，相对之下，EB 估计之参数估计数波动情形小，即因为 EB 从整体信息中借力填补，使得各学校的平均值或斜率值会更趋中，也因此 EB 估计数的 5% 信救区间会比 OLS 宽。当某一个学校人数样本数越少时，EB 填补的信息就大，相对的，当某一个学校人数样本数越多时，EB 填补的信息就越少。

以人数最少的学校编号 6467（N = 5）与人数最多的学校编号 62821（N = 67）两校为例，6467 的 OLS 截距与斜率分别为 58.09 与 7.737，人数多的 62821 的 OLS 截距与斜率分别为 64.13 与 -1.254。EB 估计对于人数少的 6467 的 95% 信赖区间在斜率上较为明显，且

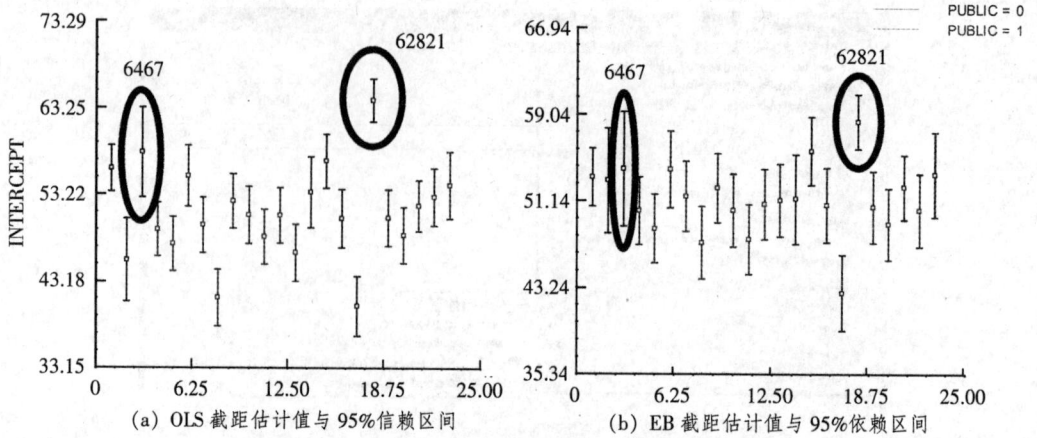

(a) OLS 截距估计值与 95%信赖区间　　　(b) EB 截距估计值与 95%依赖区间

图 10.1　NELS 的 23 所学校学生数学成绩截距估计

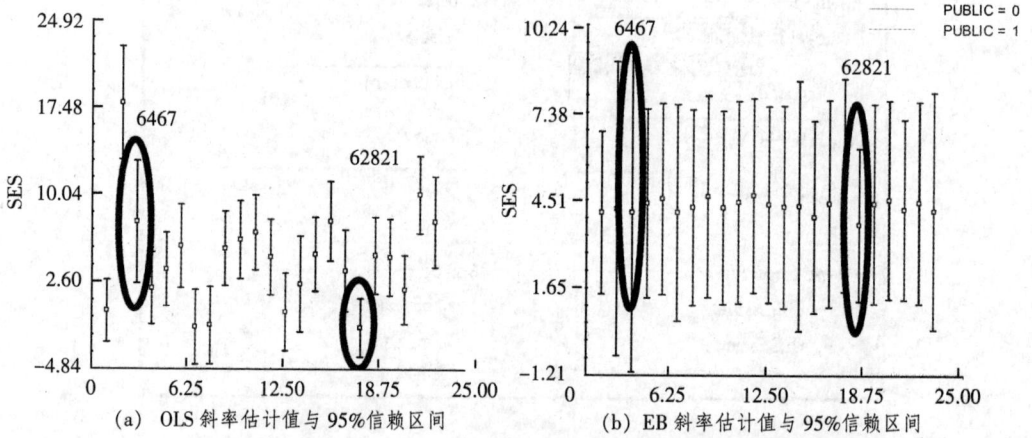

(a) OLS 斜率估计值与 95%信赖区间　　　(b) EB 斜率估计值与 95%信赖区间

图 10.2　NELS88 的 23 所学校学生数学成绩以 SES 估计之斜率

其参数估计 $\hat{\beta}_{0j}^{OLS}$ 信息不可靠，可信度低，因此 $\hat{\beta}_{0j}^{EB}$ 大幅度往 $\hat{\gamma}_{00}$（51.243）移动，大约降至 54。同理，其斜率估计数 $\hat{\beta}_{0j}^{OLS}$ 会大幅度往 $\hat{\gamma}_{10}$ 的 4.326 移动。相比之下，人数多的 62821 往 $\hat{\gamma}_{00}$ 与 $\hat{\gamma}_{10}$ 移动的情形则没有如此明显。

11 多层次中介与调节议题

11.1 概说

中介 (mediation) 与调节 (moderation) 是社会科学研究中重要的方法学概念。Baron 与 Kenny (1986) 曾撰文详述中介效果的概念与检验程序，普遍被视为是单一层次中介变项检验的正式程序。Baron 与 Kenny (1986) 的做法系通过三个线性方程式，利用回归分析来检视中介效果。另外，调节效果同样可以利用回归分析来检视是否存在单一层次两个变项对依变项的交互作用效果，这个调节效果是通过两个变项相乘所形成的交乘积项来达成。换言之，回归分析是处理中介与调节效果的典型技术，但在**结构方程模式** (structural equation modeling，SEM) 兴起之后，SEM 取向则成为最适合用来进行中介效果的技术，通过结构参数的设定与限制，再加上巢套设计来进行卡方差异检定，可以获得较为完整的中介效果检验。

至于多层次的调节与中介效果的研究，概念上和单一层次的中介与调节效果一样，特别是在跨层级的交互作用上，MLM 最能够处理多层次调节效果，除此之外尚可以研究脉络效果，这是 SEM 较难以克服的地方。由于多层次调节效果的研究，主要就是探讨高层解释变项如何对个体层次解释变项对个体层次结果变项的影响进行解释，其实就是检验跨层级交互作用项的回归系数是否显著，此即 HLM 软件的内建功能，因此有关多层次调节效果的部分不在此赘述。在进行多层次中介与调节效果介绍之前，我们先回顾单一层次的中介与调节效果的检验程序[①]。

11.2 中介与调节效果

11.2.1 中介效果的概念

Baron 与 Kenny (1986) 针对中介效果与调节效果提出了一个完整的检验程序，其中中介效果的检验是利用三个回归方程式来检测四个条件是否成立，如图 11.1 所示。

首先，中介效果的第一个条件为 β_c 的估计值必须具有统计显著性。当 β_c 的估计值显著，代表 X 对 Y 有显著影响，亦即依变量 Y 的变异可以被解释变量 X 所解释，如图 11.1(a) 所示。图 11.1(a) 显示了解释变项 X 对依变项 Y 的总效果估计，此时并未对中介变量 M

---

① 关于单层次中介与调节效果的检验方法与实际范例可参考邱皓政 (2010) 第 12 章的介绍。

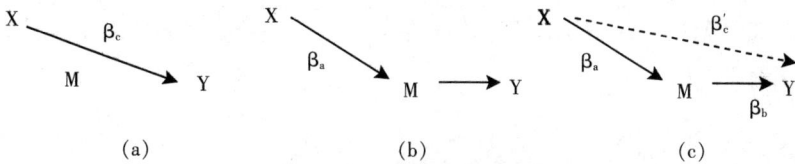

图 11.1 中介效果的检验程序

进行任何的处理，回归方程式如下：

$$Y_i = \alpha_c + \beta_c X_i + \varepsilon_i^c \tag{11-1}$$

中介效果的第二个条件为 β_a 的估计值必须具有统计显著性。当 β_a 的估计值显著，代表解释变项 X 对中介变项 M 有显著影响，亦即中介变项 M 的变异可以被解释变项 X 所解释，如图 11.1(b) 所示。图 11.1(b) 显示了中介变项 M 对解释变项 X 的回归，回归方程式如下：

$$M_i = \alpha_a + \beta_a X_i + \varepsilon_i^a \tag{11-2}$$

第三个条件是在同时考虑解释变项 X 与中介变项 M 对于依变项的影响时，中介变项 M 必须具有统计显著性，亦即在包含 X 与 M 变量的多元回归方程式中，β_b 系数估计值必须具有统计显著性，方可证明中介变项 M 在排除解释变项 X 后仍对依变项 Y 有显著净影响：

$$Y_i = \alpha_a + \beta_c' X_i + \beta_b M_i + \varepsilon_i^b \tag{11-3}$$

上述方程式即为图 11.1(c) 的表述，在同时考虑中介变项 M 与解释变项 X 进入回归方程式后，其中介变项 M 与解释变项 X 对依变项 Y 有其独特的影响。第四个条件为当控制中介变项 M 后，原先的解释变项 X 对依变项的净效果消失，亦即 β_c' 的估计值没有达到统计显著水准。

如果上述四个条件完全符合，亦即 M 完全中介了 X 对 Y 的效果，亦即一种**完全中介效应**（completed mediation effects）；如果 β_c' 的估计值虽有变化，但仍具有统计显著性，若其绝对值小于 β_c 估计值的绝对值，则称为 M 部分中介了 X 对 Y 的效果，亦即**部分中介效应**（partial mediation effects）。

在方程式（11-1）与（11-3）中，X 对 Y 的直接效果 β_c 与 β_c' 的差异，代表 X 经过 M 对 Y 的间接效果，称为中介效果，可以 $\beta_c - \beta_c'$ 来表示。在单一层次的中介效果路径图中，上述三条方程式的回归系数具有下列关系（MacKinnon、Warsi & Dwyer，1995）：

$$\beta_c - \beta_c' = \beta_a \beta_b \tag{11-4}$$

$\beta_a \beta_b$ 即为中介效果或间接效果，除了利用 Baron 与 Kenny（1986）的方式来检视中介效果的存在外，亦可以进行 $\hat{\beta}_a \times \hat{\beta}_b$ 的显著考验，将 $\hat{\beta}_a \times \hat{\beta}_b$ 除以其标准误，计算 t 或 Z 统计量的尾概率（pvalue）。Sobel（1982）利用 multivariate delta method 推导出样本估计量

$\hat{\beta}_a \times \hat{\beta}_b$ 变异误的一阶与二阶泰勒展开式估计值：

$$S_{\hat{\beta}_a\hat{\beta}_b}^2 = S_{\hat{\beta}_b}^2 \beta_a^2 + S_{\hat{\beta}_a}^2 \beta_b^2 \tag{11-5}$$

$$S_{\hat{\beta}_a\hat{\beta}_b}^2 = S_{\hat{\beta}_b}^2 \beta_a^2 + S_{\hat{\beta}_a}^2 \beta_b^2 + S_{\hat{\beta}_a}^2 S_{\hat{\beta}_b}^2 \tag{11-6}$$

因此，除了考虑 Baron 与 Kenny（1986）提出的四个条件外，亦可以利用检定 $\hat{\beta}_a \times \hat{\beta}_b$ 是否显著来判断中介效果的存在。近代的研究是利用**拔靴法**（bootstrapping）来模拟中介效果的抽样分配进行检定，主要原因是 Sobel 方法必须在大样本下其检定量才服从常态分配，当在样本不大且 $\hat{\beta}_a$ 与 $\hat{\beta}_b$ 都为正时，其相乘的抽样分配为正偏态分配，并不服从常态的对称分配。有关中介效果的检验讨论，有兴趣的读者可参考温福星与邱皓政（2008）文章中的结论与讨论一节。Baron 与 Kenny（1986）的四个条件是利用统计技术来检测统计的中介效果，然而从方法学的观点来看，中介效果隐含着因果关系的推论，必须在 X 对 M 有因果关系、M 对 Y 有因果关系，以及 X 对 Y 有因果关系的条件下，方能得出存在中介效果的结论。

11.2.2 调节效果的概念

调节效果系解释变项 X 对依变项 Y 的影响（或之间的关系），受到第三个变项 Z 的影响（Baron & Kenny，1986），其示意图如下所示：

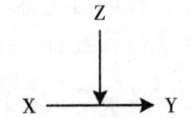

图 11.2 调节效果

图 11.2 所呈现的是 X 对 Y 的影响（以箭头符号表示）另受 Z 变项的影响（由另一个箭头符号所示），我们称 Z 变项为**调节变项**（moderator），以统计方程式的表述如下：

$$Y_i = \alpha + \beta_a X_i + \beta_b Z_i + \beta_c X_i Z_i + \varepsilon_i \tag{11-7}$$

在方程式（11-7）中，调节效果的影响即由交乘项（$X_i Z_i$）表示，也就是变异数分析中的**交互作用项**（interaction）（在这里的方程式，解释变项与调节变项皆可以为连续变量）。当 β_c 的估计值达显著水准时，即代表 X 对 Y 的影响会受到 Z 的强度而改变大小或方向。若将式（11-7）稍做整理，可以表示成下列方程式：

$$Y_i = (\alpha + \beta_b Z_i) + (\beta_a + \beta_c Z_i) X_i + \varepsilon_i \tag{11-8}$$

当考虑了 Z 的作用后，X 对 Y 的影响，亦即 X 的回归系数，不再只有 β_a，而是 β_a 与 $\beta_c Z_i$ 的加总。当 β_c 显著不为 0 时，X 对 Y 的影响或其回归系数会随 Z_i 而改变。换言之，我们可以将调节效果解释为"视状况而定的效果"。

11.2.3　调节性中介效果

Baron 与 Kenny（1986）和 James 与 Brett（1984）除了讨论中介效果与调节效果的检测原理与程序外，亦提及中介变项与调节变项的组合效果，亦即**调节性中介效果**（moderated mediation）与**中介性调节效果**（mediated moderation）。由于本章所探讨的是多层次模式下的中介效果，因此结合多层次模式的特色跨层级交互作用（跨层级调节效果）形成调节性中介效果，故不在此对中介性调节效果进一步说明。

所谓的调节性中介效果是指在图 11.1(c) 中的任何箭头都有一个调节变项指向线段上（如图 11.2 的呈现），说明在中介过程中存在调节变项对中介效果产生影响。在方程式上的呈现，是在方程式（11-1）、（11-2）与（11-3）上多增加了调节变项（Mo）和调节变项与解释变项（或中介变项）的乘积项（Mo × X 或 Mo × M）。Muller、Judd 与 Yzerbyt（2005）进一步将所有解释变项、中介变项与调节变项，以及交乘积项放到依变项的方程式中，建构调节性中介效果与中介性调节效果的分析模式，并指出调节性中介效果与中介性调节效果之间的关系。此外，Edward 与 Lambert（2007）则结合了 Muller、Judd 与 Yzerbyt（2005）的研究，建构了单一层次调节与中介效果整合分析方法，并将这整合分析模式区分为七大类型，将过去文献探讨有关中介效果与调节效果的内容做了完整的论述。不过，在这些学者的研究中，主要都是只探讨在一个解释变项、一个中介变项与一个结果变项的架构下，一个或多个调节变项对解释变项、中介变项与结果变项的影响。

11.3　多层次中介与调节效果

至于多层次中介效果，由于 HLM 是属于广义的回归分析，和一般回归分析一样，一次只能处理一个结果变项，除非使用**阶层多变项线性模式**（hierarchical multivariate linear model）或**多变项多层次模式**（multivariate multilevel model），因此，也是需通过和 Baron 与 Kenny（1986）一样的逻辑程序来检视三个多层次回归，从而建立起多层次中介效果的检验程序。Krull 与 MacKinnon（1999，2001）针对多层次资料结构下的中介效果，以单层次中介效果的检测程序为基础，整理出对应的多层次模式中介效果的检验程序。

11.3.1　多层次中介效果的概念

Krull 与 MacKinnon（2001）整理出两层资料结构 MLM 的四种形式多层次中介效果：1-1-1、2-1-1、2-2-1 与 2-2-2，这四种形式的表达是以 3 个数字来描述多层次间的中介关系，这 3 个数字顺序依序代表解释变项、中介变项与结果变项所归属的层次，数字 1 代表个体层次变项，数字 2 代表总体层次或是组织层次变项。由于多层次分析主要是探讨对个体层次结果变项的影响，因此前面三种形式的多层次中介效果的最后一个数字都为 1。

同样地，Mathiue 与 Taylor（2007）将**综观中介研究**（meso-mediation）区分为五种模型，分别为：①**低层级中介模型**（lower-level mediation）、②**高层级中介模型**（upper-level mediation）、③**跨层级中介效果高层中介变项模型**（cross-level mediation-upper mediator model）、④**跨层级中介效果低层中介变项模型**（cross-level mediation-lower mediator model）、⑤**跨层级中介效果复杂模型**（cross-level mediation-complex model）。而 Mathiue 与 Taylor 的①lower-level mediation 即为 Krull 与 MacKinnon 的 1-1-1、②upper-level mediation 即为 Krull 与 MacKinnon 的 2-2-2、③cross-level mediation-upper mediator model 即为 Krull 与 MacKinnon 的 2-2-1、④cross-level mediation-lower mediator model 即为 Krull 与 MacKinnon 的 2-1-1；至于 Mathiue 与 Taylor 的⑤cross-level mediation-complex model 可以视为③与④的组合。由于 Krull 与 MacKinnon 的 2-2-2 模式没有任何的个体层次受试者内属于组织层次的关系，因此以一般的 OLS 分析估计即可，至于其他各种模式则必须以 MLM 方式来进行。

11.3.2 多层次中介效果图示

以模式 2-1-1 为例作为多层次中介效果的解说，图 11.3 为模式 2-1-1 的多层次中介效果拆解示意图，如同单一层次的中介效果解释，在图形中带有箭头的直线，代表回归方程式中的斜率回归系数。

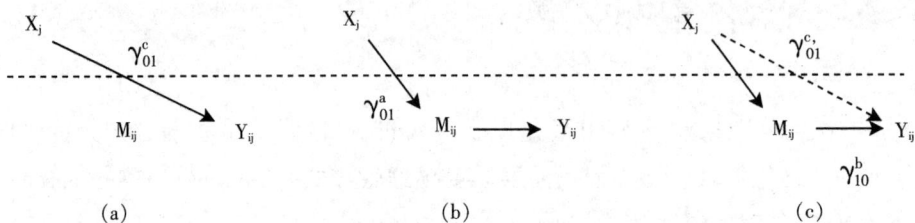

图 11.3　多层次中介 2-1-1 模型的拆解

在模型 2-1-1 中或是 Mathiue 与 Taylor（2007）的跨层级中介效果低层中介变项模型，可利用类似单层次中介效果的检测方法来进行分析（如图 11.3）。首先进行总体层次解释变项 X_j 对结果变项 Y_{ij} 总效果的检定（图 11.3(a)），亦即执行下列方程式：

$$Y_{ij} = \beta_{0j}^c + \varepsilon_{ij}^c \tag{11-9}$$

$$\beta_{0j}^c = \gamma_{00}^c + \gamma_{01}^c X_j + u_{0j}^c \tag{11-10}$$

由于 X_j 与 Y_{ij} 分属于不同层级，观察值数目（资料笔数）不同，因此方程式（11-9）

为个体层次的回归方程式，其中没有任何解释变项。而方程式（11–10）中，第二层方程式为第一层随机截距项 β_{0j}^c 的回归方程式，并将总体层次解释变项 X_j 的效果加以纳入，其回归系数 γ_{01}^c 为 X_j 对 Y_{ij} 的直接效果，此一系数在多层次分析里亦可称为广义的脉络效果。u_{0j}^c 为第二层的误差项，服从平均数为 0、变异数为 τ_{00} 的常态分配，用来估计多层次资料结构的相关性。方程式（11–9）与（11–10）在多层次模型中称为以截距为结果的模型。在此一模型中，重要的是 γ_{01}^c 的估计值是否达到统计显著水准，如果 γ_{01}^c 的估计值不显著，则 X_j 对 Y_{ij} 的中介效果即可能不存在。

图 11.3(b) 为总体层次解释变项 X_j 对个体层次中介变项 M_{ij} 的影响，以 HLM 多层次模型的分解方程式如下：

$$M_{ij} = \beta_{0j}^a + \varepsilon_{ij}^a \tag{11–11}$$

$$\beta_{0j}^a = \gamma_{00}^a + \gamma_{01}^a X_j + u_{0j}^a \tag{11–12}$$

如同图 11.3（a），X_j 与 M_{ij} 分属于不同层次，必须用以截距为结果的模型进行 γ_{01}^a 的检定，只有 γ_{01}^a 的估计值达到显著，我们才会有下面第三个条件与第四个条件的检测。

图 11.3（c）为同时考虑总体层次解释变项 X_j 与个体层次中介变项 M_{ij}，来检视总体层次解释变项 X_j 对结果变项 Y_{ij} 的直接效果是否因中介变项 M_{ij} 的存在而消失，进而导致完全中介效果的产生。其多层次回归方程式表示如下：

$$Y_{ij} = \beta_{0j}^b + \beta_{1j}^b M_{ij} + \varepsilon_{ij}^b \tag{11–13}$$

$$\beta_{0j}^b = \gamma_{00}^b + \gamma_{01}^{c'} X_j + u_{0j}^b \tag{11–14}$$

$$\beta_{1j}^b = \gamma_{10}^b \tag{11–15}$$

方程式（11–13）为个体层次回归方程式，由于 M_{ij} 与 Y_{ij} 属于同一层次，因此存在斜率回归系数 β_{1j}^b，以及捕捉多层次属性的截距回归系数 β_{0j}^b。而方程式（11–14）与（11–15）为总体层次回归方程式，因解释变项 X_j 属于总体层次，则方程式（11–14）为以截距为结果的模型，而方程式（11–15）将个体层次中介变项对结果变项的影响设为固定效果，不随组别而异。

上述模型中，研究者关心的是 $\gamma_{01}^{c'}$ 的估计值须为不显著而 γ_{10}^b 的估计值必须达统计显著水准，才符合第三与第四个条件获得完全的跨层级中介效果。其中，如果 $\gamma_{01}^{c'}$ 的估计值显著但其绝对值小于 γ_{01}^c 估计值的绝对值，则称为获致部分的跨层级中介效果。

在单一层次的中介效果研究中，MacKinnon、Warsi 与 Dwyer（1995）证明了解释变项对依变项的总效果可以拆解为直接效果与通过中介变项的间接效果和，而温福星与丘皓政（2009）在一个**多层次调节性中介效果**的实证研究中，亦发现了多重中介变项的 2–1–1 模式，这种总体层次解释变项对个体层次结果变项的总效果，亦可以约略拆解为总体层次解释变项对个体层次结果变项的直接效果与通过多重个体层次中介变项的间接效果和。但事实上，由于估计变项所属的层次不同与估计方法的差异，以及增加了第二层截距项随机效果的关系，MacKinnon、Warsi 与 Dwyer（1995）的公式（11-4）间的关系并不会在多层次结构中成立。

11.3.3 多层次调节中介效果的概念与图示

前面所介绍的是多层次中介效果，并未涉及调节效果的分析。如果在多层次中介模型中带有调节效果，则必须进一步检测**跨层级调节式中介效果**（multilevel moderated mediation），简称为 3M 检测。

在图 11.3（c）下检测跨层级的调节效果，是要看个体层次中介变项 M_{ij} 对结果变项 Y_{ij} 的影响，是否 β_{1j}^{b} 会随 j 变动，亦即是否存在斜率回归系数的变异数。因此，方程式（11-13）与（11-14）不变，改为方程式（11-16）与（11-17），而将原先为固定效果的斜率回归系数更改为随机效果，如方程式（11-18）所示：

$$Y_{ij} = \beta_{0j}^{b} + \beta_{1j}^{b} M_{ij} + \varepsilon_{ij}^{b} \tag{11-16}$$

$$\beta_{0j}^{b} = \gamma_{00}^{b} + \gamma_{01}^{c'} X_{j} + u_{0j}^{b} \tag{11-17}$$

$$\beta_{1j}^{b} = \gamma_{10}^{b} + u_{1j}^{b} \tag{11-18}$$

上式中，u_{0j}^{b} 与 u_{1j}^{b} 分别为个体层次截距项与斜率项方程式的误差项，其分配均以 0 为平均数、以 τ_{00} 与 τ_{11} 为变异数、以 τ_{01} 为共变量的二元常态分配。如果 γ_{10}^{b} 的估计值达到统计显著水准，γ_{01}^{c} 的估计值不显著（或显著，但其绝对值小于 γ_{10}^{c} 估计值的绝对值），且随机效果的 τ_{11} 的估计值显著，则存在 β_{1j}^{b} 的异质性，我们可引进总体层次的解释变项到方程式（11-18）中，考虑多层次或跨层级调节式中介效果，其观念示意图如图 11.4 所示：

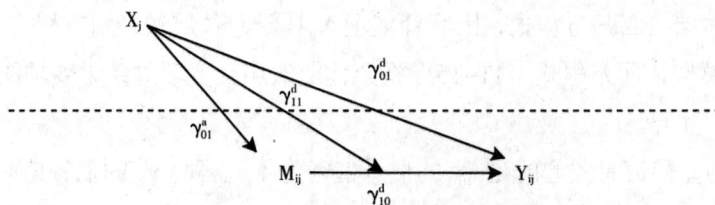

图 11.4 多层次调节中介模型

对于方程式（11-18）的变异数成分 τ_{11} 的估计值若显著，我们即可检验跨层级的交互作用 γ_{11}^{d} 是否显著，以获得调节式中介效果。检验此 3M 新的方程式如下所示：

$$Y_{ij} = \beta_{0j}^{d} + \beta_{1j}^{d} M_{ij} + \varepsilon_{ij}^{d} \tag{11-19}$$

$$\beta_{0j}^{d} = \gamma_{00}^{d} + \gamma_{01}^{d} X_{j} + u_{0j}^{d} \tag{11-20}$$

$$\beta_{1j}^d = \gamma_{10}^d + \gamma_{11}^d X_j + u_{1j}^d \tag{11-21}$$

因此，要进行多层次调节式中介效果则必须进行方程式（11-9）至（11-21）的一系列估计与检测，方能获得 3M 的效果。

除了将 Baron 与 Kenny（1986）的单一层次中介效果检测的四个条件应用到多层次中介效果外，亦可以利用 Sobel（1982）的中介效果统计检定应用到上述的（1）到（13）各个对应回归系数的间接效果检定。值得一提的是，在之前跨层级或多层次中介效果的研究里，都假设在斜率为固定效果的情况下进行，然后利用 Sobel（1982）所提的检定方法，检测间接效果是否达到显著，来判断中介效果是否存在。而 Kenny、Bolger 与 Korchmaros（2003）更进一步假设这些斜率参数可以变动（只有在模型 1-1-1 下），亦即在第二层的斜率方程式具有随机效果时，在这样的条件下，Sobel（1982）所提的检定方法，其间接效果的标准误必须要调整成下式：

$$\sigma_{(ab)}^2 = b^2\sigma_a^2 + a^2\sigma_b^2 + \sigma_a^2\sigma_b^2 + 2ab\sigma_{ab} + \sigma_{ab}^2 \tag{11-22}$$

上式中的符号 a 为解释变项对中介变项的影响 γ_{10}^a、符号 b 为中介变项对结果变项的影响 γ_{10}^b，而 $\sigma_{(ab)}^2$ 为上述两个回归系数相乘的变异数。等号右边前两项为泰勒展开到第一式的渐近式，而第三项为展开到第二式的渐近式，最后两项是考虑 β_{1j}^a 与 β_{1j}^b 会随机变动时的共变部分 σ_{ab} 的修正。由于现有的 HLM 软件，主要的单变量模块一次只能处理一个结果变项，因此在这里的多层次中介效果必须处理三次的 HLM 操作，但这样并无法估计共变部分 σ_{ab}，所以 Kenny、Bolger 与 Korchmaros（2003）采取分段方式去估计 σ_{ab}。而 Bauer、Preacher 与 Gil（2006）则利用堆栈方式（stacking）配合选择变项（selection variables）设计，将 Kenny、Bolger 与 Korchmaros（2003）要三次估计的 HLM 以多变量形式来完成，一次同时估完三组 HLM 回归系数的变异数共变量矩阵，直接获得 σ_{ab} 估计值来进行 Sobel 检定。除此之外，Bauer、Preacher 与 Gil（2006）更将 Muller、Judd 与 Yzerbyt（2005）所提的调节式中介效果考虑进来，建构一个调节式多层次中介效果模式。

由于本章在这里的介绍与文献上其他作者不尽相同，所进行的是多层次多中介变项的调节式中介效果研究，兹将本书的统计模式呈现如方程式（11-23）、（11-24）、（11-25）与（11-26）所示：

$$Y_{ij} = \beta_{0j}^d + \beta_{1j}^d M_{1ij} + \beta_{2j}^d M_{2ij} + \varepsilon_{ij}^d \tag{11-23}$$

$$\beta_{0j}^d = \gamma_{00}^d + \gamma_{01}^d X_j + u_{0j}^d \tag{11-24}$$

$$\beta_{1j}^d = \gamma_{10}^d + \gamma_{11}^d X_j + u_{1j}^d \tag{11-25}$$

$$\beta_{2j}^d = \gamma_{20}^d + \gamma_{21}^d X_j + u_{2j}^d \tag{11-26}$$

11.4 范例说明

11.4.1 范例的研究架构与样本

本范例以员工的组织承诺与工作满意关系的研究为例，说明多层次中介与调节式中介效果的检验。研究架构如图 11.5 所示：

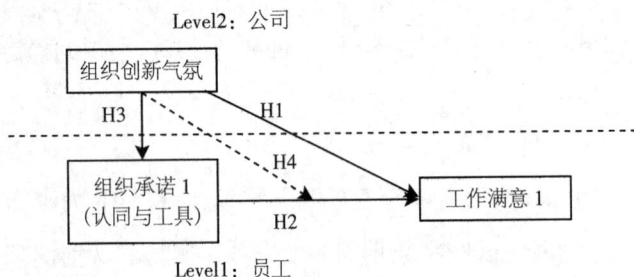

图 11.5 两阶层 2-1-1 HLM 模型的阶层结构与假设关系

H1：组织创新气氛越佳的组织部门，员工工作满意度越高。

H2：组织承诺越强的成员，其工作满意度越高。

H2a：认同承诺越强的成员，其工作满意度越高。

H2b：工具承诺越强的成员，其工作满意度越高。

H3：组织创新气氛对于员工组织承诺具有正向影响。

H4：组织创新气氛的高低，影响员工组织承诺对工作满意的解释力。

本范例资料来源为《华人组织文化及其效能之研究》（Chiou、Kao & Liou，2001）中的部分资料。该研究的目的在探讨组织文化对员工工作效能的影响，尤其着重于具有华人特色的主位组织文化的理论与测量工具的发展。样本来自四种产业（保险业、高科技、汽车制造业、一般制造业）的 24 个公司的 664 位员工，其中包括 350 位男性（52.7%），314 位女性（47.3%）。年龄分布以 30~40 岁为主，占 37.8%。21%具有高中职学历、41%专科、33%大学，6%研究所，每一公司至少有 10 位受试者，最多为 91 位，公司平均人数为 27.67 人。

11.4.2 研究变量资料

本范例的组织层次变量为各公司的组织创新气氛，系以各公司员工填写组织创新气氛

表 11.1　数据库组成与样本特性

变项		描述统计					组间差异			变项相关	
		N	Mean	s	min	max	F	ICC^a	x^2	x^b	M1
总体层次											
组织创新气氛	X	24	3.85	0.45	3.05	4.65	11.77**	—	—	—	
个体层次											
认同承诺	M1	664	4.01	0.80	1	6	10.29**	0.28	239.8**	−0.21**	
工具承诺	M2	664	3.45	0.86	1	6	5.24**	0.15	123.3**	0.30**	−0.42**
工作满意	Y	664	7.08	1.43	0	10	4.66**	0.14	107.6**	0.46**	0.55**

注：** $p < 0.001$。a 系以 HLM6 分别对各变项进行零模型的估计结果计算得出。b 系总体层次变项与个体层次的相关，是将 X 变项进行解构（disaggregate）处理后，与个体层次变项以 N = 664 求得之积差相关。

知觉量表并根据本书第 4 章的原则聚合而成，24 家公司之间的组织创新气氛平均数在单因子变异数分析固定效果具有显著差异（$F_{(23,640)} = 11.77$，$p < 0.001$，$eta^2 = 0.297$），共识程度指标 r_{wg} 最小为 0.90、最大为 0.99，中位数与平均数分别为 0.97 与 0.96，显示员工所填答的组织创新气氛可以聚合成组织层次的构念。解释变项在对工作满意解释时，系以总平减分数进入模型，以提高截距的解释性。各研究变量描述统计如表 11.1 所示。

11.4.3　HLM 分析与结果说明

利用 data11_11.sav 与 data11_12.sav 进行 HLM 多层次分析的输入结果如下，结果与表 11.1 一致。

LEVEL–1　DESCRIPTIVE STATISTICS

VARIABLE NAME	N	MEAN	SD	MINIMUM	MAXIMUM
M1	664	4.01	0.80	1.00	6.00
M2	664	3.45	0.86	1.00	6.00
Y	664	7.08	1.43	0.50	10.00

LEVEL–2　DESCRIPTIVE STATISTICS

VARIABLE NAME	N	MEAN	SD	MINIMUM	MAXIMUM
X	24	3.85	0.45	3.05	4.65

11.4.3.1　零模型

以工作满意为结果变量的零模型分析结果，所计算工作满意的组内相关系数 ICC = $0.294/(0.294 + 1.824) = 0.1388$。其余两个个体层次解释变量的 ICC 亦采用同样的步骤可以获得，结果亦整理于表 11.1。

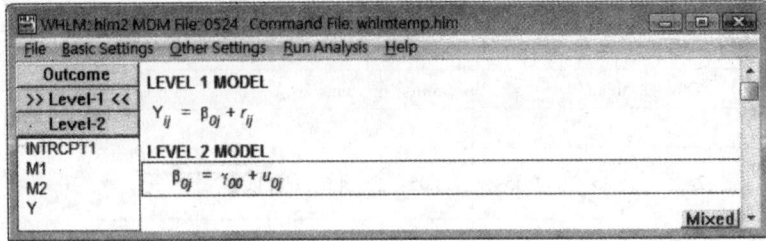

Final estimation of variance components:

Random Effect		Standard Deviation	Variance Component	df	Chi-square	P-value
INTRCPT1,	U0	0.54235	0.289415	23	107.63698	0.000
level-1,	R	1.35071	1.82443			

11.4.3.2 3M1：截距结果模型检验

多层次中介效果检验的第一个程序，是检验 Y、M1、M2 三个模型中的结果变项各自是否可以被总体层次解释变项（X）有效解释，因为没有任何个体层次解释变项，为**以截距为结果变项模型**（intercept-as-outcome model）。

■**3M1a**（以 Y 为结果变量）

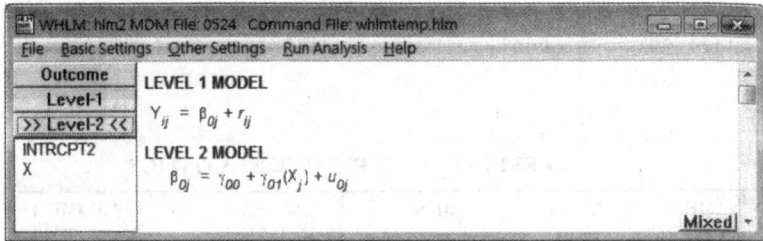

Final estimation of fixed effects:
(with robust standard errors)

Fixed Effect		Coefficient	Standard Error	T-ratio	Approx. d. f.	P-value
For INTRCPT1,	B0					
INTRCPT2, G00		2.823242	0.586748	4.812	22	0.000
X, G01		1.096746	0.144158	7.608	22	0.000

Final estimation of variance components:

Random Effect		Standard Deviation	Variance Component	df	Chi-square	P-value
INTRCPT1,	U0	0.25036	0.06268	22	41.48567	0.007
level-1,	R	1.35139	1.82626			

■3M1b（以 M1 为结果变量）

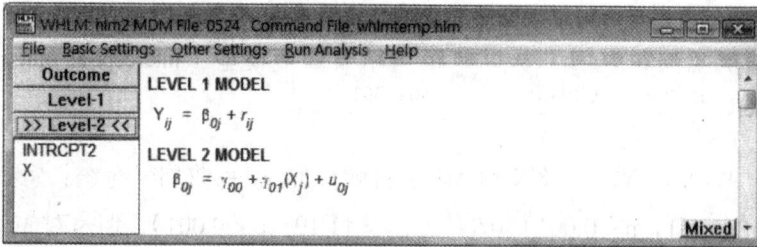

WHLM: hlm2 MDM File: 0524 Command File: whlmtemp.hlm

File Basic Settings Other Settings Run Analysis Help

| Outcome |
| Level-1 |
| >> Level-2 << |
| INTRCPT2 |
| X |

LEVEL 1 MODEL

$Y_{ij} = \beta_{0j} + r_{ij}$

LEVEL 2 MODEL

$\beta_{0j} = \gamma_{00} + \gamma_{01}(X_j) + u_{0j}$

Mixed

Final estimation of fixed effects

（with robust standard errors）

Fixed Effect		Coefficient	Standard Error	T-ratio	Approx. d. f.	P-value
For INTRCPT1,	B0					
INTRCPT2,	G00	0.333636	0.342639	0.974	22	0.000
X,	G01	0.941783	0.084154	11.191	22	0.000

Final estimation of variance components：

Random Effect		Standard Deviation	Variance Component	df	Chi-square	P-value
INTRCPT1,	U0	0.15025	0.02258	22	48.50903	0.001
level-1,	R	0.69678	0.48550			

■3M1c（以 M2 为结果变量）

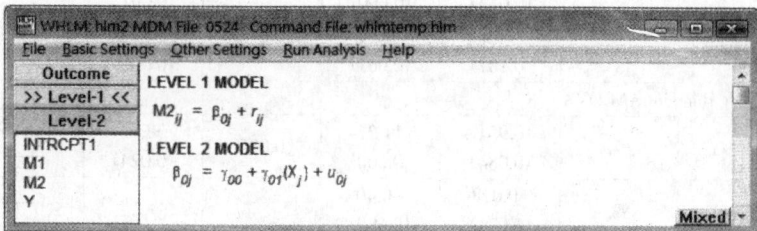

WHLM: hlm2 MDM File: 0524 Command File: whlmtemp.hlm

File Basic Settings Other Settings Run Analysis Help

| Outcome |
| >> Level-1 << |
| Level-2 |
| INTRCPT1 |
| M1 |
| M2 |
| Y |

LEVEL 1 MODEL

$M2_{ij} = \beta_{0j} + r_{ij}$

LEVEL 2 MODEL

$\beta_{0j} = \gamma_{00} + \gamma_{01}(X_j) + u_{0j}$

Mixed

Final estimation of fixed effects

（with robust standard errors）

Fixed Effect		Coefficient	Standard Error	T-ratio	Approx. d. f.	P-value
For INTRCPT1,	B0					
INTRCPT2,	G00	4.919295	0.695613	7.072	22	0.000
X,	G01	−0.368278	0.186703	−1.973	22	0.061

Final estimation of variance components:

Random Effect		Standard Deviation	Variance Component	df	Chi-square	P-value
INTRCPT1,	U0	0.29910	0.08946	22	90.94444	0.0000
level-1,	R	0.80810	0.65302			

三个模型中，X 对 Y，以及 X 对 M1 进行解释的 γ_{01} 系数均具有统计意义，系数值分别是 1.097（$t_{(23)}$ = 7.61，p < 0.001）、0.942（$t_{(23)}$ = 11.19，p < 0.001），但是对 M2（工具承诺）进行解释的 γ_{01} 系数 （−0.368）虽然临界显著水准，但仍无法视为显著 （$t_{(23)}$ = −1.97，p = 0.061）。从系数数值可知，每增加一个单位的组织创新气氛，对于员工的工作满意会增加 1.097 分，对于认同承诺会增加 0.942 分，但是对于工具承诺所减少的 0.368 分没有统计上的意义。

这三个以截距为结果变项模型的截距变异数 （HLM 中的 u0 或 τ_{00}）仍然显著，表示当组织创新气氛（X）对于各公司的 Y、M1、M2 三个平均数分别进行解释后，各自仍存在显著公司间差异，公司间的平均值差异有待进一步由公司层级解释变项来加以解释。这几个模型的估计结果整理于表 11.2。

表 11.2　截距结果模型与随机系数模型的 HLM 估计结果

Models			固定效果		随机效果			
			$Y^{(se)}$	t(p)	截距变异数	x^2(p)	斜率变异数	x^2(p)
截距结果模型 Intercept-as-outcome models								
3M1a	$X_j \rightarrow Y_{ij}$	γ_{01}^c	1.097 (0.144)	7.61 (0.000)	0.063	41.49 (0.007)	—	—
3M1b	$X_j \rightarrow M1_{ij}$	γ_{01}^a	0.942 (0.084)	11.19 (0.000)	0.023	48.51 (0.001)	—	—
3M1c	$X_j \rightarrow M2_{ij}$	γ_{02}^a	−0.368 (0.187)	−1.97 (0.061)	0.089	90.94 (0.000)	—	—
随机效果共变量分析 Random ANCOVA								
3M2a	$M1_j \rightarrow Y_{ij}$	γ_{10}^b	0.951 (0.084)	11.27 (0.000)	0.035	38.13 (0.024)	—	—
	$M2_{ij} \rightarrow Y_{ij}$	γ_{20}^b	−0.028 (0.071)	−0.40 (0.690)				
随机系数模型 Random coefficient models								
3M2b	$M1_{ij} \rightarrow Y_{ij}$	γ_{10}^b	0.930 (0.082)	11.41 (0.000)	0.036	35.97 (0.041)	0.053	32.82 (0.084)
	$M2_{ij} \rightarrow Y_{ij}$	γ_{20}^b	−0.036 (0.069)	−0.53 (0.602)			0.027	29.65 (0.160)

11.4.3.3　3M2：随机效果共变量分析与随机系数模型检验

多层次中介效果检验的第二个程序，是检验作为中介变项的个体层次解释变项（M）对结果变项（Y）的解释是否具有统计意义。此时并不纳入总体层次解释变项，仅有个体层次解释变项，当斜率系数设定为固定效果时为随机效果共变量分析模型，当斜率系数设定为随机效果时则为随机系数模型检验。

■3M2a（random ANCOVA 模型）

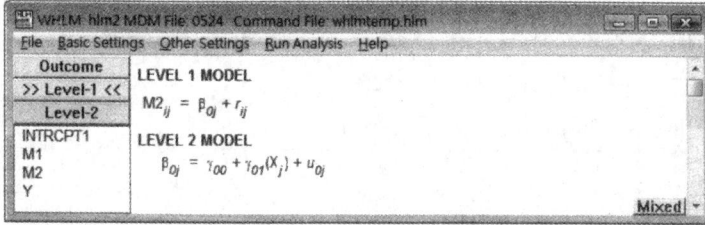

Final estimation of fixed effects
（with robust standard errors）

Fixed Effect		Coefficient	Standard Error	T-ratio	Approx. d. f.	P-value
For　INTRCPT1,	B0					
INTRCPT2, G00		7.096787	0.060831	116.664	23	0.000
For　M1 slope,	B1					
INTRCPT2, G10		0.951493	0.084463	11.265	661	0.000
For　M2 slope,	B2					
INTRCPT2, G20		−0.028101	0.070553	−0.398	661	0.690

■3M2b（随机系数模型）

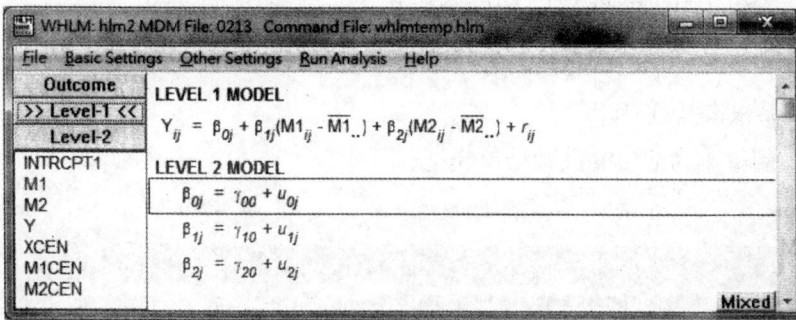

Final estimation of fixed effects
（with robust standard errors）

Fixed Effect		Coefficient	Standard Error	T-ratio	Approx. d. f.	P-value
For　INTRCPT1,	B0					
INTRCPT2, G00		7.078828	0.062503	113.255	23	0.000
For　M1 slope,	B1					
INTRCPT2, G10		0.930226	0.081560	11.405	23	0.000
For　M2 slope,	B2					
INTRCPT2, G20		−0.036381	0.068814	−0.529	23	0.602

Final estimation of variance components:

Random Effect		Standard Deviation	Variance Component	df	Chi-square	P-value
INTRCPT1,	U0	0.18971	0.03599	23	35.96785	0.041
M1 slope,	U1	0.22984	0.05283	23	32.81626	0.084
M1 slope,	U2	0.16526	0.02731	23	29.65222	0.160
level-1,	R	1.17416	1.37864			

前述结果发现，随机共变量模型中，同时以 M1 与 M2 来解释 Y 时，认同承诺的系数达显著水准，系数为 0.951（$t_{(661)}$ = 11.27，p < 0.001），工具承诺的系数为 –0.028（$t_{(661)}$ = –0.398，p = 0.69），R^2_{20} 为 0.89。若为随机系数模型，认同承诺系数为 0.930（$t_{(23)}$ = 11.41，p < 0.001），工具承诺系数为 –0.036（$t_{(23)}$ = –0.529，p = 0.62），显示估计 U1 与 U2 对固定效果的影响并不大。认同承诺的斜率变异数（0.053）与工具承诺的斜率变异数（0.027）均未显著，表示各公司的斜率差异不明显。相对之下，截距的变异数（τ_{00} = 0.036，χ^2 = 35.968，p < 0.05）显著，表示各公司员工工作满意的调整平均值在控制组织承诺后，还存在差异。

11.4.3.4　3M3：多层次中介效果模型检验

经由前述的两组模型，可确知构成多层次中介效果模型的三个个别回归系数 γ^a_{01}（X→M）、γ^b_{10}（M→Y）、γ^c_{01}（X→Y）的显著性。第三个程序，则是进一步将高层解释变项与中介变项一起放入方程式中，检验 X 与 M 两个变项对 Y 的解释力，尤其着重于 γ^c_{01}（X→Y）的显著性检验。若不对斜率进行解释，为截距结果模型（3M3a），若将斜率设定为随机，则为斜率与截距结果模型（3M3b）。

■3M3a（斜率不为随机的截距结果模型）

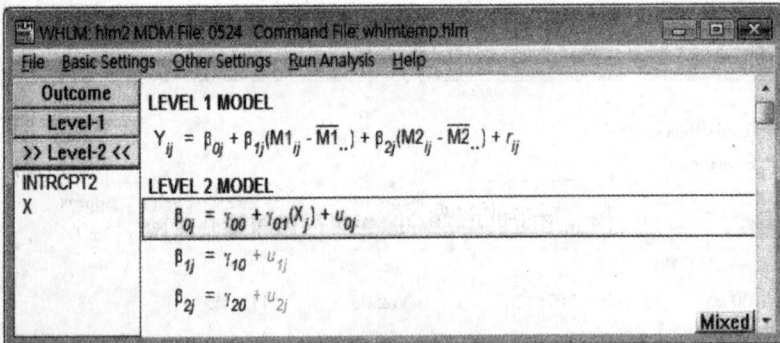

Final estimation of fixed effects:
(with robust standard errors)

Fixed Effect		Coefficient	Standard Error	T-ratio	Approx. d. f.	P-value
For INTRCPT1,	B0					
INTRCPT2,	G00	6.247259	0.493132	12.669	22	0.000
X,	G01	0.219222	0.125024	1.753	22	0.093
For M1 slope,	B1					
INTRCPT2,	G10	0.917530	0.086203	10.644	660	0.000
For M2 slope,	B2					
INTRCPT2,	G20	-0.027954	0.071967	-0.388	660	0.697

Final estimation of variance components:

Random Effect		Standard Deviation	Variance Component	df	Chi-square	P-value
INTRCPT1,	U0	0.18359	0.03371	22	36.25420	0.028
level-1,	R	1.18959	1.41513			

■3M3b（斜率为随机的斜率/截距结果模型）

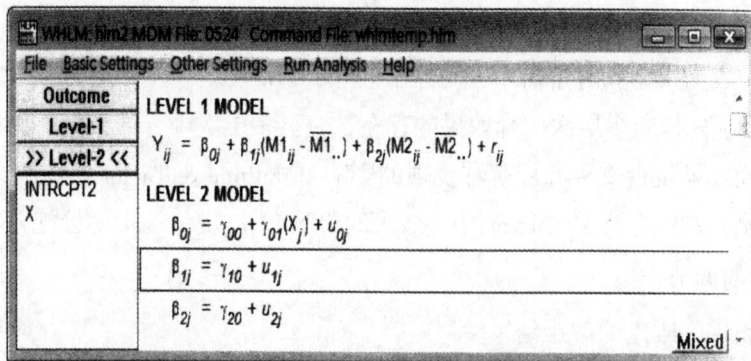

Final estimation of fixed effects:
(with robust standard errors)

Fixed Effect		Coefficient	Standard Error	T-ratio	Approx. d. f.	P-value
For INTRCPT1,	B0					
INTRCPT2,	G00	6.175965	0.488798	12.635	22	0.000
X,	G01	0.233710	0.124165	1.882	22	0.073
For M1 slope,	B1					
INTRCPT2,	G10	0.897492	0.085776	10.463	23	0.000
For M2 slope,	B2					
INTRCPT2,	G20	-0.036274	0.067738	-0.536	23	0.597

Final estimation of variance components:

Random Effect		Standard Deviation	Variance Component	df	Chi-square	P-value
INTRCPT1,	U0	0.18057	0.03261	22	34.27472	0.046
M1 slope,	U1	0.23657	0.05596	23	32.38479	0.092
M2 slope,	U2	0.15407	0.02374	23	29.66276	0.159
level-1,	R	1.17395	1.37816			

3M3a 中同时考量两个中介变项与总体解释变项后，$\gamma_{01}^{c'}$ 下降到 0.219（$t_{(22)} = 1.75$，p = 0.093）。两个中介变项只有认同承诺可以显著解释结果变项（$\gamma_{10}^{b} = 0.918$，$t_{(660)} = 10.64$，p < 0.001），工具承诺的解释力 $\gamma_{20}^{b} = -0.028$ 则无统计意义（$t_{(660)} = -0.39$，p = 0.697），X→M1→Y 的间接效果成立，但 X→M2→Y 的间接效果不成立。

3M3b 把两个中介变项对结果变项的斜率设定为随机效果时，也得到类似的结果，而斜率变异（$\tau_{11} = 0.056$，$\tau_{22} = 0.024$）均未达显著水准，表示中介变项对结果变项的影响不再存有公司间的差异，两个模式的 R_{20}^2 皆为 0.89。

11.4.3.5　3M4：多层次调节式中介效果模型检验

多层次调节中介模型的最后一个步骤，是探讨跨层级交互作用是否存在，亦即纳入调节效果的检测，成为一个同时带有中介与调节效果的 3M 模型。在多层次调节中介效果的模型检验中，必须先检验多层次中介效果的存在，一旦多层次中介效果存在之后，再进一步检测这个中介效果是否受到高层解释变项的影响（Mathiue & Taylor，2007）。更明确地说，前一个步骤所关心的是 X→M→Y 中介效果的检验与 $\gamma_{01}^{c'}$ 变化情形的检视，本节则关心 $\gamma_{01}^{d}(X \times M \rightarrow Y)$ 的调节作用。

■3M4a（斜率为固定的截距结果模型）

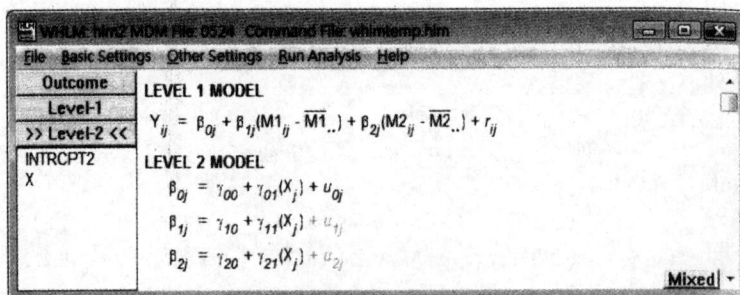

Final estimation of fixed effects:
(with robust standard errors)

Fixed Effect		Coefficient	Standard Error	T-ratio	Approx. d. f.	P-value
For	INTRCPT1, B0					
INTRCPT2,	G00	6.110700	0.446356	13.690	22	0.000
X,	G01	0.248183	0.111967	2.217	22	0.037
For	M1 slope, B1					
INTRCPT2,	G10	1.096955	0.728810	1.505	658	0.133
X,	G11	−0.043366	0.191914	−0.226	658	0.821
For	M1 slope, B2					
INTRCPT2,	G20	1.623891	0.691400	2.349	658	0.019
X,	G21	−0.416212	0.177861	−2.340	658	0.020

Final estimation of variance components:

Random Effect		Standard Deviation	Variance Component	df	Chi-square	P-value
INTRCPT1,	U0	0.16551	0.02739	22	32.71895	0.066
level-1,	R	1.18542	1.40523			

■3M4b（斜率为随机的斜率/截距结果模型）

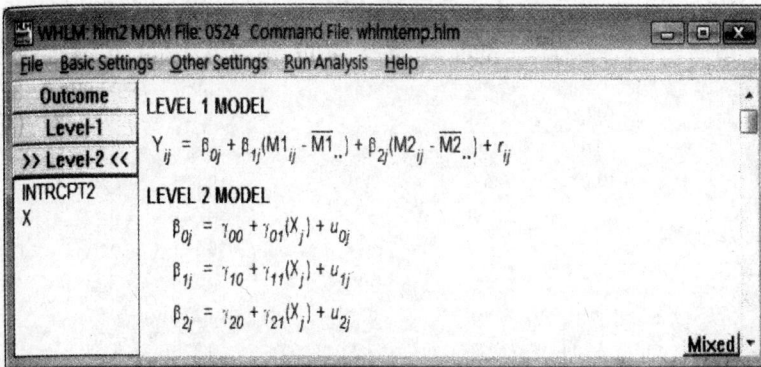

Final estimation of fixed effects:
(with robust standard errors)

Fixed Effect		Coefficient	Standard Error	T-ratio	Approx. d. f.	P-value
For	INTRCPT1, B0					
INTRCPT2,	G00	6.203998	0.512328	12.109	22	0.000
X,	G01	0.220038	0.131022	1.679	22	0.107
For	M1 slop, B1					
INTRCPT2,	G10	0.877985	0.787953	1.114	22	0.278
X,	G11	0.010710	0.206678	0.052	22	0.960
For	M2 slope, B2					
INTRCPT2,	G20	1.638811	0.652023	2.513	22	0.020
X,	G21	−0.424764	0.167493	−2.536	22	0.019

Final estimation of variance components:

Random Effect		Standard Deviation	Variance Component	df	Chi-square	P-value
INTRCPT1,	U0	0.17641	0.03112	22	33.31467	0.057
M1 slope,	U1	0.26445	0.06994	22	32.70521	0.066
M2 slope,	U2	0.12234	0.01497	22	26.31350	0.238
level-1,	R	1.17192	1.37339			

在斜率为固定效果（3M4a）与随机效果（3M4b）两个模型中，同时考虑 M1、M2 与 X 对 Y 的影响下，X × M2 具有显著的调节效果，$\gamma_{21}^d = -0.416$（$t_{(658)} = -2.34$，p = 0.020），X × M1 的 $\gamma_{11}^d = -0.043$ 则不显著（$t_{(658)} = -0.23$，p = 0.821），R_{20}^2 为 0.91。3M4b 的结果也类似，而且斜率的随机效果都不显著（$\tau_{11} = 0.070$，$\tau_{22} = 0.015$），显示总体层次解释变项（组织创新气氛）解释斜率的变动之后，各公司 M→Y 的影响并无不同，R_{20}^2 为 0.90。结果整理于表 11.3。

表 11.3　多层次中介与调节效果 HLM 模式估计结果

Model			3M3 中介效果模型				3M4 调节效果中介模型			
			$\gamma^{(\infty)}$	t(p)	τ	$\chi^2(p)$	$\gamma^{(\infty)}$	t(p)	τ	$\chi^2(p)$
(a) 固定斜率	$X_j - Y_{ij}$	γ_{01}^c	0.219 (0.125)	1.75 (0.093)	u0 = 0.034	36.25 (0.028)	0.248 (0.112)	2.22 (0.037)	u0 = 0.027	32.72 (0.066)
	$M1_{ij} - Y_{ij}$	γ_{10}^b	0.918 (0.086)	10.64 (0.000)			1.097 (0.729)	1.51 (0.133)		
	$M2_{ij} - Y_{ij}$	γ_{20}^b	-0.028 (0.072)	-0.39 (0.697)			1.624 (0.691)	2.35 (0.019)		
	$X*M1_{ij} - Y_{ij}$	γ_{11}^d					-0.043 (0.192)	-0.23 (0.821)		
	$X*M2_{ij} - Y_{ij}$	γ_{21}^d					-0.416 (0.178)	-2.34 (0.020)		
(b) 随机斜率	$X_j - Y_{ij}$	γ_{01}^c	0.234 (0.124)	1.88 (0.073)	u0 = 0.033	34.27 (0.046)	0.220 (0.131)	1.68 (0.107)	u0 = 0.031	33.31 (0.057)
	$M1_{ij} - Y_{ij}$	γ_{10}^b	0.897 (0.086)	10.46 (0.000)	u1 = 0.056	32.38 (0.092)	0.878 (0.788)	11.11 (0.278)	u1 = 0.070	32.71 (0.066)
	$M2_{ij} - Y_{ij}$	γ_{20}^b	-0.036 (0.068)	-0.54 (0.597)	u2 = 0.024	29.66 (0.159)	1.639 (0.652)	2.51 (0.020)	u2 = 0.015	26.31 (0.238)
	$X*M1_{ij} - Y_{ij}$	γ_{11}^d					0.011 (0.207)	0.05 (0.960)		
	$X*M2_{ij} - Y_{ij}$	γ_{21}^d					-0.425 (0.167)	-2.54 (0.019)		

总结来说，多层次中介效果的固定斜率模型分析结果显示，组织创新气氛越正面的公司，员工个人的认同承诺越高，而认同承诺越高，则工作满意更高，以认同承诺为中介变项的中介效果成立。相对之下，组织创新气氛→工具承诺→工作满意的中介效果因为两个

直接效果均不显著，因此工具承诺不是一个有意义的中介变项。

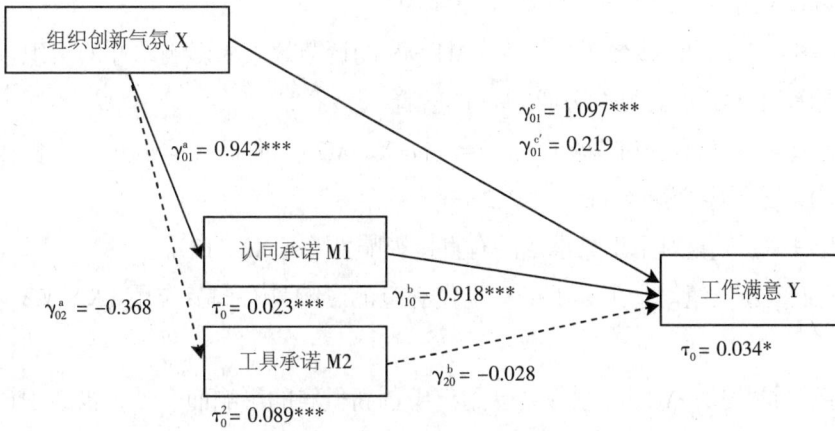

(a) 多层次中介效果模型（3M3a）

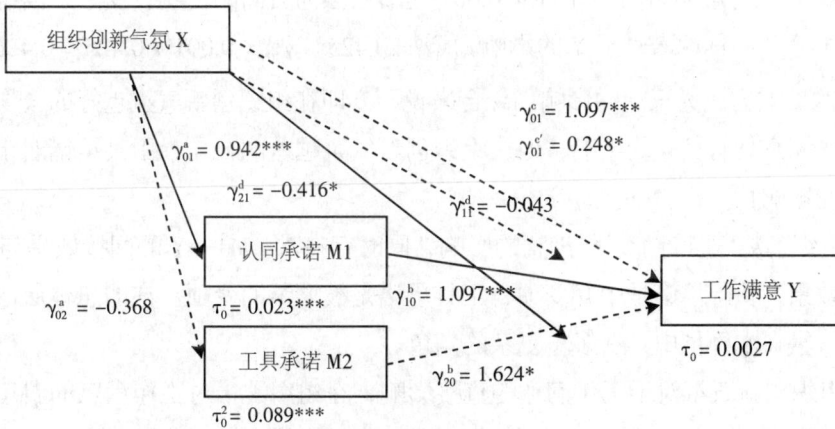

(b) 多层次调节式中介效果模型（3M4a）

图 11.6　HLM 多层次模型估计结果（虚线代表不显著）

　　另外，因为组织创新气氛对工作满意的直接效果（X→Y）由显著变成不显著，完全符合 Baron 与 Kenny（1986）的中介效果检验四项原则，因此可得出组织创新气氛→认同承诺→工作满意（X→M1→Y）为多层次 2–1–1 完全中介效果的结论。也因此，对于组织创新气氛对工作满意具有直接效果这一个原本显著的直接效果，并不适合作为结论之一，因为 X→Y 的作用必须通过认同承诺而达成。

　　在多层次的调节中介效果部分，本研究分别就斜率为固定效果（3M4a）或随机效果（3M4b）进行分析，结果在不显著的多层次中介效果路径（X→M2→Y）中，出现了一个显著的跨层级交互作用 X×M2→Y，使得我们可以在显著的 X→M1→Y 间接效果之外（如下列结论的 1~4），增加调节效果的结论（5~6）（如图 11.6(b) 所示）.

　　（1）组织创新气氛可以解释员工的工作满意（X→Y）（$\gamma_{01}^{c'} = 0.219$）。

（2）组织创新气氛可以解释员工的认同承诺（X→M1），进而解释工作满意（X→Y），间接效果成立（$\gamma_{01}^a \times \gamma_{10}^b = 0.942 \times 0.918 = 0.876$）。

（3）X→M1→Y 的间接效果不受 X×M1→Y 的调节效果的影响，亦即组织创新气氛不会调节认同承诺（M1）对工作满意（Y）的解释力。

（4）组织创新气氛无法解释工具承诺（no X→M2），而工具承诺亦无法解释工作满意（no M2→Y），故无中介效果（no X→M2→Y）。

（5）组织创新气氛对于工具承诺没有直接影响力（no X→M2）。

（6）组织创新气氛对于工具承诺对工作满意的影响具有调节作用（X×M2→Y）（$\gamma_{21}^d = -0.425$）。

［个别公司的 M2→Y 回归系数会受到组织创新气氛的影响而变动，当组织创新气氛每增加 1 分，工具承诺对于 Y 的影响力（回归系数）减少 0.425，$\gamma_{20}^b = 0.001 - 0.425 = -0.424$，工具承诺对于 Y 的影响力由不显著的 0.001 逐渐增强为负向的影响；反之，当组织创新气氛每减少 1 分，工具承诺对于 Y 的影响力增加 0.425，$\gamma_{20}^b = 0.001 + 0.425 = 0.426$，工具承诺对于 Y 的影响力成为正向的影响。综合来说，亦即在组织创新气氛越好的公司，工具承诺对于工作满意具有负向的影响；但在组织创新气氛越差的公司，工具承诺对于工作满意却有正向的影响］。

（7）组织创新气氛对于工作满意的影响，同时存在 X→M1→Y 的间接效果与 X×M2→Y 的调节效果，认同承诺是中介变项，工具承诺是被调节的变项。亦即总体层次解释变项组织创新气氛在本模型中具有多重复杂的角色。

（8）组织创新气氛对于工作满意的直接影响，在组织承诺对工作满意的斜率以随机效果处理时，即不存在，显示组织创新气氛对于工作满意的直接影响，被 X→M1→Y 的间接效果与 X×M2→Y 的调节效果，以及斜率的组间变异所侵蚀而消失。

Zhang、Zyphur 与 Preacher（2009）提出另外一种多层次中介效果的检验方式，认为传统的多层次中介效果模式 1-1-1 与 2-1-1 的检验程序，特别是个体层次解释变项或是中介变项在模式中的总平减策略是不恰当的做法，必须改以组平减方式放入个体层次回归模式中，并且将个体层次解释变项对结果变项的效果或个体层次中介变项对结果变项的效果拆解为组间效果（解释变项或中介变项的组平均数置回截距项方程式）与组内效果（个体层次方程式解释变项或中介变项以组平减放入）来估计。

针对前述的修正做法，我们认为在统计上来看并没有不妥，至少这种做法提供了另外一个思维与策略。但从方法论的角度来审视，我们认为可能有两个问题必须要澄清或解决：第一，组平减后的个体层次解释变项或中介变项会和总体层次的其他变项产生独立的现象，因此多层次回归模式所估计出来的回归系数不再是控制其他变项后的该变项净效果，在解释上必须进行转换或调整；第二，解释变项或中介变项的组平均数置回截距项方程式，用来直接解释组间效果可能不恰当，因为组平均数是否有实质意义必须由理论层次出发，既然 2–1–1 模式里其中介变项是个体层次构面，另外产生组平均数放入模式中隐含存在组织概念。换言之，这个研究架构变成 2–1 的模式，中介变项既有个体层次的构念也存在组织层次的意义，这时必须由理论层次来决定。

12 组织构念的信效度议题

12.1 概说

12.1.1 总体层次的变量形态

多层次研究的特色是能够纳入组织层次的变量或是总体层次的解释变量，Chan（1998），Chen、Mathieu 与 Bliese（2004），Kozlowski 与 Klein（2000）和彭台光与林钲棽（2006）等组织管理学者都对总体层次变量的搜集提出了几种方法：**共通单位**（global unit）变量、**共享单位**（shared unit）变量、**共构单位**（configural unit）变量与**共塑单位**（formative unit）变量。四种变量的特性与范例列于表 12.1。

表 12.1 四种不同的总体层次变量

	共通变量	共享变量	共构变量	共塑变量
测量形式	客观 直接测量	抽象 非直接测量	抽象 非直接测量	客观直接测量或抽象非直接测量
测量来源	组织特征	个体特征或反应	个体特征或反应	组织代理者特征或反应
向上聚合	不需要	需要	需要	不需要
聚合方式	—	集中量数 离散量数	集中量数 离散量数	—
共识测量	—	需要	不需要	—
范例	组织规模 资本额 性质产业别 组织历史	组织气氛 集体效能感 知觉到的领导方式	组织性别比 贺德芬指数	主管特质 教师性别 上对下评比 领导方式自评

注：本表部分资料参考自彭台光与林钲棽（2006）的研究。

共通变量是指客观、描述性、易观察的组织变量，属于组织的特征而非来自组织成员的态度、意见与看法，例如组织的规模、资本额、公司所属的产业、学校的位置等；共构变量是指由组织的成员根据其个人特质组合而成为组织的特质，而这种组合是指对个人的特质经过数学的运算而来，包含取平均数、中位数、最大或最小值，以及计算离散程度。例如性别是属于个体层次的成员特征，如果男性以 1 编码，女性以 0 编码，则计算组织性别的平均数，即代表男性员工的比例，属于组织的某个特质。除此之外，亦可以计算离散程度，例如教育程度的贺德芬指数，用来代表该组织教育程度的集中情形。

共享变量是由组织成员所知觉的变量汇总聚合成为组织的变量，一般而言组织不会回答研究者所要研究的问题，而是通过该组织成员所回答的问题来间接形成组织的变量，因此研究者所要研究的组织变量，其背后必须要有坚实的理论基础，也就是关于组织构念的形成，例如组织创新气氛，过去研究所搜集的是组织成员所知觉的组织创新气氛，理论上组织创新气氛属于组织变量，但我们经常用受试者所知觉的组织创新气氛来衡量，将它视为个体层次变量来研究。

最后，共塑变量则是该组织的特性如何由组织的领导者所塑造，此时资料来源为总体层次的代理者（proxy），例如当组织成员为个体层次单位时所对应的主管、执行长，当学生为个体层次单位时所对应的教师或校长。换言之，总体层次的特性是伴随代理者的意见、反应或是特征而来，非来自组织成员特征由下而上所构成，或是必须经由上层的代理者来决定其性质。一般最常看到的是**组织文化**（organizational culture），通常由组织创建者一手打造。在教育研究中，班级导师的自我效能自陈报告也是一种共塑变量。

在多层次研究中，对于各组织的共塑变量的测量必须要有理论基础，如此才可对组织领导者或班级教师施行调查或资料搜集，虽然在研究上属于组织层次变量，但在测量上属于人的衡量，所以可以比照一般个体层次的构念建构过程来定义共塑单位变量。

12.1.2　共享形式的组织构念

本章所指的组织构念就是有关于共享单位变量的形成，称为组织构念或是组织层次的构念。一般研究共享单位变量是将组织成员所回答题项经计算平均数后，通过 ICC（1）、ICC（2）与 r_{wg} 或 $r_{wg(J)}$ 的检视，作为检验组织构念的信效度考验。由于个体层次构念的题项经过聚合程序所形成的组织层次变量，聚合后的脉络变量是否和个体层次的变量具有相同的意义与构念，除了取决于理论的建构以外，就是组织构念的信效度考验程序，这可以称为个体构念与组织构念的**恒等性**（invariance/equivalence）问题（Chen、Bliese & Mathieu，2005；Van de Vijver & Poortinga，2002），或是**意义的迁移**（shift of meaning）问题（邱皓政，2007；Snijders & Bosker，1999）。由于个体层次构念的题项与组织层次构念的题项，牵涉到问题的陈述，在**组合**（composition）或**聚合**（aggregated）过程有两种用来编制组织构念题项的方式，分别为**直接共识法**（direct consensus/self-referenced）与**参考迁移共识法**（reference shift consensus/group-referenced）（Chan，1998）。其中直接共识法可以利用**多层次验证性因素分析**（multilevel confirmatory factor analysis；MLCFA）的方法来确认个体层次构念与组织层次构念（黄芳铭与温福星，2007；邱皓政，2007；Hox，2002；Mathisen、Torsheim & Einarsen，2006；Meade & Eby，2007；Muthen，1994）。MLCFA 是考虑在多层次下，组织内个体层次变量间的相关性，可以通过建构两个变异数共变量矩阵：一个是组内、一个是组间，再利用 CFA 的概念分别计算这两层个体层次与组织层次的构念（或是因素），再检验一些适合度指标与结构系数的显著性与否，判断是否可以形成个体层次与组织层次的构念。而参考迁移共识法亦可以利用 MLCFA，不过我们关心的是组间变异数共变量矩阵的因素萃取。

但以 MLCFA 来验证组织构念有个很大的挑战，就是组织的样本数必须不能太少，一般要求至少 50 组，当题项或构念越多则要求在 100 组以上。一般多层次研究很难取得这么多组，因此在验证组织构念的信效度时，MLCFA 并不是最好的方法。本章所进行的示范说明仍然以传统的多层次研究方法，利用组内相关 ICC(1)、ICC(2) 与共识程度指标 r_{wg} 或 $r_{wg(J)}$（within group interrater reliability），再与 MLCFA、阶层线性模式配合来探究组织变量构念的信效度问题。

12.2 组织构念的计量指标

12.2.1 共识程度（r_{wg}）

共享形式的组织构念的形成，由于涉及个体的测量变量是否可以聚合为组织变量，因此所关切的是每个组织内的组织成员回答组织变量的题目是否具有共识，可以利用其组织成员的测量变量平均数视为组织变量的结果，因此关心的是**组内共识性**（within group agreement）（Cohen、Doveh & Eric，2001；Klein、Conn，Smith & Sorra，2001；James、Demaree & Wolf，1984，1993），因此，以下的公式都是以组织为分析单位，计算其组织成员在各变量的得分。此外，亦牵涉到多重指标的概念，因此有单一题项与 J 个题项的计算：

$$r_{wg} = 1 - \frac{S^2}{\sigma_{EU}^2} \tag{12-1}$$

其中 σ^2 是假设组织成员随机作答下服从均等分配的变异数（下标的 E 可视为 error 误差分配的意思，U 为 uniform 均等分配），而均等分配的变异数为选项个数的平方减一，再除以 12，公式为 $\sigma^2 = \frac{(A^2 - 1)}{12}$，A 为选项个数，而 S^2 为组织成员回答该题项的变异数。换言之，假设组织成员最不共识的理论概率分配是均等分配，则成员间共识程度为其理论最不共识到回答该题项变异数减少的程度。其值范围可能会小于 0，但视为 0。

$$r_{wg(J)}^* = 1 - \frac{\bar{S}^2}{\sigma_{EU}^2} \tag{12-2}$$

公式（12-2）为 J 个题项的共识程度的计算，$\bar{S}^2$ 为组织成员回答这 J 题的平均变异数，也就是 J 题变异数的平均。

$$r_{wg(J)} = \frac{J\left(1 - \frac{\bar{S}^2}{\sigma_{EU}^2}\right)}{J\left(1 - \frac{\bar{S}^2}{\sigma_{EU}^2}\right) + \frac{\bar{S}^2}{\sigma_{EU}^2}} \tag{12-3}$$

公式（12–3）相当于对 $r^*_{wg(J)}$ 进行 Spearman–Brown 调整而来，其中 J 为该构念的多重指标题数，而 σ^2 为均等分配的变异数，而 $\bar{S}^2$ 为组织成员回答这 J 题的平均变异数，其公式的推导来自内部一致性信度公式的想法。

$$r^*_{wg} = 1 - \frac{S^2}{\sigma^2_{MV}} \tag{12-4}$$

由于 r_{wg} 的计算来自以均等分配的变异数做对比的基础模型，由于会有超过 1 与小于 0 的可能，且均等分配的变异数并不是最大的变异数。一般当组织成员面对测量题项最不共识的时候应该是回答测量题项变异数最大的情况，也就是一半的人回答左边最极端的最低选项、另外一半的组织成员则选择另外一端的最高选项，这是最不共识的时候。因此在共识指标将分母修正为该题项测量尺度下将最大变异数作为比较基础，其公式为（Lindell，2001；Lindell & Brandt，1997；Lindell、Brandt & Whitney，1999）：

$$\sigma^2_{MV} = \frac{1}{2}(L^2 + H^2) - (\frac{1}{2}(L+H))^2 \tag{12-5}$$

上式（12–5）中的 L 为回答该题项的最小选项，而 H 则为该题项的最大选项，由于一般的李克特量尺的选项在编码时是从 1 开始，则 A 点尺度的量表，L 就是 1、H 则为 A，那么在 A 点量尺下最大的变异数是 $(A-1)^2/4$，也就是组织中有一半的成员选择 1，另外一半的成员选择 A 的结果，将之视为最大的不共识程度。当有 J 个题项时，其公式如（12–2），只不过分母修正为 σ^2_{MV}：

$$r^*_{wg(J)} = 1 - \frac{\bar{S}^2}{\sigma^2_{MV}} \tag{12-6}$$

公式（12–4）、（12–5）与（12–6）有个缺点，即组织成员这样的回答形态未必是最大的不共识，且发生这种可能性的机会不高，因此修正为公式（12–7）（Brown & Hauenstein，2005）：

$$a_{wg} = 1 - \frac{2S^2}{((H+L)M - M^2 - HL) \times (\frac{n}{n-1})} \tag{12-7}$$

公式（12–7）的分子仍为组织成员回答该题项的变异数，而分母的 H 为组织成员所回答该题项的最大选项、L 为组织成员所回答该题项的最小选项、M 为组织成员所回答该题项的平均值、n 为组织成员人数，这样的修正是指组织成员回答该题项同样有相同平均数下的最大变异数，而分子是这群成员回答该题项的变异数，之间的差距幅度就是代表共识的部分。当有多重指标时，则公式（12–7）修正为下式：

$$a_{wg(J)} = \frac{1}{J} \sum_{i=1}^{J} (1 - \frac{2S_i^2}{((H_i + L_i)M_i - M_i^2 - H_iL_i) \times (\frac{n_i}{n_i-1})}) \tag{12-8}$$

其中 S_i^2 为样本受试者回答第 i 题的变异数，M_i 为第 i 题的平均数，H_i 为第 i 题题项的最大选项，L_i 为最小选项，n_i 为回答第 i 题的样本数。

至于组织内若发生组织成员回答题项的形态有群聚的现象时，就是有一些人只固定回答部分题项，其他题项都回答 0，另外也有些人回答形态刚好相反，则可以通过变异数分析的方式，将这种群聚现象视为组间变量，以平均误差变异数替代所有组织成员的平均变异数，来计算共识程度（LeBreton、James & Lindell，2005；Lindell，2001）：

$$r_{wgp} = \frac{MS_E}{\sigma_{EU}^2} \tag{12-9}$$

r_{wg} 形态的共识指标最令学者所诟病的是，它的可能范围会超过 0 与 1 之间，其次是必须选择一个最不共识的理论分配。若考虑到所谓有社会赞许性的选项，最不共识的理论分配是负偏态分配，因此针对不同受试者响应类型就会有多种回答形态的最不共识变异数计算公式，在实务应用上会平添许多麻烦。所以，除了一系列 r_{wg} 形态的共识指标计算外，尚有许多学者建议计算组织内组织成员所回答选项的平均绝对差来作为共识程度的指标（Burke & Dunlap，2002；Dunlap、Burke & Smith-Crowe，2003）：

$$AD = \frac{\sum_{i=1}^{n} \left| x_i - \bar{x} \right|}{n} \tag{12-10}$$

公式（12-10）的 x_i 为第 i 位成员回答的选项，而 $\bar{x}$ 为组织成员回答的平均数（也可以以中位数来计算），分母为组织成员人数，此公式亦可以延伸到多重题项的计算。r_{wg} 或是 a_{wg} 都是在计算共识程度，范围是定义在 0（a_{wg} 是 -1）与 1 间，越接近 1 代表组织成员共识程度越高，反之当接近于 0（-1）表示越没有共识，此计算是根据成员题项的变异数和基础模式的变异数相较下的改善程度。而 AD 也是计算共识程度，不过是数值越小代表组织成员越往平均数的位置集中，代表大家的看法越集中的意思。值得一提的是，AD 共识程度指标可以由实务和统计显著性的临界值来判断共识与否。

假设有 10 个成员在 5 点尺度量表上的分布为，回答 2 有一位、回答 3 有三位、回答 4 有四位、回答 5 有两位，选项 1 无人回答，则最大值为 5、最小值为 2、平均数为 3.7，变异数为 0.81。根据各种 r_{wg} 与 AD 的计算公式，结果如表 12.2 所示。其中 r_{wg} 的分母是以 5 点量尺在均等分配下的变异数 2 为比较基础，r_{wg}^* 是以 5 点量尺 5 个人选择 1、另 5 个人选择 5 的最大变异数 4 为比较基础，a_{wg} 是在平均数 3.7 下最大的变异数有 3.25 个人回答 1、6.75 个人回答 5 下的变异数 3.9 为比较基础，而 AD 则以平均数 3.7 为比较基础。所计算的共识程度分别为 0.60、0.80、0.59 与 0.76（见表 12.2），其比较的图示见 12.1。

表 12.2 各项共识指标的计算过程

公式	12–1 r_{wg}	12–4 r_{wg}^*	12–7 a_{wg}	12–10 AD
分子	0.81	0.81	2×0.81	7.6
分母	2	4	3.9	10
共识程度	0.60	0.80	0.59	0.76

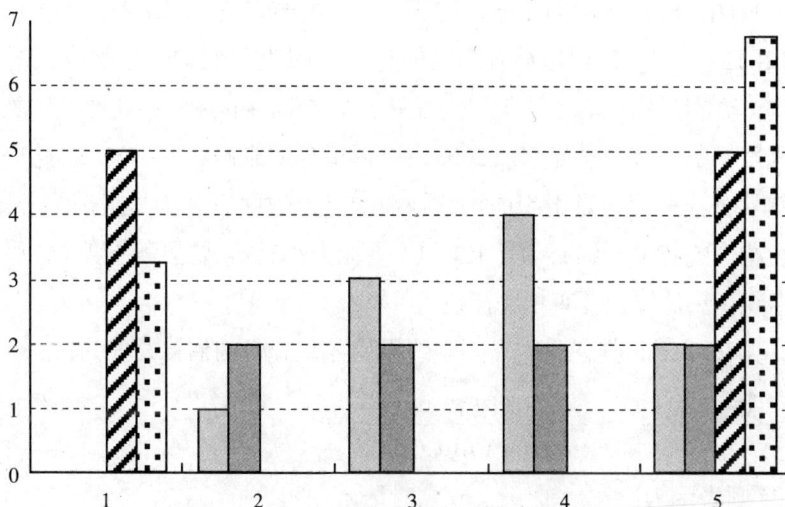

图 12.1 各项指标对比基础的假设作答分配

图 12.1 中的黑色长条图是所假设 10 个组织成员回答的结果，其中选项 1 没有人勾选，而共识的比较基础如果是均等分配则是图中 5 个灰色相等高度的图柱，如果是最大变异的比较基础则是选项 1 与 5 两根白色相等高度的图柱，如果是有最大变异数但相同的平均数 3.7 的比较基础则是选项 1 与 5 灰色有框线高度不等的图柱。从图中可以发现这些共识指标所要比较的不共识分散状况，当组织成员回答的分布程度越集中则所计算出来的共识程度越高，特别是大家只选择一个选项的时候，共识程度为 1。

12.2.2 信度与 ICC

Cronbach's α 信度是指题项间的内部一致性程度，如果这些题项是测同一个构念，则彼此之间的相关会很高，这指的是题项间的关系，其公式如下：

$$\alpha = \frac{J}{J-1} \left(\frac{\sigma_T^2 - \sum_{j=1}^{J} \sigma_i^2}{\sigma_T^2} \right) \tag{12–11}$$

公式（12–11）中的 σ_T^2 是总分的变异数，而 σ_i^2 为各题的变异数，J 为题数，括号内代表的是所有题项间的共变量总和占总分变异数的程度。而在多层次的研究中亦有相同的信度概念。首先我们介绍的是 ICC(1)，其在单因子固定效果变异数分析下的计算公式为：

$$ICC(1) = \frac{MS_B - MS_W}{MS_B + (\tilde{n} - 1)MS_W} \qquad (12-12)$$

上式的 $\tilde{n}$ 是平均的组内人数，若以阶层线性模式（HLM）表示则为：

$$ICC'(1) = \frac{\tau_{00}}{\tau_{00} + \sigma^2} \qquad (12-13)$$

其中，$u_{0j} \sim N(0, \tau_{00})$、$\varepsilon_{ij} \sim N(0, \sigma^2)$ 与 $u_{0j} \perp \varepsilon_{ij}$，代表的是组间误差、组内误差与之间的关系。式（12-12）与（12-13）具有相同的意义，因为我们假设组织成员的答分受到两个因素的影响，分别是组织的效果与组内误差：$Y_{ij} = Y_{00} + u_{0j} + \varepsilon_{ij}$，其意义代表平均组织内的非独立性程度（彭台光与林钲棽，2008；温福星与邱皓政，2009），或是平均的组内相关系数。当然从公式来看，是组织成员该题项的变异数中有多少是组织的变异数所影响。因此探究组织构念的信度，则必须是 ICC(1) 不能太小且 τ_{00} 要显著不为 0，反映的是组织成员间对该组织变量的得分要有相关存在。

其次是计算 ICC(2)，其在单因子固定效果变异数分析的估计公式为：

$$ICC(2) = \frac{MS_B - MS_W}{MS_B} = \frac{\tilde{n}ICC(1)}{1 + (\tilde{n} - 1)ICC(1)} \qquad (12-14)$$

而在 HLM 则表示为：

$$ICC'(2) = \frac{1}{J} \sum_{j=1}^{J} \left(\frac{\tau_{00}}{\tau_{00} + \frac{\sigma^2}{n_j}} \right) \qquad (12-15)$$

公式（12-14）与（12-15）计算的结果会有差异，主要在于公式上的不同。而公式（12-14）与（12-15）在多层次研究中亦称为信度，代表的是组织平均数的信度，其含义是以组织成员该题项的平均数来代替组织的分数是可被信赖程度，亦即该组织成员所提供的这项平均数信息的可信度。要了解公式（12-14）必须通过公式（12-15），而公式（12-15）的含义则必须以**实证贝氏估计值**（empirical Bayes estimate）的公式来阐释。

在 HLM 零模型下，第一层个体层次的回归模式为：

$$Y_{ij} = \beta_{0j} + \varepsilon_{ij} \qquad (12-16)$$

第二层总体层次的回归模式为：

$$\beta_{0j} = \gamma_{00} + u_{0j} \qquad (12-17)$$

其中 $u_{0j} \sim N(0, \tau_{00})$、$\varepsilon_{ij} \sim N(0, \sigma^2)$ 与 $u_{0j} \perp \varepsilon_{ij}$，因此要估计母体的 β_{0j} 有两个信息，分别是个体层次的样本平均数 $\bar{Y}_j$，与整体层次所有信息的 γ_{00} 估计值。估计样本平均数 $\bar{Y}_j$ 的精确度与其变异数有关：

$$Var(\bar{Y}_j) = Var(\gamma_{00} + u_{0j} + \bar{\varepsilon}_j) = \tau_{00}\frac{\sigma^2}{n_j} \qquad (12-18)$$

而估计 γ_{00} 则与 τ_{00} 有关，因此通过贝氏估计法所得到的 β_{0j} 估计值是来自个体层次局

部信息的 $\overline{Y}_j$ 与总体层次全部信息 γ_{00} 估计值的加权平均数，公式为：

$$\hat{\beta}_{0j}^{EB} = \frac{\tau_{00}}{\tau_{00} + \sigma^2/n_j}\overline{Y}_j + \frac{\sigma^2/n_j}{\tau_{00} + \sigma^2/n_j}\gamma_{00} \tag{12-19}$$

式（12-19）又称为**缩动估计值**（shrinkaged estimate），说明了 β_{0j} 估计值来自于该组织成员平均数 $\overline{Y}_j$ 的代表性问题，式（12-19）等号右边 $\overline{Y}_j$ 前面第一项称为 λ_j，为该组织成员提供信息的权重，λ_j 越大 β_{0j} 来自于平均数 $\overline{Y}_j$ 的可信度越高，否则必须由蕴含全部信息的 γ_{00} 估计值借力而来，弥补平均数信息的不足。当个体层次的组织内误差变异数越大，该组织成员人数越少，则该组织成员所提供这个平均数的可信度就越低，绝大部分信息是由所有成员来提供，换言之，当 λ_j 越大则样本平均数越有代表性。而公式（12-15）为所有组织个别信度 λ_j 的平均值，代表各个组织平均数的整体代表性。

ICC（2）的概念根据公式（12-15）的表示似乎与公式（12-11）或是传统的信度不同，一个是看题项间的一致性，一个是看平均数的代表性。但是根据信度的定义，若以古典测验理论来看，信度是观察分数的总变异数分之真分数的变异数程度，则公式（12-13）或公式（12-15）似乎符合这样的表示。若将这个横断面多层次概念以重复量数的方式来理解，组织个数相当于受试者人数，组织内的组织成员人数相当于受试者重复观察的次数，组织内组织成员的题项得分如同受试者在平行复本上的观察分数，则真分数的变异数就是 τ_{00}、测量误差变异数则为 σ^2，因此公式（12-13）与（12-15）就是信度的概念。此外，式（12-15）的 ICC（2）乍看之下是每个组织信度系数的平均数，事实上是组织间的变异概念，因为牵涉到母体组间变异数 τ_{00} 的估计，因此 ICC（2）是组织平均数的代表性外，也表示可以用组织成员的平均数代表组织变量的分数，且可以用这个平均数有效区分组织间的差异。

12.3 范例说明

12.3.1 效度与信度分析

本范例资料来自 24 家公司的 719 位受试者，回收问卷公司其受试者最少为 11 人、最多为 34 人，平均每家有 22 位受试者。问卷来自 Chiou（2001）的《组织创新气氛量表》中的分量表《环境气氛》，共有 7 个题项的 6 点尺度量表，如表 12.3 所示。表 12.3 中的第 3 题与第 6 题为反向题，经过反向计分后，各题之平均数与变异数等统计量呈现表中，其中第 1 题"我们公司重视人力资产、鼓励创新思考"总平均分数最高，为 4.01 分，最低为第 6 题"我们公司对于风险相当在意、忌讳犯错"，总平均为 2.90 分；而变异数方面则以第 4 题"我们公司能够提供诱因鼓励创新的构想"的 1.059 最小、第 3 题"我们公司心态保守、开创性不足"的 1.376 最大，但之间的差距不大。经计算，7 题加总平均数的分数为 17.60、变异数为 12.59。

表 12.3　组织创新气氛量表分量表题项

	最小	最大	平均数	标准差	变异数
X1：我们公司重视人力资产、鼓励创新思考	1	6	4.01	1.087	1.182
X2：我们公司下情上达、意见交流沟通顺畅	1	6	3.65	1.140	1.299
X3：我们公司心态保守、开创性不足	1	6	3.13	1.173	1.376
X4：我们公司能够提供诱因鼓励创新的构想	1	6	3.75	1.029	1.059
X5：我们公司鼓励尝试与错中学习的任事精神	1	6	3.78	1.056	1.115
X6：我们公司对于风险相当在意、忌讳犯错	1	6	2.90	1.109	1.230
X7：我们公司崇尚自由开放与创新变革	1	6	3.68	1.068	1.141
总分	4	29	17.601	3.548	12.586

经计算 7 题分量表相关系数的 KMO，得到 0.837 是适合进行探索性因素分析，利用 SPSS 的主轴因子法萃取、以特征值大于 1 为标准并以斜交转轴得到两个因子，共可解释原先 7 个变量 54.38% 的变异，因子一在 X1、X2、X4、X5、X7 的因素负荷量较大，因子二在 X3 与 X6 的负荷量较高，从题项内容来看，因子二与正向题有高度相关，因子二则与负向题高相关，各因子在各个题项除了 X6 在因子二的负荷量为 0.487 外，其他都超过 0.70。

另外，从共通性来看，X6 被解释的百分比最低为 0.232，其他各题项都超过 0.5，其因素负荷量与共通性如表 12.4 所示。由于后续的验证性因素分析所得的为一个因子，因此，表 12.4 亦呈现一个因子的因素负荷量，从表中可以发现 X3 与 X6 的负荷量相对其他 5 题要来得小，其可以解释 7 题题项变异数的 43.8%。很明显，可以看出 X3 与 X6 与其他题项的关系，当删除后其他 5 题的因素负荷没有太大的变化，但单一因子可以解释这 5 题变异数的 60%。

表 12.4　探索性因素分析结果

题项	二因子			单因子负荷量	删题后单因子负荷量
	因子1负荷量	因子2负荷量	共通性		
X1：我们公司重视人力资产、鼓励创新思考	0.810	0.038	0.668	0.819	0.813
X2：我们公司下情上达、意见交流沟通顺畅	0.788	0.032	0.630	0.796	0.796
X3：我们公司心态保守、开创性不足	0.094	0.713	0.539	0.218	—
X4：我们公司能够提供诱因鼓励创新的构想	0.799	−0.078	0.624	0.775	0.783
X5：我们公司鼓励尝试与错中学习的任事精神	0.728	−0.025	0.525	0.722	0.729
X6：我们公司对于风险相当在意、忌讳犯错	−0.051	0.487	0.232	0.053	—
X7：我们公司崇尚自由开放与创新变革	0.759	0.047	0.589	0.769	0.763

若以验证性因素分析来看，以二因子直交或斜交模式都无法让模式收敛或辨识，主要原因在于 X3 与 X6 两个题项太少。因此，本研究以单因子 CFA 进行示范分析，所得到的结果如表 12.5 所示。表 12.5 的第二个字段是将所有受试者皆视为来自独立同质的单一母体抽样的 CFA 结果，同样可以发现 X3 与 X6 的因素负荷量皆较其他各题来得小，其中第 6 题的负荷量不显著。如果以多层次验证性因素分析（Lisrel 语法参见附录 A）来看，组内变异数共变异数矩阵除了第 1 题以外，其他的因素负荷量都要比单一层次的负荷量来得小，显示忽略了资料巢套独立性违反下，以单一层次的变异数共变量矩阵进行 CFA，不仅因素负荷量被高估，且估计标准误也会被严重低估（该数据未呈现于表中）。而组间变异数共变量矩阵的 CFA 结果，在完全标准化系数解下除了 X3 与 X6 以外的因素负荷量都达到 0.90 以上。如果将原先单一层次变异数共变异数矩阵拆解为组内变异数共变量矩阵与组间变异数共变量矩阵，再各自进行单一层次 CFA 的结果，如表 12.5 所示的最右边的两个栏位，所得的因素负荷量与同时进行多层次的 CFA 相差不大，同样地，X6 的因素负荷量皆很小不显著，X6 的因素负荷量虽显著但相较其他 5 题要小许多。

由于本研究的组织创新气氛量表的环境气氛是属于组织变量，因此研究组内变异数共变量矩阵的 CFA 意义不大，我们关心的是这些题项是否可以聚合成为组织层级的变量，因此组间变异数共变量矩阵的 CFA 才是我们关心的重点。虽然表 12.4 的适配指标还算可以，但 X3 与 X6 的因素负荷量的问题，导致收敛效度与组合信度不佳，因此将 X3 与 X6 删除后，重新进行相同的 CFA，所得到的结果如表 12.5 所示。

表 12.5 验证性因素分析结果

因素负荷量	单一层次	多层次		单一组内变异共变矩阵	单一组间变异共变矩阵
		组内	组间		
X1	0.78	0.78	0.97	0.78	0.92
X2	0.79	0.76	0.95	0.77	0.90
X3	0.21	0.10	0.56	0.11	0.50
X4	0.78	0.73	0.98	0.73	0.93
X5	0.73	0.67	0.99	0.67	0.93
X6	$\boxed{0.03}$	$\boxed{-0.05}$	$\boxed{0.46}$	$\boxed{-0.05}$	$\boxed{0.40}$
X7	0.76	0.70	0.97	0.70	0.91
步方值	164.56	179.81	137.68	13.08	
自由度	14	28	14	14	
RMSEA	0.12	0.12	0.11	0	
GFI	0.94			0.95	0.98
CFI	0.94			0.93	0.86
NNFI	0.90			0.90	0.97
AIC	192.56			165.68	41.08

注：有外框者表示未达 0.05 显著水准。

表 12.6 的多层次组间变异数共变量矩阵与单一组间变异数共变量矩阵的 CFA 结果，其完全标准化因素负荷量都相当高，可以充分解释组间的变异数共变量，看来似乎题项可以聚合成为组织变量，但由于两个模式的 RMSEA 并未小于 0.08，又加上一些适配指标并未达到理想标准，因此整体的配适效果不佳，主要原因在于组织层次的公司数只有 24 家，远远低于多层次 CFA 的最少 50 家的要求。虽然本研究 CFA 结果如此，但从这样的示范分析可以清楚如何利用多层次 CFA 来进行组织变量聚合的效度验证。

表 12.6 删题后的验证性因素分析结果

因素负荷量	单一层次	多层次		单一组内变异共变矩阵	单一组间变异共变矩阵
		组内	组间		
X1	0.78	0.77	0.97	0.78	0.96
X2	0.79	0.76	0.95	0.77	0.95
X4	0.78	0.73	0.98	0.73	0.97
X5	0.73	0.67	0.99	0.68	0.96
X7	0.76	0.70	0.97	0.70	0.96
步方值	37.04	48.14		44.20	16.99
自由度	5	10		5	5
RMSEA	0.095	0.10		0.11	0.32
GFI	0.98			0.98	0.77
CFI	0.99			0.98	0.83
NNFI	0.98			0.96	0.66
AIC	57.04			64.20	36.99

从以上的示范分析可以获知 X3 与 X6 两个题项与其他题项不属于相同的构念，虽然如此，本研究仍然将之视为相同构念的题项以进行后续的信度分析。接下来的信度分析以 Cronbach's alpha 的内部一致性为衡量指标，全部 7 个题项的 alpha 系数为 0.784。但这个系数是假设所有受试者来自独立同质的单一母体下的样本，事实上由于巢套的关系，独立性假设被违反，因此这个系数是被高估的结果。如同表 12.5 与表 12.6 所示，如果将具有巢套关系的资料视为独立同质母体的抽样结果，未考虑多层次或是未抽离出组间变异数共变量矩阵的 CFA 结果，都有高估因素负荷量，连带高估个体层次收敛效度与组合信度系数，且忽略了组织层次的构念效度检验。

12.3.2 r_{wg}、ICC(1) 与 ICC(2) 分析

在多层次组织研究中，对于共享单位的组织变量，将个体层次变量聚合平均成为组织变量的必要条件是检视其组织内变异的 r_{wg} 指标与组织间变异的 ICC(1) 与 ICC(2)。从先前的公式探讨中，r_{wg} 是检视组织内成员回答题项的共识程度，ICC(1) 是组内相关系数，用来衡量组织内成员的非独立性，而 ICC (2) 是组织平均数的代表性，也就是组织层级的信

度，根据 Kamata、Bauer 与 Miyazaki（2008）的说法，用组织成员的平均数作为组织分数的信心程度或是平均数可以用来区别组织间差异相较于区别组织成员的信心水准。根据这三个指标逻辑的先后，依序示范分析 ICC(1) 与 ICC(2)、r_{wg} 和 ICC(1) 与 ICC(2) 的修正。

12.3.2.1　ICC(1) 与 ICC(2)

表 12.7 呈现的是环境气氛 7 题每个题项的组间变异数、组内变异数、组内相关系数与平均数的信度，从表中可以看出，X2 的组间变异数最大、X6 的组内变异数较高，整个变异数则以 X2 与 X3 的 1.39 最高。表 12.7 所呈现的巢套结构的整体变异数要比表 12.3 最后一栏为单一母体抽样结果的变异数来得大一些，所以计算的 ICC(1) 介于 0.12（X6）与 0.26（X1 与 X7）之间，其组内相关程度不算太小，反映出这些题项在组织成员间有相当程度的相关，其组间在这些变量上存在的差异不能被忽视。而最后一个字段的 ICC(2) 则介于 0.76~0.89，也显示平均数信度相当高，以 0.7 的判断水准则以平均数来作为组织的分数有相当的代表性。

表 12.7　各个题项的组间、组内变异数、ICC(1) 与 ICC(2) 指标

题项	τ_{00}	σ^2	$\tau_{00} + \sigma^2$	ICC（1）	ICC（2）
X1	0.33	0.92	1.24	0.26	0.89
X2	0.35	1.04	1.39	0.25	0.89
X3	0.31	1.07	1.39	0.23	0.87
X4	0.23	0.88	1.11	0.21	0.86
X5	0.22	0.96	1.18	0.18	0.84
X6	0.15	1.10	1.25	0.12	0.76
X7	0.33	0.91	1.24	0.26	0.89
总分	4.45	8.97	13.42	0.33	0.92
平均	0.33	0.91	1.24	0.27	0.92

由于环境气氛分量表是由 7 题所组成，如果要计算整体分量表的 ICC(1) 与 ICC(2)，过去的做法是计算每个组织成员这 7 个题项的平均数，这样的方法是假设这 7 个题项是相同构念下的衡量指标，如果因素分析验证通过的话则可以以组织成员这 7 题的平均数或总分来计算 ICC(1) 与 ICC(2)。表 12.7 中的最后两列就是总分与平均数的计算结果，ICC(1) 分别是 0.33 与 0.27，而 ICC(2) 则为 0.92。根据组织成员的总分或平均数计算 ICC(1) 与 ICC(2) 是组合分数的结果，并不是原先题项的结果，相较于共识程度的计算，是先计算每个题项的共识指标再平均或修正某些不一致，这部分在后面修正部分再继续讨论。

12.3.2.2　r_{wg} 与 AD

由于组织变量是通过组织成员来回答，而聚合组织成员得分的平均数作为组织的分数，除了看组织成员提供这个平均数信息的充分与否外，尚需考虑组织成员的回答是否具

有相当程度的共识，组织成员的题项得分与该组织成员的平均数差距有多大，是否可以用他们的平均数来代替大家的分数。根据前面的文献讨论，计算共识程度有相当多的指标，表 12.8 所列的是 4 种指标的计算结果（部分 SPSS 语法参见附录 B）。

由于组织成员的共识计算是以组织为单位进行的，因此有多少组织单位样本就有多少的共识指标。表 12.8 是每个题项这 24 家公司所计算共识指标的统计摘要表，r_{wg} 是假设组织成员回答选项为均等分配下所计算变异数的比较结果、r_{wg}^* 是假设组织成员回答选项为有一半是给最低分、一半是给最高分下的最大变异数的比较结果、a_{wg} 是假设组织成员回答选项为其平均数下最大变异数的比较结果，其计算基础都在比较组织成员回答选项变异数的改善程度，是否可以用其平均数来代表全部成员的分数，而 AD 则是计算平均绝对离均差的程度。

表 12.8　各题项的 r_{wg}、r_{wg}^*、a_{wg} 与 AD 共识与离异程度

题项	r_{wg}				r_{wg}^*				a_{wg}				AD			
	平均	中数	最小	最大	平均	中数	最小	最大	平均	中数	最小	最大	平均	中数	最小	最大
X1	0.70	0.73	0.46	0.89	0.86	0.88	0.75	0.95	0.71	0.72	0.52	0.90	0.70	0.66	0.45	1.07
X2	0.66	0.66	0.46	0.85	0.84	0.84	0.75	0.93	0.67	0.68	0.45	0.86	0.77	0.81	0.50	1.07
X3	0.62	0.64	0.01	0.93	0.82	0.83	0.54	0.97	0.64	0.65	0.12	0.92	0.82	0.82	0.36	1.45
X4	0.73	0.74	0.54	0.86	0.87	0.88	0.79	0.94	0.74	0.75	0.57	0.88	0.67	0.67	0.42	0.94
X5	0.69	0.72	0.24	0.94	0.86	0.87	0.64	0.97	0.71	0.73	0.30	0.94	0.71	0.72	0.17	1.22
X6	0.62	0.63	0.15	0.85	0.82	0.83	0.60	0.93	0.63	0.64	0.25	0.85	0.82	0.84	0.51	1.25
X7	0.71	0.72	0.48	0.96	0.86	0.87	0.76	0.94	0.72	0.74	0.53	0.85	0.69	0.68	0.43	1.02

从表 12.8 的结果 r_{wg}^* 最小值都大于 0.54，a_{wg} 最小值是 X3 的 0.12、而 r_{wg} 的最小值也是 X3 的 0.01 与 X6 的 0.15。从 24 家公司的平均数来看，r_{wg} 都大于 0.62、r_{wg}^* 都大于 0.82、a_{wg} 则都大于 0.63，若根据 0.7 为标准，以每个题项来看的话则有相当多的组织其共识程度未达标准，可能无法将其平均数聚合成为组织变量分数。在 AD 的情况，最大的是 X6 的 0.51 与 X2 的 0.50，而 24 家公司的平均结果则以 X3 与 X6 的 0.82 为最大，相较其他题项的 0.77 有稍微较大的离均差结果。

若根据这个题项整体的共识程度计算，其计算结果如表 12.9 所示，其中 $r_{wg(j)}$ 是以均等分配变异数为基础、$r_{wg(j)}^*$ 是以最大变异数为基础、$a_{wg(j)}$ 是相同平均数下的最大变异数为基础、AD 则是平均的绝对离均差结果。根据计算结果 $r_{wg(j)}$ 24 家公司皆大于 0.86 合乎 0.7 以上的标准，而 $r_{wg(j)}'$ 其他指标中皆大于 0.47、$r_{wg(j)}^*$ 皆大于 0.75、$a_{wg(j)}$ 也都大于 0.50，其平均数分别为 0.68、0.85 与 0.69。而平均的 AD 则最大的公司有 0.98、最小为 0.51，平均而言这 24 家公司的绝对离均差为 0.74。

表 12.9　组织变量的共识与离异程度

	$r_{wg(j)}$	$r'_{wg(j)}$	$r^*_{wg(j)}$	$a_{wg(j)}$	AD
平均	0.93	0.68	0.85	0.69	0.74
中数	0.94	0.69	0.85	0.70	0.73
最小	0.86	0.47	0.75	0.50	0.51
最大	0.98	0.85	0.93	0.84	0.98

从表 12.9 或表 12.8 中可以发现 r^*_{wg} 会大于 r_{wg}、a_{wg}（若公式的分子是 S^2_i）介于两者之间，而 $r^*_{wg(j)}$ 会大于 $r'_{wg(j)}$、$a_{wg(j)}$ 介于两者之间，主要原因在于这三个指标作为对比基础的不共识变异数的计算不同，最小的是以均等分配的变异数、其次是相同平均数下的最大变异数、最后是最大变异数，其中均等分配的变异数与最大变异数在量尺固定下是个常数，以本研究示范分析为例是 6 点尺度，因此均等分配的变异数是 2.92、最大变异数是 6.25，因此 $r^*_{wg(j)}$ 会较大。而 $r_{wg(j)}$ 是以 $r'_{wg(j)}$ 为基础经过 Spearman-Brown 调整而来，会对原先削减的部分进行修正，所得到结果会最大。

12.3.2.3　信度、ICC（1）与 ICC（2）的修正

从表 12.7 各个题项与平均数的 ICC（1）与 ICC（2）的结果发现，并没有考虑到原先 7 个题项间的个体层次内的变异数情况，所计算的是每位组织成员每个题目或平均数的变异程度。根据 Kamata、Bauer 与 Miyazaki（2008）的教育测量上的研究，必须将多重指标的变异考虑到 ICC（1）、ICC（2）甚至 Cronbach's alpha 系数的计算上。表 12.10 是利用阶层线性模式（HLM）对多重指标的变异数进行测量变量阶层、个体层次阶层与组织层次阶层的拆解。表 12.10 中的两层结构是不考虑组织层次的情况下，亦即将所有个体视为独立单一母体的抽样结果，所计算的 ICC（2）就是传统的 Cronbach's alpha 系数，计算的结果为 0.783，相较于 SPSS 的 Cronbach's alpha 信度系数 0.784 只有在小数第 3 位有 0.001 差距。但是考虑到组织层次的镶嵌结果时，所计算的 Cronbach's alpha 系数是 0.691，要比单一层次的 0.784 小，反映的是单一层次的信度在巢套情况下是有高估的情况，再扣除组织层次的变异数后，真正个体层次的问卷信度要小一点。

表 12.10　多重指标的阶层线性模式变异数拆解

误差项变异数	两层	三层
多重指标误差项变异数（σ^2）	0.793	0.789
个体层次误差项变异数（τ_{00}）	0.409	0.251
组织层次误差项变异数（δ_0）	—	0.196
ICC（1）组内相关系数	—	0.437
ICC（2）平均数信度	0.783	0.924
alpha 系数	0.783	0.691

表 12.10 中的三层结构分别是最底层的多重指标阶层、个体组织成员阶层与组织层次阶层，通过 HLM 可以将多重指标各层的变异数进行拆解，其 HLM 的模式设定如下（以 3 题指标为例，HLM 语法参见附录 C）。多重指标层次：

$$Y_{kij} = \pi_{0ij} + \pi_{1ij}D_{2ij} + \pi_{2ij}D_{3ij} + \varepsilon_{kij} \tag{12-20}$$

上式（12-20）中的 Y 是多重指标结果变量，其中 k 代表 1~3 为 3 个指标的代号，i 为组织内成员、j 为组织阶层，π_{0ij}、π_{1ij}、π_{2ij} 为回归系数，D_{2ij}、D_{3ij} 为虚拟变量，下标为 2 代表第 2 个结果变量、下标为 3 代表第 3 个结果变量，方程式中最后一项为误差项，服从常态分配，其平均数为 0，变异数则为表 12.10 中的多重指标误差项变异数。

个体层次：

$$\pi_{0ij} = \beta_{0j} + r_{ij} \tag{12-21}$$

$$\pi_{1ij} = \beta_{1j} \tag{12-22}$$

$$\pi_{2ij} = \beta_{2j} \tag{12-23}$$

上面三个方程式的 β_{0j}、β_{1j} 与 β_{2j} 为截距项参数属于组织层次，而 r_{ij} 为组织成员层次误差项，亦假设服从常态分配，其平均数为 0，变异数则为表 12.10 中的个体层次误差项变异数。

组织层次：

$$\beta_{0j} = Y_{00} + u_{0j} \tag{12-24}$$

$$\beta_{1j} = Y_{10} \tag{12-25}$$

$$\beta_{2j} = Y_{20} \tag{12-26}$$

上面三个方程式的 γ_{00}、γ_{10} 与 γ_{20} 为截距项参数属于固定效果，而 u_{0j} 为组织层次误差项，假设服从常态分配，其平均数为 0，变异数则为表 12.10 中的组织层次误差项变异数。

因此计算的个体层次 Cronbach's alpha 系数是：

$$\alpha = \frac{\tau_{00}}{\tau_{00} + \sigma^2/K} = \frac{0.25142}{0.25142 + 0.78874/7} = 0.691 \tag{12-27}$$

计算 ICC(1) 组内相关系数为：

$$ICC(1) = \frac{\delta_0}{\tau_{00} + \delta_0} = \frac{0.19544}{0.25142 + 0.19544} = 0.437 \tag{12-28}$$

计算 ICC(2) 组织平均数信度为（K 为题数、n_j 为各组织内受试者人数）：

$$ICC(2) = \frac{1}{24} \sum_{j=1}^{24} \frac{\delta_0}{\frac{\sigma^2}{K \times n_j} + \frac{\tau_{00}}{n_j} + \delta_0} = 0.924 \tag{12-29}$$

经过组织变异数的调整，个体层次组织成员在 7 个题项的内部一致性下降到 0.691，考虑多重指标的组织变量其组内相关系数 ICC（1）为 0.437，要比表 12.7 总分与平均数的 ICC(1) 高，且所计算的多重指标 ICC(2) 为 0.924，与表 12.7 总分与平均数的 ICC(2) 一样，其组织变量的组织平均数信度相当高。表 12.7 与表 12.10 的差异在于表 12.7 只考虑个体与组织层次的变异数，而表 12.10 则多考虑到组织成员的多重指标层次的变异数，而计算出来的 ICC(2) 可以说是个体多重指标的平均数，其变异数已经包含了个体层次变异数与多重指标的变异数，而平均数的 ICC(1) 低于表 12-10 的 ICC(1)，是因为平均数的 ICC(1) 其个体层次变异数未将多重指标变异数成分扣除，因此是低估的结果。

12.3.3　小结

从文献回顾与上一节的示范分析说明可以发现多层次研究中几个有关组织变量聚合的问题必须加以注意：

12.3.3.1　反向题的问题

从本研究的 EFA 与 CFA 的结果发现，反向题的题型容易单独形成一个因子，与正向题的题型分离出来，也使得传统单一向度的构念如果采用反向题时容易产生两个因子的结果，这是在研究的测量上必须注意的地方。此外，本研究利用二因子 CFA 来研究正向题与反向题的因素萃取，发现两个题项的反向题只有两题，在估计时产生无法收敛或负荷量的估计上产生违反估计的结果。因此，在多层次的组织变量问卷设计上，尽可能不要使用反向题的设计（除非作为 CMV 的检测或是侦测是否用心作答），如果必须使用反向题时则题目不可以太少，最好能够有三题以上的指标变量可以敛聚为一个因素。除此之外，在共识指标与 ICC 的计算中，无从去侦测反向题与正向题是否与组织变量的构念相关，更凸显 CFA 或是多层次 CFA 在组织变量构念的效度检验上的重要性。

12.3.3.2　组织变量构念的效度验证

如同研究个体层次的构念一般，组织变量要能够由个体层次所回答的结果经计算平均数聚合作为组织层级的构念的研究变量，除了必先有理论基础外也要获得资料的佐证。传统以组织平均数的变异数共变量矩阵作为组织变量 CFA 的分析会有掺杂个体层次变异数的成分，从而可能扭曲组织间的构念萃取。较为适当的做法是利用多层次 CFA 或是将组织层次的变异数共变量矩阵先估计出来（不是组织成员平均数的变异数共变量矩阵）再进行 CFA，通过检视组织层次的因素结构（组间因素负荷量）与适配指标来提供个体层次变量聚合成为组织变量的正当性。传统的单一层次 CFA 则混淆了组内与组间的因素结构，而因为个体层次的样本数远远多于组织层次的样本数，所估计出来的因素结构是倾向于反映个体层次或是组内的因素结构，用以说明测量题项具有效度，是针对个体层次而无法反映组织层次的效度考验。而利用多层次 CFA 可能的问题是当组织层次的样本数不多时，在估计、收敛或是指标的计算上会有严重问题产生。

12.3.3.3　alpha 系数的修正

以 SPSS 的信度计算 Cronbach's alpha 如同多层次 CFA 与单一层次 CFA 结果一样，忽略了巢套的特性，换言之，未将组织层次的变异数抽离出来。如果关心个体层次受试者这些题项间的内部一致性，可以利用 HLM 来估计组织层次的变异数，然后对 alpha 系数进行修正，否则所得到结果是高估的情况，如同单一层次 CFA 的因素负荷量被高估、标准误被低估会产生型 I 错误率膨胀的问题。

12.3.3.4 ICC(1) 与 ICC(2) 的修正

如同 $r_{wg(j)}$ 公式是对所有题项进行共识程度的计算，虽然也有一些指标是计算个别题项指标后再求平均的方式，但 ICC(1) 与 ICC(2) 的计算也必须考虑多重指标层次的变异数。虽然以所有题项的平均数利用 HLM 计算 ICC(1) 与 ICC(2)，与用多重指标的 HLM 计算结果差异不大，但平均数的 ICC(1) 有低估的情况发生。尽管平均数的 ICC(2) 与多重指标的 ICC(2) 是一样的数据，但利用多重指标的 HLM 计算 ICC(1) 与 ICC(2) 要比用平均数来计算 ICC(1) 与 ICC(2) 有理论层级的含义，且将组织变量的多重指标观察变量变异数拆解为多重指标层次、个体层次与组织层次变异数的加总，较符合多层次研究的内涵。

12.3.3.5 ICC(2) 与 alpha 系数的差异

在不考虑组织层次的巢套结构时，利用多重指标所计算 HLM 的 ICC(2) 就是 alpha 系数（见表 12.10）：题项的内部一致性程度。但在多层次架构下，当考虑的是单一题项 HLM 的 ICC(2)，或是多重指标所计算 HLM 的 ICC(2) 时，这个 ICC(2) 不是传统 alpha 信度系数的意义，它称为组织平均数的信度：平均数的变异数中组间变异数所占的百分比程度，所代表的意义是利用组织成员的平均数作为组织变量分数可以被信任的程度，或是可以用平均数来区别组织间差异远比区别组织成员差异的程度（Kamata、Bauer & Miyazaki，2008），甚至是本研究利用的贝氏观点：组织平均数提供信息的代表性或精确性程度，这个 ICC(2) 的计算与每个组织内样本数的大小有关，当组织内样本数越大，该组织成员的平均数代表性就越大，信息品质精确程度也就越高。同样的道理，在计算共识程度时组织内成员的样本数也是关键，前面学者模拟的结果建议组内样本数要高于 10 人（Lindell、Brandt & Whitney，1999）。

希望借由本章的示范分析说明，可以对多层次研究中组织变量的聚合检验程序提供一个较为清楚的架构，但有关于其聚合程序仍有许多的研究空间，例如这些共识或是 AD 指标，甚至 ICC(1) 也有许多学者提出其抽样分配并可以进行统计检定，另外在评分者间一致性的研究亦与本研究相关，这些课题皆可以让管理社群在多层次的组织变量研究中获得相当多的洞察与帮助，由于研究篇幅的限制，本研究着眼于现有较为熟悉的方法来进行示范说明。

附　录

A. Lisrel 语法

Group Between CFA

$CLUSTER group

observed variables group x1 − x7

raw data from file d:\2008wen\rwg\0513re.dat

latent variables org

relationships

x1 x2 x3 x4 x5 x6 x7 =org

Group Within CFA

raw data from file d:\2008wen\rwg\0513re.dat

relationships

x1 x2 x3 x4 x5 x6 x7 =org

set the variance of x1 free

set the variance of x2 free

set the variance of x3 free

set the variance of x4 free

set the variance of x5 free

set the variance of x6 free

set the variance of x7 free

path diagram

lisrel output　sc ss

end of problem

B. SPSS 语法

* SPSS Syntax for Calculating rwg(j)measures

sort cases by group.

* team/group id => com p

aggregate outfile=*

　/break = group

```
/nsubject = n(group)
/sdx1 = sd(x1)
/sdx2 = sd(x2)
/sdx3 = sd(x3)
/sdx4 = sd(x4)
/sdx5 = sd(x5)
/sdx6 = sd(x6)
/sdx7 = sd(x7).
compute vx1 = sdx1**2.
compute vx2 = sdx2**2.
compute vx3 = sdx3**2.
compute vx4 = sdx4**2.
compute vx5 = sdx5**2.
compute vx6 = sdx6**2.
compute vx7 = sdx7**2.
compute mvx = mean(vx1 to vx7).
compute option = 6.
* 6-point scale
compute vud =(option**2-1)/ 12 .
compute mv =(option-1)**2 / 4.
compute rwgjs2 = 1 -(mvx/mv).
compute rwgjs1 = 1-(mvx/vud).
compute rwgj =(item*(2-(mvx/vud)))/((item*(2-(mvx/vud)))+(mvx/vud)).
recode rwgj(1.0 thru hi = 1.0)   (lo thru 0=0).
recode rwgjs1(1.0 thru hi = 1.0)   (lo thru 0=0).
freq var = rwgj rwgjs1 rwgjs2
   /statistics = MINIMUM MAXIMUM MEAN MEDIAN.
   execute.
```

C. HLM 语法

```
#WHLM CMD FILE FOR rel3
nonlin:n
numit:100 stopval:0.0000010000
```

level1：Y=INTRCPT1+D2+D3+D4+D5+D6+D7+RANDOM

level2：INTRCPT1=INTRCPT2+random/

level3：INTRCPT2=INTRCPT3+random/

level2：D2=INTRCPT2/

level3：INTRCPT2=INTRCPT3/

level2：D3=INTRCPT2/

level3：INTRCPT2=INTRCPT3/

level2：D4=INTRCPT2/

level3：INTRCPT2=INTRCPT3/

level2：D5=INTRCPT2/

level3：INTRCPT2=INTRCPT3/

level2：D6=INTRCPT2/

level3：INTRCPT2=INTRCPT3/

level2：D7=INTRCPT2/

level3：INTRCPT2=INTRCPT3/

fixtau2：3

fixtau3：3

accel：5

level1weight：none

level2weight：none

level3weight：none

varianceknown：none

hypoth：n

resfil1：n

resfil2：n

resfil3：n

constrain：N

graphgammas：c：\\grapheq.geq

lvr-beta：n

title：no title

output：c：\\hlm3.txt

fulloutput：n

fishertype：2

13 多层次研究个体层次构念信效度议题

13.1 概说

自从多层次模式软件 HLM 与 MlwiN，以及 SPSS 的 Mixed 模块与 SAS 的 Proc Mixed 程序等统计方法发明以来，过去许多有关于多层次研究的问题迎刃而解。同时许多学者也纷纷探讨跨层级的研究（林钲棽，2007；邱皓政与温福星，2009；蔡维奇与纪乃文，2008；蔡政安与温福星，2008），用来检视组织层级的解释变项直接对个体层级结果变项的影响，或是研究组织层级的解释变项与个体层级解释变项对结果变项的跨层级交互作用。

众所周知，MLM 的目的是解决在**巢套**（nested）设计下的非独立性问题，由于现在社会科学研究因集群抽样而使得资料具有阶层性质，这种阶层性质是由受试者与其所属组织的**镶嵌**（embedded）所造成的。因此当所研究的组织单位都有多名受试者接受调查访问时，此时的 ICC 都不低，代表了结果变项的个体差异有显著的组织间效果，此时利用**一般最小平方**（ordinary least squares）估计法进行回归分析，因忽略组的效果，容易导致回归系数估计值的标准误过小，进而容易推翻虚无假设的型 I 错误率膨胀问题，因此在考虑这个资料非独立性问题时，则必须选择 MLM 软件来分析，才不会使研究结果失准（彭台光与林钲棽，2008；温福星与邱皓政，2009）。

同理，经常用来进行研究变项构念的信效度分析方法为探索性或**验证性因素分析**（confirmatory factor analysis，CFA）以及内部一致性，其基本假设也来自于独立的受试者或观察者所搜集的资料，因此一旦有阶层结构的多层次资料，以 CFA 来进行个体层级构念的信效度检验和用最小平方方法回归分析分析多层次资料一样，有型 I 错误率膨胀的后果。因为个体层级受试者是巢套内属于组织之内，造成相同组织内的受试者资料产生相关而非服从独立性假设，因此 Muthén（1994）提出了多层次结构方程模式来验证**组内**（within group）因素结构与**组间**（between group）因素结构的问题。国内学者黄芳铭与温福星（2007）、邱皓政（2007）、李仁豪与余民宁（2008）也分别进行多层次验证性因素分析与多层次结构方程模式的实证研究，而温福星（2008）也整理了相关的潜在多层次模式。从这里可以看出，当学者在研究多层次结构方程模式问题时，会同时考虑组内与组间因素结构的差异，但在探讨 HLM 的个体层级研究变项时，仍用传统的结构方程模式以整体样本的变异数共变量矩阵来进行 CFA 或探索性因素分析，却往往忽略违反独立性的个体层级因素结构，以及忽略进行组间变异数共变量矩阵的调整，从而使得应该以组内变异数共变量矩阵进行分析，方能代表个体层级受试者研究变项的因素结构。

同样地，有关于多层次下的个体层级研究构念的信度内部一致性估计，Kamata、Bauer 与 Miyazaki（2008）认为以整体样本来进行 Cronbach's α 计算，会有高估的情况，必须将属于组织层级的变异数与共变量去除，以属于个体层级的变异数与共变量来计算，因此在多层次下个体层级属于受试者研究变项的构念信度会较以整体单一层级样本所计算的信度低。

鉴于学者在多层次研究方面有关于个体层级研究变项的信效度检验，仍以传统的方式以单一层级的整体样本进行探索性或验证性因素分析，以及用原始资料进行 Cronbach's α 的内部一致性系数的计算，而未经过多层次总体层级变异数共变量矩阵的修正，因此本章的主要目的即示范如何在多层次下进行有关个体层级研究变项的效度检验与信度估计。因为组织或群组层级研究变项的信效度检验要比个体层级来得复杂，而个体层级的研究相对过去忽略巢套的整体单一层级研究要重要许多，因此本章聚焦于个体层级研究变项构念的检验，对于组织层级部分则未予探讨。鉴于研究篇幅的限制，本章着重于研究方法的介绍，因此有关研究变项的题目设计与构念关系间的理论推导并不是本章的关心重点，本章仅示范如何从搜集而来的数据，进行多层次个体层级研究变项有关构念的信效度检验程序，说明其检验过程以及与传统方式结果之间的比较。原始资料来自唐美芝（2008）的研究，探讨有关公共部门转换型领导风格与组织承诺对组织公民行为的跨层次影响，原使用到的个体层级研究构念有组织承诺、组织公民行为与工作满意。

13.2　范例说明

13.2.1　资料与测量

唐美芝（2008）的研究所采用的个体层级研究构念之题项问卷设计如下：①组织承诺采用 Porter、Steers、Mowday 与 Boulian（1974）的定义，将组织承诺视为组织成员对组织目标与价值观认同，并愿意为组织付出额外努力，以协助达成组织目标的程度，其将组织承诺分为努力承诺（OC1）、留职承诺（OC2）与价值承诺（OC3）三个构面，量表系参考 Mowday、Steer 与 Poter（1979）编制的**组织承诺问卷**（organization commitment question-naire，OCQ）而成，题项共 15 题；②组织公民行为则引用 Katz（1964）、McNeely 与 Meglino（1994），Williams 与 Anderson（1991）及林钲棽（1999）的三因子分类方法进行研究所编制的组织公民行为问卷测量量表，共 11 题，分别为角色内行为（OCB1）、人际利他行为（OCB2）与组织公益行为（OCB3）三个因素；③工作满意是依据 Spector（1982）提出的适用于人力服务业、非营利组织以及政府机关的**工作满足问卷量表**（job satisfaction survey，JSS），经翻译编修，选择其中薪资福利（JS1）、与上司互动（JS2）与公平知觉（JS3）三个构面之 20 题进行分析，共获得北部某县市税捐机关 43 个部门的 617

份有效问卷，其中最少的部门人数为 4 人，最多为 32 人，平均每个部门有 14.3 位员工。同时为降低**共同方法变异**（common method variance，CMV）的干扰，部分问卷题目设计改成反向题，各变量之间的题项安排采用混合交错法。

上述问卷的量表系以 7 点尺度来衡量，初步项目分析是根据其偏态系数、峰度系数在一定范围内，且排除在探索性因素分析未负荷到对应构念因素上的题项，最后的研究变项有关于 OC1 有 3 题、OC2 有 3 题、OC3 有 3 题、OCB1 有 2 题、OCB2 有 4 题、OCB3 有 3 题、JS4 有 4 题、JS2 有 3 题与 JS3 有 4 题，共 29 个题项，其题项内容如附录所示，其描述统计与研究构念的探索性因素分析因素负荷量关系如表 13.1 与表 13.2 所示。

表 13.1　本文变项描述统计与组内相关系数摘要表

	变项	最小值	最大值	平均数	标准差	偏态	峰度	ICC（1）
OC1	x11	1	7	5.083	1.092	−0.172	−0.390	**0.066**
	x12	1	7	4.489	1.213	−0.063	−0.201	0.042
	x13	1	7	4.357	1.119	0.038	0.547	0.043
OC2	x21	1	7	4.606	1.257	−0.244	−0.065	0.022
	x22	1	7	4.713	1.199	−0.147	−0.046	0.056
	x23	1	7	4.468	1.253	−0.303	0.417	0.058
OC3	x31	1	7	4.113	1.242	−0.247	0.679	**0.077**
	x32	1	7	4.276	1.321	−0.292	0.068	0.037
	x33	1	7	4.901	1.120	−0.201	0.064	0.058
OCB1	y11	1	7	5.618	0.919	−0.834	1.160	**0.129**
	y12	1	7	5.540	0.911	−0.667	0.683	**0.105**
OCB2	y21	1	7	5.522	0.955	−1.027	2.187	**0.105**
	y22	2	7	5.630	0.911	−0.494	−0.179	**0.068**
	y23	2	7	5.297	0.969	−0.204	−0.894	**0.118**
	y24	2	7	5.579	0.931	−0.460	−0.309	**0.100**
OCB3	y31	1	7	4.815	1.073	0.373	−0.340	**0.070**
	y32	1	7	5.272	1.080	−0.371	−0.225	0.025
	y33	2	7	4.741	1.095	0.208	−0.505	0.053
JS1	z11	1	7	3.525	1.415	0.194	−0.499	**0.072**
	z12	1	7	3.459	1.295	0.073	−0.141	0.042
	z13	1	7	3.088	1.215	0.311	−0.138	**0.070**
	z14	1	7	3.447	1.264	0.046	−0.287	**0.078**
JS2	z21	1	7	4.945	1.429	−0.733	0.008	**0.153**
	z22	1	7	4.559	1.406	−0.390	−0.186	**0.126**
	z23	1	7	4.799	1.299	−0.479	0.155	**0.136**
JS3	z31	1	7	4.366	1.276	−0.217	−0.100	0.022
	z32	1	7	4.052	1.421	−0.085	−0.543	0.005
	z33	1	7	3.274	1.289	0.237	0.096	0.022
	z34	1	7	3.689	1.270	−0.106	0.167	**0.098**

注：ICC（1）为组内相关系数，其中粗体部分代表 ICC 大于 0.059。

表 13.2　探索性因素分析结果

题项	OCB	OC	Factor JS1	JS2	JS3
x11		0.5924			
x12		0.8379			
x13		0.6849			
x21		0.7805			
x22		0.7153			
x23		0.7775			
x31		0.7505			
x32		0.5403			
x33		0.5690			
y11	0.6392				
y12	0.7607				
y21	0.6442				
y22	0.9018				
y23	0.8706				
y24	0.9468				
y31	0.4993				
y32	0.5421				
y33	0.3667	0.3348			
z11			0.4712		
z12			0.5841		
z13			0.7355		
z14			0.8157		
z21				0.8037	
z22				0.7586	
z23				0.7833	
z31					0.6462
z32					0.7663
z33					0.4074
z34					0.5105

注: 1. 以主轴因子法萃取，以特征值大于 1 为萃取原则，以斜交转轴。
　　2. 负荷量小于 0.3 则不予呈现。

表 13.1 中平均数较大的研究变项为 OCB1 与 OCB2，都在 5.2~5.6 之间，平均数较小的研究变项为 JS1，介于 3.0~3.5 之间。而标准差较小的题项为 OCB1 与 OCB2，皆小于 1.0，而标准差相对较大的是 JS2，几乎都在 1.3 以上。而偏态方面，除了 JS1 与部分 OCB3、JS3 为正偏态之外，其余都是负偏态。换言之，大部分题项的平均数都在 3.5 以上，例如 OCB2 与 OCB1 的题项平均数都在 5.0 以上。而正偏态的题型主要是 JS1，反映题项的平均数几乎都小于 3.5（除 z11 以外）。而峰度方面，除 OC3、OCB1 为正，OCB3 与 JS1 皆为负，其他构念的题项峰度有正有负。这 29 个题项中，特别是 OCB2 的 y21，其偏

态都是最小为−1.027，其峰处最大为2.187。表13.1中最后一个栏位为**组内相关系数**ICC（1），代表每个观察题项总变异数中多少百分比是由组间（部门之间）效果造成的，也代表任一部门组织内任何两个观察值在这一题项的相关系数期望值，反映出非独立的程度。

根据Cohen（1988）对于组内相关系数的定义，当ICC（1）大于0.059即代表有中度关联，反映部门组织之内的观测值具有相关，若以最小平方法的回归分析、结构方程模式或是因素分析将违反资料独立性的假设，因此分析上应该选用阶层线性模式或多层次结构方程模式。表13.1的ICC（1）中，特别是OCB1、OCB2与JS2的所有题项都超过0.059，其中JS2又都高于0.120以上，接近Cohen所研究的高度相关0.139。而JS1 4个题项中有3题ICC（1）高于0.07，只有OC2的题项ICC（1）都小于0.059，显示出将近一半题项的ICC（1）都不低，若忽略了这些组内相关系数，不采用多层次模式而以一般整体样本的单一层级来进行CFA或信度分析，可能会有高估或是失准的情形发生。

表13.2为这29个题项的探索性因素分析结果，其KMO为0.91，显示这29题的相关系数矩阵具有特殊的结构关系，适合进行因素分析。表13.2系以主轴因子方法萃取，以特征值大于1来决定因素个数，并以斜交转轴来呈现因素结构，表13.2中因素负荷量小于0.3并未呈现其因素负荷量。从表13.2可以看出所有9个组织公民行为题项都负荷在相同的因素上，无法明显区分3个次构念。同样地，组织承诺的9个题项也都负荷在相同的因素上，看不出有3个次构念。而3个工作满意次构念题项却可以明显区分出来，分别收敛在不同的3个因素上。其中y33在OCB与OC都有因素负荷产生，其负荷量分别为0.37与0.33，剩下的因素负荷量最小为z33的0.41，最大为y24的0.95。这5个因素共可解释原先29题变异数的61%，显示这29题的相关以这5个因素来呈现是可以被接受的，但可能存在一些问题，在未来的CFA中，若OCB或OC以原先设计的OCB1至OCB3，以及OC1与OC3来萃取时，将可能产生非正定问题。

13.2.2　单一层级CFA

传统单一层级CFA的公式如（13−1）所示，Σ为母体研究变项的变异数共变量矩阵，而Λ为因素负荷量，Φ为因素之间的共变量矩阵，而Θ为独特变异的变异数矩阵，因此在进行CFA时是拿整体样本的变异数共变量矩阵S来代替Σ进行分析。

$$\Sigma_T = \Lambda \phi \Lambda^T + \Theta \tag{13-1}$$

由于本书共有9个假设构念共29个题项的观察变项，根据表13.1研究变项与研究构念之间的关系，以LISREL8.80版的最大概似法进行上述方程式（13−1）右边的参数估计。表13.3的模式1即为九因子模式的CFA，卡方值为1138.29，在自由度341（29×29）的变异数共变量矩阵（共有435个资料点，共估计负荷量、独特变异以及九个构念间相关94个参数）下的p值相当小，达到非常显著的程度。由于卡方值深受样本数影响，因此亦考虑其他的适配度指标来验证最适模式。卡方值对自由度比值介于 3~4 之间还算不错，RMSEA 为 0.062 亦在 0.08 以下的可接受范围，而 CFI、NNFI、PNFI 都在 0.90 与 0.70 以上的标准，SRMR 也在 0.06 以下，只有 GFI 为 0.89 未高于标准的 0.90 以上。此模式 1 的九因子模式算是可以接受的模式，但 Φ 矩阵却为非正定矩阵，反映了表 13.2 中 OCB 与 OC 的所有变项可能都负荷在一起的问题。详细检视 Φ 矩阵，发现 OC1 与 OC2、OC2 与 OC3、OC1 与 OC3 都有相当高的相关系数，其中 OC1 与 OC2、OC3 与 OC2 相关系数分别为 0.92 与 0.95，其 95% 信赖区间包含 1.0，显示 OC2 与 OC1、OC3 无法有效地区分出来，其不具有区别效度。

表 13.3　单一层级 CFA 各模式适合度比较一览

模式	χ^2	df	RMSEA	AIC	CAIC	CFI	GFI	NNFI	PNFI	SRMR
1	1138.29	341	0.062	1326.3	1836.23	0.97	0.89	0.96	0.80	0.057
2	1210.45	356	0.064	1419.5	1848.01	0.97	0.88	0.96	0.83	0.058
3	874.19	271	0.060	1034.2	1468.18	0.97	0.90	0.96	0.76	0.056
4	761.46	247	0.058	912.24	1335.38	0.97	0.91	0.96	0.79	0.056

注：模式 1 为九因素模式，模式 2 为七因素模式，模式 3 为删除 OC2 的八因素模式，模式 4 为模式 3 再删除变项 Z_{33}。

表 13.3 中的模式 2 为七因素模型，将所有 OC1、OC2 与 OC3 的题项视为 OC 的观察变项形成单一因素再度执行 LISREL，得到卡方值为 1210.45，自由度为 356（因素之间相关系数少 15 个参数），卡方值对自由度比值仍落在 3~4 之间，其他的适合度指标皆与模式 1 相似，唯一变差的指标为 GFI 的 0.88，仍未达 0.90 的标准。由于模式 2 与模式 1 为巢套关系，其卡方值的差距服从两个模式自由度差的卡方分配。经计算两个模式卡方值相差 72，在自由度 15 下达到 0.001 的显著水准，说明模式 2 比模式 1 差。细究模式 1 的 Φ 矩阵，因 OC2 皆与 OC1、OC3 有相当高的相关，但 OC1 与 OC3 的相关虽高达 0.82，但未达到 95% 信赖包含 1.0 的情况，亦即 OC1 与 OC3 是不同的构念，因此本书考虑舍弃 OC2 这个因素，将 x21、x22 与 x23 三个题项删除，另执行八因素的 CFA，结果如表 13.3 中所示的模式 3。

模式 3 的卡方值为 847.19，自由度为 271，p 值仍为显著；再比较 CFI、GFI、NNFI 等指标都在 0.90 以上，而 RMSEA 为 0.060，SRMR 则为 0.056，而 PNFI 也高于 0.70 的 0.76，显示这个模式在适合度指标上皆达到不错的标准。由于模式 3 为八因素模式，而模式 1 为九因素模式，但两者并非巢套模式，因模式 3 少了 3 个观察变项，在与模式 1 相较之下是属于**边缘条件**（boundary condition），无法利用卡方值的差来比较模式的优劣，而可以用来比较模式 1 与模式 3 适切的指标则为 AIC 与 CAIC 指标。模式 3 的 AIC 为 1034，CAIC 为 1468，皆比模式 1 与模式 2 的 AIC 与 CAIC 要小，显示模式 3 要比模式 1 与模式 2 更精简，但其他适合度指标相较这两个模式并不差，唯一的限制是舍弃了一个构念 OC2，但所有估计的参数都可以适当估计出来，Φ 矩阵也达到正定矩阵，独特变异数与因素负荷量都获得不错的估计结果。

模式 3 的整体适合度指标皆不错，而参数估计亦没有违犯估计的现象发生，细究模式的细部结果发现，JS3 中的 z33 变项其负荷量为 0.40，相较其他构念因素负荷量要小许多，考虑到模式的内在品质，经删除 JS3 中的 z33 变项之后，所得到的整体适配结果如表 13.3 中所示的模式 4，卡方值为 761.46，自由度为 247，RMSEA 为 0.058 小于 0.060 的良好标准，而 CFI 为 0.97、GFI 为 0.91、NNFI 为 0.96 都相当不错，而精简指标的 PNFI 为 0.79 也高于标准 0.70，SRMR 也相当小，为 0.056，低于好的标准值 0.060。其 AIC 为 912.2，CAIC 为 1335.3，都较模式 3 的 AIC 与 CAIC 低很多，显示删除 z33 题项并不影响原先模式的适配度，但模式却更为精简且因素负荷量也都提高，其最后估计的因素负荷量（Λ）结果如表 13.4 左半边的数据所示，Φ 相关数据如表 13.5 左下角所示。

在表 13.4 左半边为单一层级变异数共变量矩阵的 CFA 结果，是将整个样本的变项视为来自单一母体的抽样结果。表 13.4 中的第一个字段是观察变项，第二个字段是完全标准化系数，第三个字段是标准化系数，第四个字段是标准化系数估计值的标准误，第五个字段是独特变异数，其中标准化解与独特变异数都达到 0.05 的显著水准。在完全标准化系数中，因素负荷量最小为 JS3 的 z34，其标准化系数为 0.527，最大负荷量是 OCB1 的 y12，标准化系数为 0.923。在 8 个因素中，OCB1 与 OCB2（除了 y21 的负荷量外）的负荷都在 0.80 以上，预期在信度上会有最大的内部一致性 α 值。标准化系数估计值的标准误最小值为 0.029，最大值为 0.057，其余都介于 0.030~0.050 之间，而独特变异数最小为 0.122，最大为 1.261。

表 13.4 单一层级与多层次个体层级 CFA 结果因素负荷量比较

观察变项	单一层级变异数共变量矩阵 $\hat{\Sigma}_T$				组内个体层级变异数共变量矩阵 $\hat{\Sigma}_W$			
	完全标准化解	标准化解	标准化解标准误	独特变异数	完全标准化解	标准化解	标准化解标准误	独特变异数
x11	0.749	0.818	0.040	0.524	0.737	0.780	0.040	0.511
x12	0.847	1.027	0.042	0.416	0.851	1.010	0.043	0.389
x13	0.676	0.757	0.042	0.679	0.662	0.722	0.043	0.669
x31	0.736	0.913	0.048	0.708	0.717	0.855	0.049	0.693
x32	0.622	0.821	0.053	1.071	0.603	0.782	0.054	1.072
x33	0.645	0.723	0.044	0.733	0.629	0.685	0.045	0.714
y11	0.826	0.759	0.032	0.268	0.803	0.693	0.032	0.265
y12	0.923	0.841	0.030	0.122	0.925	0.800	0.030	0.107
y21	0.645	0.616	0.035	0.532	0.595	0.538	0.035	0.527
y22	0.892	0.813	0.029	0.170	0.883	0.777	0.030	0.170
y23	0.841	0.815	0.032	0.275	0.827	0.753	0.032	0.261
y24	0.901	0.839	0.030	0.163	0.893	0.792	0.030	0.160
y31	0.582	0.624	0.043	0.761	0.575	0.594	0.043	0.714

观察变项	单一层级变异数共变量矩阵 $\hat{\Sigma}_T$				组内个体层级变异数共变量矩阵 $\hat{\Sigma}_W$			
	完全标准化解	标准化解	标准化解标准误	独特变异数	完全标准化解	标准化解	标准化解标准误	独特变异数
y32	0.762	0.823	0.040	0.489	0.761	0.810	0.041	0.478
y33	0.692	0.757	0.042	0.625	0.701	0.747	0.042	0.576
z11	0.609	0.862	0.057	1.261	0.592	0.805	0.057	1.204
z12	0.676	0.875	0.051	0.911	0.710	0.902	0.051	0.798
z13	0.681	0.828	0.048	0.791	0.677	0.794	0.048	0.747
z14	0.778	0.984	0.048	0.630	0.752	0.914	0.049	0.642
z21	0.790	1.128	0.052	0.769	0.761	0.998	**0.051**	0.722
z22	0.774	1.089	0.052	0.792	0.753	0.989	**0.051**	0.747
z23	0.821	1.067	0.047	0.549	0.786	0.953	0.047	**0.562**
z31	0.806	1.028	0.500	0.572	0.801	1.009	0.052	**0.598**
z32	0.725	1.030	0.057	0.959	0.737	1.043	0.059	0.915
z34	0.527	0.669	0.053	1.166	0.495	0.597	0.053	1.098

注：观察变项加粗斜体字者为 ICC（1）大于 0.059，表内数字加粗者代表 $\hat{\Sigma}_W$ 模式的系数大于 $\hat{\Sigma}_T$ 模式的系数，而加底线数字者代表 $\hat{\Sigma}_W$ 模式的标准误小于 $\hat{\Sigma}_T$ 模式。

表 13.5　单一层级与多层次个体层级 CFA 结果因素相关比较

	OC1	OC3	OCB1	OCB2	OCB3	JS1	JS2	JS3
OC1	—	0.851 (0.029)	0.546 (0.037)	0.486 (0.039)	0.686 (0.036)	0.304 (0.048)	0.328 (0.047)	0.402 (0.046)
OC3	0.860 (0.027)	—	0.417 (0.047)	0.414 (0.045)	0.609 (0.045)	0.435 (0.049)	0.406 (0.049)	0.493 (0.048)
OCB1	0.574 (0.034)	0.445 (0.043)	—	0.745 (0.025)	0.685 (0.034)	**0.042 (0.050)**	0.263 (0.047)	0.227 (0.049)
OCB2	0.506 (0.036)	0.414 (0.043)	0.781 (0.021)	—	0.793 (0.027)	**-0.050 (0.049)**	0.164 (0.047)	0.173 (0.049)
OCB3	0.703 (0.034)	0.612 (0.042)	0.705 (0.032)	0.792 (0.026)	—	**0.068 (0.055)**	0.143 (0.053)	0.248 (0.055)
JS1	0.323 (0.046)	0.473 (0.045)	**0.071 (0.048)**	**-0.028 (0.047)**	**0.080 (0.052)**	—	0.447 (0.044)	0.515 (0.043)
JS2	0.301 (0.050)	0.406 (0.046)	0.236 (0.046)	0.119 (0.045)	0.120 (0.051)	0.446 (0.042)	—	0.582 (0.040)
JS3	0.424 (0.044)	0.493 (0.045)	0.242 (0.047)	0.185 (0.047)	0.262 (0.051)	0.526 (0.041)	0.540 (0.039)	—

注：对角线左下方为 $\hat{\Sigma}_T$ 的因子相关系数，右上方为 $\hat{\Sigma}_W$ 的因子相关系数，括号内为标准误；加底线者代表右上方相关系数标准误小于左下方的标准误，粗体者代表相关系数不显著。

　　而表 13.5 所呈现的 Φ 矩阵估计值，可以发现相关最高为 OC1 与 OC3 的 0.860，估计标准误为 0.027，达 0.05 显著水准，其 95% 信赖区间并未包含 1.0 在内，可以将这两个构念视为不同的因素。其次是 OCB1、OCB2 与 OCB3 之间的相关，其大小介于 0.705~0.792

之间；另外 JS1、JS2 与 JS3 之间的相关则介于 0.45~0.54 之间。在各构念间相关系数尤以 OC1、OC3 与其他构念相关最高，介于 0.30~0.70 之间，而 JS1 与 OCB1、OCB2、OCB3 则为最小且不显著，其他 JS1、JS2、JS3 与 OCB1、OCB2、OCB3 的相关系数则介于 0.12~0.26 之间。

13.2.3　个体层级 CFA

根据 Muthén（1994）的多层次结构方程模式，母体的 Σ_T 可以分解为 Σ_B 与 Σ_W 相加，Σ_W 为个体层级变异数共变量矩阵或是组内变异数共变量矩阵，而 Σ_B 为组织层级或是组间变异数共变量矩阵。Σ_B 与 Σ_W 相对应的样本变异数共变量矩阵为 S_B^* 与 S_{PW}，其公式如下：

$$S_B^* = \frac{1}{G-1} \sum_{j=1}^{G} \sum_{i=1}^{n_j} (\overline{Y}_j - \overline{Y})(\overline{Y}_j - \overline{Y})^T \tag{13-2}$$

$$S_{PW} = \frac{1}{N-G} \sum_{j=1}^{G} \sum_{i=1}^{n_j} (Y_{ij} - \overline{Y}_j)(Y_{ij} - \overline{Y}_j)^T \tag{13-3}$$

G 为组数，N 为总样本数，为各组样本数 n_j 相加。Y_{ij}、$\overline{Y}_j$ 与 $\overline{Y}$ 皆为 $P \times 1$ 向量，P 为变项个数，分别代表个体层级受试者的变项向量、各组变项平均向量与总平均向量，而 Σ_W 的不偏一致估计量为：

$$\hat{\Sigma}_W = S_{PW} \tag{13-4}$$

当 $n_j = n$ 时，则 Σ_B 的不偏估计量为：

$$\hat{\Sigma}_B = \frac{1}{n}(S_W^* - S_{PW}) \tag{13-5}$$

当 n_j 都不相等时，Muthén（1994）提出修正的共同组内样本大小：

$$n' = \left(N^2 - \sum_{j=1}^{G} n_j^2\right)(N(G-1))^{-1} \tag{13-6}$$

由于本书只涉及多层次研究中个体层级研究变项的变异数共变量矩阵，因此可以不经过修正直接拿样本的 S_{PW} 来进行 CFA，因为：

$$\Sigma_W = \Lambda_W \Phi_W \Lambda_W^T - \Theta_W \tag{13-7}$$

而 $S_{PW} = \hat{\Sigma}_W$，Λ_W 为个体层级研究变项的因素负荷量，Φ_W 为个体层级潜在变项间的变异数共变量矩阵或相关系数矩阵，而 Θ_W 为个体层级研究变项的独特变异数矩阵。由于多层次研究巢套的阶层结构资料，造成了组织内资料间存在相关特性，因此通过组内变异数共变量矩阵的计算可以消除数据在同一组织内的相关性（组平减特性），此时在 CFA 时，以 $S_{PW}(\hat{\Sigma}_W)$ 取代 $S_T(\hat{\Sigma}_T)$ 可以避免非独立性假设被违反的后果。表 13.6 列出了和表 13.3 相同的 CFA 检验过程，由于 S_T 为整体样本 617 个受试者的资料，而 S_{PW} 则为 617 − 43 =

574 笔信息的提供，样本数仍然相当大，因此 S_{PW} 与 S_T 的结构特性会相当接近。

表 13.6 中模式 1 为九因素模式，除 GFI 为 0.89 未符合标准的 0.90 外，计算出来的 Φ_W 矩阵同样遭遇到非正定的情形，问题仍然发生在 OC2 与 OC1、OC2 与 OC3 的高相关上。若将所有组织承诺观察视为一个潜在变项 OC 的外显变项，则其表 13.6 的模式 2 七因素结构显著较差于模式 1。在考虑删除 OC2 潜在变项之后的模式 3，除了适配度指标都达到可以接受的标准外，其 AIC 与 CAIC 都要比模式 2 来得精简，但减少了 OC2 三个观察变项与 OC2 构念。同理，$z33$ 的因素负荷量低至 0.40，考虑删除后的 AIC 与 CAIC 也都比模式 3 精简，但相对适合度指标都优于模式 3，说明删除 $z33$ 并不影响 CFA 的整体配适结果，但增进了模式的精简程度与内在品质。

表 13.6　个体层级组内变异数共变量矩阵 CFA 各模式适合度比较

模式	χ^2	df	RMSEA	AIC	CAIC	CFI	GFI	NNFI	PNFI	SRMR
1	1051.76	341	0.060	1243.51	1746.66	0.97	0.89	0.96	0.80	0.056
2	1113.27	356	0.063	1318.97	1741.83	0.96	0.88	0.96	0.83	0.057
3	816.93	271	0.059	976.93	1405.14	0.97	0.90	0.96	0.79	0.056
4	703.65	247	0.057	859.65	1277.15	0.97	0.91	0.96	0.79	0.055

注：模式 1 为九因素模式，模式 2 为七因素模式，模式 3 为删除 OC2 的八因素模式，模式 4 为模式 3 再删除变项 Z_{33}。

根据表 13.6，模式 4 的 CFA 结果如表 13.4 的右半边，为组内个体层级变异数共变量矩阵 $\hat{\Sigma}_W$ 的各字段。表 13.4 第 6 个字段为完全标准化解，其因素负荷量介于 0.495~0.925 之间，标准化系数的标准误介于 0.030~0.059 之间，其因素负荷量与独特变异数都达 0.05 显著水准。

比较表 13.4 的 $\hat{\Sigma}_T$ 与 $\hat{\Sigma}_W$ 的 CFA 结果可以发现，在完全标准化的因素负荷量方面，除了 $x12$、$y12$、$y33$、$z12$、$z32$ 外，个体层级 $\hat{\Sigma}_W$ 的因素负荷量都小于单一层级的 $\hat{\Sigma}_T$。此外，在标准化系数的标准误方面，除了 $z21$、$z22$ 与 $z32$ 外，$\hat{\Sigma}_T$ 的标准误都小于或等于 $\hat{\Sigma}_W$ 的结果。这两个结果显示，利用单一层级整体样本的变异数共变量矩阵进行个体层级构念的 CFA 验证，会因为未经过组平减的过程，导致和 HLM 一样的后果，即因素负荷量会被高估，标准误被低估的结果。

再比较表 13.4 中观察变项中斜体的部分，代表观察变项的 ICC（1）大于 0.059 的题项，此部分显示出群组（组织）的效果不能被忽略。换言之，$\hat{\Sigma}_W$ 的因素负荷量会较 $\hat{\Sigma}_T$ 来得小，特别是 $y11$、$y21$、$z14$、$z21$、$z22$、$z23$ 与 $z34$，其两个模式因素负荷量之间相差较多，但也发现了 $y12$ 不减反增的现象。有关于观察变项的 ICC（1）是分别计算每个变项的组间与组内变异数，但在因素分析中，应该计算的是观察变项背后潜在变项的组间变异数与组内变异数，因为观察变项的 ICC(1) 与潜在变项的组内相关系数的差异是观察变项具有测量误差的成分。

进一步比较表 13.5 左下角的 Φ_T 与右上角的 Φ_W 可以发现，OC1 与 OC3 的相关还是最高（0.85），JS1 与 OCB1、OCB2、OCB3 的相关皆不显著，其他构念之间相关系数部分则相似，但观察的重点是相关系数的标准误。右上角 $\hat{\Sigma}_W$ 标准误都大于 $\hat{\Sigma}_T$ 部分（除了 JS2 与 OC1 的 0.047），主要原因在于 $\hat{\Sigma}_T$ 是用 617 个样本计算而来，而 $\hat{\Sigma}_W$ 则是修正组内相关部分，其样本数的资料要下修到 574 个样本所造成的差异。

从表 13.4 与表 13.5 的两种方法的比较发现，忽略巢套设计而采用单一层级的变异数共变量矩阵进行 CFA 的结果，在因素负荷量的大小与潜在变项间的相关系数大部分都比以个体层级的变异数共变量矩阵的 CFA 结果要大，而其估计值的标准误则要小，这样的结果和过去文献的发现一致（Harnqvist、Gustafsson、Muthen & Nelson，1994；Julian，2001；Muthén，1989，1994；Muthén & Satorra，1995），说明了在多层次下忽略巢套效果的分析可能产生的偏误。

13.2.4 信度修正

有关内部一致性信度 Cronbach's α 的公式如方程式（13-8）所示：

$$\alpha = \frac{J}{J-1} \left(\frac{\sigma_T^2 - \sum_{j=1}^{J} \sigma_i^2}{\sigma_T^2} \right) \tag{13-8}$$

公式（13-8）中的 σ_T^2 是分量表总分的变异数，而 σ_i^2 为分量表各题的变异数，J 为题数，括号内的分子代表的是分量表所有题项间的共变量的总和，其占总分变异数的程度。由于多层次巢套关系，员工内镶嵌于组织，因此这两个变异数 σ_T^2 与 σ_i^2 都包含了组间（组织部门）与组内（受试者间）变异数成分，为了计算多层次的个体层级受试者研究变项间的内部一致性，必须将这些变异数中属于组间变异数的部分加以修正。本书采用修正的方式是根据 Kamata、Bauer 与 Miyazaki（2008）所建议，利用多层次软件 HLM 来计算修正后的 ICC(2)。关于如何以多层次软件来进行传统 α 系数的修正，本书以 3 个题项为例进行简单说明。其多层次模式如下列公式（13-9）至（13-15）所示：

观测题项模式：

$$Y_{kij} = \pi_{0ij} + \pi_{1ij} D_{k=1,ij} + \pi_{2ij} D_{k=2,ij} + \varepsilon_{kij} \tag{13-9}$$

组内模式：

$$\pi_{0ij} = \beta_{0j} + u_{0ij} \tag{13-10}$$

$$\pi_{1ij} = \beta_{1j} \tag{13-11}$$

$$\pi_{2ij} = \beta_{2j} \tag{13-12}$$

组间模式：

$$\beta_{0j} = Y_{00} + v_{0j} \tag{13-13}$$

$$\beta_{1j} = Y_{10} \tag{13-14}$$

$$\beta_{2j} = Y_{20} \tag{13-15}$$

由于在多层次设计下，包含观测题项的题项层级，因此共有三个层次。第一个层次在捕捉题项层次的变异数，如公式（13-9）的 ε_{kij}，其变异数假设为 σ^2。下标的 k 代表题项、i 代表组织成员、j 代表组织，因此 Y_{kij} 代表组织 j 内的成员 j 在问卷第 k 题项的作答选项。π_{0ij} 代表参考题项（本范例说明为最后一题）的平均效果，$D_{k=1,ij}$ 与 $D_{k=2,ij}$ 代表第一题与第二题的指标变项（虚拟变项），而 π_{1ij} 与 π_{2ij} 代表第一题与第二题相对第三题的效果差异。组内模式的公式（13-10）设为随机效果，而公式（13-11）与（13-12）则设为固定效果。公式（13-10）u_{0ij} 的变异数为 $\tau_{\beta00}$，用来表示个体层级组织成员间的变异数，是属于随机截距模式。组间模式的公式（13-13）设为随机效果，而公式（13-14）与（13-15）则设为固定效果。公式（13-13）v_{0j} 的变异数为 τ_{v00}，用来表示组织层级组织间的变异数，亦属于随机截距模式。通过公式（13-9）至（13-15）的设定，可以将多层次设计下受试者作答题项的变异数拆解为三部分，分别是题项、组织成员间与组织间的变异数，因此公式（13-8）的组间变异数部分就可以消除。而 Raudenbush、Rowan 与 Kang（1991）的 ICC（2）信度在多层次下的修正为公式（13-16），其中 J 为题项个数：

$$ICC(2) = \frac{\tau_{\beta00}}{\tau_{\beta00} + \dfrac{\sigma^2}{J}} \tag{13-16}$$

根据表 13.3 与表 13.6 的模式 4 进行研究变项信度的检验，以 Cronbach's α 一致性计算 617 笔原始资料在 8 个因素 25 题项的内部一致性如表 13.7 所示。表 13.7 中单一层级内部一致性系数的计算有两种方法：单一层级中 alpha 是利用 SPSS 的信度模块计算而得，其公式为方程式（13-8）；另外一种计算方法为利用 HLM 软件的 ICC（2）信度计算而来，是在没有考虑巢套现象时的题目内部一致性。表 13.7 中的 alpha，以 OCB2 与 OCB1 为最高，系数分别为 0.8882 与 0.8656，和表 13.4 的最大因素负荷量的观察结果一致，其次是 JS2 的 0.8358，其他构念的信度都在 0.70 以上。另外，利用多层次软件的 HLM 计算多层次 617 笔资料个体层级同样这 8 个构念 25 题项的 ICC（2），得到结果与 SPSS 的 α 值除了 OCB3 在小数后第 4 位差 0.0001 外，其他七个信度系数在 4 位小数都一样。换言之，HLM 软件的 ICC（2）可以用来计算 α 值。由于 HLM 软件是用来处理多层次巢套现象的专属软件，因此可以用来计算在多层次下个体层级构念研究变项信度的修正。

由于在多层次下，变异数可以分解为组间变异数与组内变异数，同理共变量的部分亦

表 13.7　单一层级与多层次个体层级研究变项信度比较

模式	单一层级		个体层级
构念	alpha	ICC(2)	ICC(2)
OC1	0.7936	0.7936	0.7813
OC3	0.7028	0.7028	0.6785
OCB1	0.8656	0.8656	0.8481
OCB2	0.8882	0.8883	0.8725
OCB3	0.7168	0.7168	0.7031
JS1	0.7741	0.7741	0.7581
JS2	0.8358	0.8358	0.8021
JS3	0.7138	0.7138	0.7013

注：alpha 系数为 SPSS 软件计算的信度，ICC(2) 为 HLM 软件中所估计的信度系数。

可以拆解为组间与组内共变量部分，通过 HLM 软件将多层次属于组织层级变异数的萃取排除外，所计算的 ICC(2) 将较单一层级的 ICC(2) 小，其中最明显的部分是 OC3，修正后的个体层级 α 系数由 0.7028 减少至 0.6785，如果以 0.70 为信度检测原则，则个体层级的 OC3 的信度将被归为未符合信度标准的研究构念。而其他的构念都可以发现，单一层级的内部一致性都要比个体层级的信度来得大，这是在多层次研究下探讨个体层级受试者研究变项的信度时会遭遇的问题，也就是 SPSS 的信度模块未将组织内受试者间的非独立性或是相关系数考虑的结果，如同多层次回归分析一般，所得的结果会有失准的情形发生。

13.2.5　结论

近年来，国内外的多层次研究越来越普遍，也很热门，算是新兴的研究领域。在多层次研究下，主要是探讨个体层级与组织层级的研究变项对个体层级结果变项的影响，组织层级的研究变项除了有共通、共构、共塑外，且共享变项除了要经过 ICC(1)、ICC(2) 以及 r_{wg} 的验证外，个体层级的研究变项与结果变项的资料搜集与信效度研究，几乎和过去单一层级的研究构念一样，学者几乎都是利用问卷方式取得个体层级受试者的资料，通过探索性因素分析或是验证性因素分析方式取得问卷资料研究构念的效度，再利用内部一致性的 α 系数来说明问卷具有信度。关于因素分析与 α 系数都是根据所搜集的全部样本来进行，但这样的分析方式忽略了这些全部样本在多层次研究的巢套设计下具有组内相关的特性，换言之，这些全部样本并不是具有完全独立的假设。

如同多层次回归分析一样，由于巢套设计的关系：员工属于组织，于是同一组织内的资料不具有独立性的假设，传统的一般最小平方方法的回归分析无法适用，必须采用阶层线性模式或是多层次模式的软件来分析。同样地，探索性因素分析或是验证性因素分析的统计方法也是针对资料假设为独立的情况，因此这些方法用在多层次研究个体层级研究变项的效度研究，如同用最小平方法回归分析研究多层次研究一样，可能会有失准的情况。因此，对于采用验证性因素分析来研究多层次的个体层级研究变项，其全部样本的变异数共变量矩阵是要经过修正排除巢套的组织间变异数与共变量部分，方能采用原先的单一层级验证性因素分析方法。同理，Kamata、Bauer 与 Miyazaki（2008）也认为多层次研究下，内部一致性 α 系数也是要经过修正，方能反映真正个体层级研究变项资料的信度特性。

本书除了提出多层次研究下个体层级研究变项的信效度修正观念外，也利用实证资料进行了示范分析，其示范分析结果说明在具有不小的组内相关系数的情况下，利用单一层级（全部样本）的验证性因素分析所估计的因素负荷量，相较于组内变异数共变量的验证性因素分析结果会有高估的情况，且其标准误也会有低估的现象，容易造成和回归分析应用于多层次资料的结果一样：型 I 错误率的膨胀后果。此外，未修正的全部样本内部一致性 α 系数也会有高估的结果。

本书的分析结果中，单一层级与个体层级组内资料的验证性因素分析结果的结论是一致的，除了个体层级受试者的样本数远远大于组织层次的组织个数，以及部分研究变项组内相关系数不是非常高的情况，造成全部样本与组内资料的变异数共变量矩阵差异不是很大的原因。但是从方法论上来说，既然是巢套设计下的多层次研究，组织内资料的非独立性是个既定的事实，违反独立性的假设皆会造成结构方程模式与一般最小平方法回归分析不适用于多层次研究个体层级资料的分析，即使这样分析的结果与使用修正后的方法结论一致或是相差有限，但在统计分析方法的使用上将不具有**统计结论效度**（statistical conclusion validity）（Cook & Campbell，1979）的结果。

附录一 研究变项题项

x11 我愿意多付出、多努力，以协助税捐处达到预期目标

x12 我常对我的朋友说，我所服务的机关是值得效劳的

x13 在税捐处工作，使我能充分发挥自己的能力

x21 我很自豪地告诉别人，我是税捐处的一分子

x22 我经常会将税捐处的利益视为自己的利益而全力以赴

x23 我很庆幸当年选择进入税捐处服务

x31 我认为目前服务的税捐处是最好的机关

x32 我十分关心税捐处未来的发展

x33 继续留在税捐处不会有什么好前途

y11 我愿意依长官分派给我的工作项目，尽力达成任务

y12 我会去达成工作所要求的绩效水准

y21 对那些忙不过来的同事，我愿意主动帮忙

y22 我愿意帮助本单位里的新同事尽快适应环境并传授经验、解决问题

y23 我对税捐处内其他同事会给予高度的关怀

y24 我愿意将信息与其他同事一起分享

y31 我对工作的投入与付出，超出税捐处所要求的标准

y32 我会维护与捍卫税捐处的形象

y33 我愿意不拘形式提出建议，以利税捐处运作的改善

z11 税捐处的福利和大部分的公务机关一样好

z12 税捐处的员工福利相当公平

z13 有些福利是我应该得到，但却没有得到

z14 我对所获得的福利不甚满意

z21 我认为直属主管相当胜任自己的工作

z22 我对我的直属主管还蛮认同

z23 我的直属主管对下属的感受并不关心

z31 当我工作表现良好时，我可以获得应有的肯定

z32 工作上表现良好的员工，可获得公平的升迁机会

z33 员工在本单位获得升迁机会，比其他单位来得快

z34 我觉得我的努力并未获得相对应的报酬

附录二 　（13-4）与（13-5）S_{PW} 与 S_B^* 的不偏估计证明

在不失一般性的情况下，假设多变量资料由两个变项 x_{ij} 与 y_{ij} 所组成，其多层次结构分为两层，分别为整体层次的 j 与 j 下的个体层级 i 所构成，资料表示如下：

$$x_{ij} = \mu_1 + \alpha_{1j} + \varepsilon_{1ij} \tag{A1}$$

$$y_{ij} = \mu_2 + \alpha_{2j} + \varepsilon_{2ij} \tag{A2}$$

μ_1 与 μ_2 分别为 x_{ij} 变项与 y_{ij} 的总平均，α_{1j} 与 α_{2j} 分别为变项 x_{ij} 与 y_{ij} 在总体层次的随机效果，亦即组间变异部分；而 ε_{1ij} 与 ε_{2ij} 分别为变项 x_{ij} 与 y_{ij} 在个体层级的随机效果，亦即组内变异部分，其组间变异数与共变量以 τ 表示、组内变异数与共变量以 σ 表示，其设定如下：

$$\alpha_{1j}^{iid} \sim N(0,\ \tau_{11}) \tag{A3}$$

$$\alpha_{2j}^{iid} \sim N(0,\ \tau_{22}) \tag{A4}$$

$$Cov(\alpha_{1j},\ \alpha_{2j}) = \tau_{12} \tag{A5}$$

$$\varepsilon_{1ij}^{iid} \sim N(0,\ \sigma_1^2) \tag{A6}$$

$$\varepsilon_{2ij}^{iid} \sim N(0,\ \sigma_2^2) \tag{A7}$$

$$Cov(\varepsilon_{1ij},\ \varepsilon_{2ij}) = \sigma_{12} \tag{A8}$$

一、共变量（交乘项）的拆解

我们欲计算变项 x_{ij} 与 y_{ij} 的变异数共变量矩阵，在假设总体层次组数 G 与所有组数个体层级观测值不一样多的情况下（n_j），则共变量的计算可以拆解如下：

$$\sum_{j=1}^{G} \sum_{i=1}^{n_j} (x_{ij} - \bar{x})(y_{ij} - \bar{y}) = \sum_{j=1}^{G} \sum_{i=1}^{n_j} (x_{ij} - \bar{x}_j + \bar{x}_j - \bar{x})(y_{ij} - \bar{y}_j + \bar{y}_j - \bar{y})$$

$$= \sum_{j=1}^{G} \sum_{i=1}^{n_j} (x_{ij} - \bar{x}_j)(y_{ij} - \bar{y}_j) + \sum_{j=1}^{G} \sum_{i=1}^{n_j} (x_{ij} - \bar{x}_j)(\bar{y}_j - \bar{y})$$

$$+ \sum_{j=1}^{G} \sum_{i=1}^{n_j} (\bar{x}_j - \bar{x})(y_{ij} - \bar{y}_j) + \sum_{j=1}^{G} \sum_{i=1}^{n_j} (\bar{x}_j - \bar{x})(\bar{y}_j - \bar{y}) \tag{A9}$$

上式的拆解可以分割为四项交乘差项的和。

1. 第一项（组内交乘项）：

$$\sum_{j=1}^{G} \sum_{i=1}^{n_j} (x_{ij} - \bar{x}_j)(y_{ij} - \bar{y}_j)$$

$$= \sum_{j=1}^{G} \sum_{i=1}^{n_j} \left(x_{ij} y_{ij} - x_{ij} \bar{y}_j - \bar{x}_j y_{ij} + \bar{x}_j \bar{y}_j \right)$$

$$= \sum_{j=1}^{G} \sum_{i=1}^{n_j} x_{ij} y_{ij} - \sum_{j=1}^{G} n_j \bar{x}_j \bar{y}_j$$

经过计算后，第一项可以分解为两项相减，其期望值如下：

$$E\left(\sum_{j=1}^{G} \sum_{i=1}^{n_j} \left(x_{ij} - \bar{x}_j \right) \left(y_{ij} - \bar{y}_j \right) \right)$$

$$= E\left(\sum_{j=1}^{G} \sum_{i=1}^{n_j} x_{ij} y_{ij} \right) - E\left(\sum_{j=1}^{G} n_j \bar{x}_j \bar{y}_j \right)$$

先对上式第一项求期望值，因 $\sum_{j=1}^{J} n_j = N$，所以：

$$E\left(\sum_{j=1}^{G} \sum_{i=1}^{n_j} x_{ij} y_{ij} \right)$$

$$= E\left(\sum_{j=1}^{G} \sum_{i=1}^{n_j} \left(\mu_1 \mu_2 + \mu_1 \alpha_{2j} + \mu_1 \varepsilon_{2ij} + \alpha_{1j} \mu_2 + \alpha_{1j} \alpha_{2j} + \alpha_{1j} \varepsilon_{2ij} + \varepsilon_{1ij} \mu_2 + \varepsilon_{1ij} \alpha_{2j} + \varepsilon_{1ij} \varepsilon_{2ij} \right) \right) \tag{A10}$$

$$= \mu_1 \mu_2 \sum_{j=1}^{G} \sum_{i=1}^{n_j} 1 + \sum_{j=1}^{G} \sum_{i=1}^{n_j} \tau_{12} + \sum_{j=1}^{G} \sum_{i=1}^{n_j} \sigma_{12}$$

$$= N\mu_1\mu_2 + N\tau_{12} + N\sigma_{12}$$

而第二项因涉及各变项各组平均数的期望值计算，我们从第（A1）式与第（A2）式以及上述（A3）到（A8）的假设，推导出各组平均数的期望值：

$$\bar{x}_j = \mu_1 + \alpha_{1j} + \frac{1}{n_j} \sum_{i=1}^{n_j} \varepsilon_{1ij} \tag{A11}$$

$$\bar{y}_j = \mu_2 + \alpha_{2j} + \frac{1}{n_j} \sum_{i=1}^{n_j} \varepsilon_{2ij} \tag{A12}$$

先将方程式（A11）与（A12）相乘、加总、再求期望值：

$$E\left(\sum_{j=1}^{G} n_j \bar{x}_j \bar{y}_j \right)$$

$$= E\left(\sum_{j=1}^{G} n_j \left(\mu_1 \mu_2 + \mu_1 \alpha_{2j} + \mu_1 \frac{1}{n_j} \sum_{i=1}^{n_j} \varepsilon_{2ij} + \alpha_{1j} \mu_2 + \alpha_{1j} \alpha_{2j} + \alpha_{1j} \frac{1}{n_j} \sum_{i=1}^{n_j} \varepsilon_{2ij} + \right. \right.$$

$$\left. \left. \frac{1}{n_j} \sum_{i=1}^{n_j} \varepsilon_{1ij} \mu_2 + \frac{1}{n_j} \sum_{i=1}^{n_j} \varepsilon_{1ij} \alpha_{2j} + \frac{1}{n_j} \sum_{i=1}^{n_j} \varepsilon_{1ij} \frac{1}{n_j} \sum_{i=1}^{n_j} \varepsilon_{2ij} \right) \right)$$

经整理后，第二项的期望值为：

$$E\left(\sum_{j=1}^{G} n_j \bar{x}_j \bar{y}_j \right)$$

$$= N\mu_1\mu_2 + N\tau_{12} + G\sigma_{12} \tag{A13}$$

所以第（A9）式最后等号右边第一项的期望值为：

$$E\left(\sum_{j=1}^{G}\sum_{i=1}^{n_j}(x_{ij}-\bar{x}_j)(y_{ij}-\bar{y}_j)\right) = E\left(\sum_{j=1}^{G}\sum_{i=1}^{n_j}x_{ij}y_{ij}\right) - E\left(\sum_{j=1}^{G}n_j\bar{x}_j\bar{y}_j\right)$$

$$= N\mu_1\mu_2 + N\tau_{12} + N\sigma_{12} - (N\mu_1\mu_2 + N\tau_{12} + G\sigma_{12})$$

$$= (N-G)\sigma_{12} \tag{A14}$$

2. 第二项与第三项：

而第（A9）式等号右边第二项与第三项的计算，最后会得到 0 的结果：

$$\sum_{j=1}^{G}\sum_{i=1}^{n_j}(x_{ij}-\bar{x}_j)(\bar{y}_j-\bar{y}) = \sum_{j=1}^{G}\left((\bar{y}_j-y)\sum_{i=1}^{n_j}(x_{ij}-\bar{x}_j)\right) = 0$$

$$\sum_{j=1}^{G}\sum_{i=1}^{n_j}(\bar{x}_j-\bar{x})(y_{ij}-\bar{y}_j) = \sum_{j=1}^{G}\left((\bar{x}_j-\bar{x})\sum_{i=1}^{n_j}(y_{ij}-\bar{y}_j)\right) = 0$$

3. 第四项（组间交乘项）：

$$\sum_{j=1}^{G}\sum_{i=1}^{n_j}(\bar{x}_j-\bar{x})(\bar{y}_j-\bar{y}) = \sum_{j=1}^{G}n_j(\bar{x}_j\bar{y}_j-\bar{x}\bar{y}_j-\bar{x}_j\bar{y}+\bar{x}\bar{y})$$

$$= \sum_{j=1}^{G}n_j\bar{x}_j\bar{y}_j - \bar{x}\sum_{j=1}^{G}n_j\bar{y}_j - \bar{y}\sum_{j=1}^{G}n_j\bar{x}_j + N\bar{x}\bar{y} \tag{A15}$$

从第（A15）式我们可以看出，在第（A9）式的整体变项 x_{ij} 与 y_{ij} 的共变量可以拆解成组内共变量（第 A9 式第一项）与组间共变量（第 A9 式最后一项）两项相加。第（A15）式中，对其求期望值牵涉到组平均数与总平均数期望值的计算，如（A16）式所示：

$$E\left(\sum_{j=1}^{G}\sum_{i=1}^{n}(\bar{x}_j-\bar{x})(\bar{y}_j-\bar{y})\right) = E\left(\sum_{j=1}^{G}n_j\bar{x}_j\bar{y}_j - N\bar{x}\bar{y}\right) \tag{A16}$$

（A16）式中，组平均数相乘加总的期望值计算为（A13）式，而总平均数相乘加总的期望值则另外计算。根据第（A1）式与第（A2）式以及第（A3）到第（A8）式的假设，可以推导出第（A16）式第二项的期望值：

因：

$$\bar{x} = \mu_1 + \frac{1}{N}\sum_{j=1}^{G}n_j\alpha_{1j} + \frac{1}{N}\sum_{j=1}^{G}\sum_{i=1}^{n_j}\varepsilon_{1ij} \tag{A17}$$

$$\bar{y} = \mu_2 + \frac{1}{N}\sum_{j=1}^{G}n_j\alpha_{2j} + N\sum_{j=1}^{G}\sum_{i=1}^{n_j}\varepsilon_{2ij} \tag{A18}$$

所以：

$E(\bar{x}\bar{y})$

$$= E(\mu_1\mu_2 + \mu_1\frac{1}{N}\sum_{j=1}^{G}n_j\alpha_{2j} + \mu_1\frac{1}{N}\sum_{j=1}^{G}\sum_{i=1}^{n_j}\varepsilon_{2ij} + \frac{1}{N}\sum_{j=1}^{G}n_j\alpha_{1j}\mu_2 + \frac{1}{N^2}\sum_{j=1}^{G}n_j\alpha_{1j}\sum_{j=1}^{G}n_j\alpha_{2j} +$$

$$\frac{1}{N}\sum_{j=1}^{G}n_j\alpha_{1j}\frac{1}{N}\sum_{j=1}^{G}\sum_{i=1}^{n_j}\varepsilon_{2ij} + \frac{1}{N}\sum_{j=1}^{G}\sum_{i=1}^{n_j}\varepsilon_{1ij}\mu_2 + \frac{1}{N}\sum_{j=1}^{G}\sum_{i=1}^{n_j}\varepsilon_{1ij}\frac{1}{N}\sum_{j=1}^{G}n_j\alpha_{2j} +$$

$$\frac{1}{N^2}\sum_{j=1}^{G}\sum_{i=1}^{n_j}\varepsilon_{1ij}\sum_{j=1}^{G}\sum_{i=1}^{n_j}\varepsilon_{2ij})$$

$$= \mu_1\mu_2 + \frac{1}{N}\sum_{j=1}^{G}n_j^2\tau_{12} + \sigma_{12} \tag{A19}$$

将式（A19）与式（A13）代入式（A16），可以得到式（A9）第四项的期望值：

$$E(\sum_{j=1}^{G}\sum_{i=1}^{n_j}(\bar{x}_j - \bar{x})(\bar{y}_j - \bar{y}))$$

$$= E(\sum_{j=1}^{G}n_j\bar{x}_j\bar{y}_j - N\bar{x}\bar{y})$$

$$= N\mu_1\mu_2 + N\tau_{12} + G\sigma_{12} - N(\mu_1\mu_2 + \frac{1}{N}\sum_{j=1}^{G}n_j^2\tau_{12} + \sigma_{12})$$

$$= \tau_{12}(N - \frac{1}{N}\sum_{j=1}^{G}n_j^2) + \sigma_{12}(G - 1) \tag{A20}$$

最后式（A9）的期望值，经整理可以得到下式：

$$E(\sum_{j=1}^{G}\sum_{i=1}^{n_j}(x_{ij} - \bar{x})(y_{ij} - \bar{y}))$$

$$= E(\sum_{j=1}^{G}\sum_{i=1}^{n_j}(x_{ij} - \bar{x})(y_{ij} - \bar{y}_j)) + E(\sum_{j=1}^{G}\sum_{i=1}^{n_j}(\bar{x}_j - \bar{x})(\bar{y}_j - \bar{y}))$$

$$= (N - G)\sigma_{12} + \tau_{12}(N - \frac{1}{N}\sum_{j=1}^{G}n_j^2) + \sigma_{12}(G - 1)$$

$$= (N - 1)\sigma_{12} + (N - \frac{1}{N}\sum_{j=1}^{G}n_j^2)\tau_{12} \tag{A21}$$

式（A21）即为变项 x_{ij} 与 y_{ij} 共变量的期望值。接下来，我们欲计算变项 x_{ij} 与 y_{ij} 变异数的期望值，由于这两个变项是相同的形式，所以只要求得一个变项变异数的期望值，即可更改符号作为另一个变项变异数的期望值，我们以变项 y_{ij} 为例来计算其变异数的期望值。

二、变异数（变异）的拆解

因变异为离均差的平方和，所以总变异可以拆解为组间变异与组内变异和：

$$SS_T = \sum_{j=1}^{G} \sum_{i=1}^{n_j} (y_{ij} - \bar{y})(y_{ij} - \bar{y})$$

$$= \sum_{j=1}^{G} \sum_{i=1}^{n_j} (y_{ij} - \bar{y}_j)^2 + \sum_{j=1}^{G} \sum_{i=1}^{n_j} (\bar{y}_j - \bar{y})^2$$

$$= SS_W + SS_B \tag{A22}$$

1. 组内变异

我们先对式（A22）的第一项组内变异求期望值，首先将组内变异拆解：

$$SS_W = \sum_{j=1}^{G} \sum_{i=1}^{n_j} (y_{ij} - \bar{y}_j)^2$$

$$= \sum_{j=1}^{G} \sum_{i=1}^{n_j} y_{ij}^2 - \sum_{j=1}^{G} n_j \bar{y}_j^2 \tag{A23}$$

在式（A23）牵涉到 y_{ij} 变项平方项与 y_{ij} 变项组平均数平方项期望值的计算，所以我们先计算各自期望值。从方程式（A2）与（A12），我们可以计算 y_{ij} 变项平方项的期望值与 y_{ij} 变项组平均数平方项的期望值：

因

$$y_{ij} = \mu_2 + \sigma_{2j} + \varepsilon_{2ij}$$

所以

$$E(y_{ij}^2) = Var(y_{ij}) + (E(y_{ij}))^2$$

$$= \sigma_2^2 + \tau_{22} + \mu_2^2 \tag{A24}$$

又因

$$\bar{y}_j = \mu_2 + \alpha_{2j} + \frac{1}{n_j} \sum_{i=1}^{n_j} \varepsilon_{2ij}$$

所以

$$E(\bar{y}_j^2) = Var(\bar{y}_j) + (E(\bar{y}_j))^2$$

$$= \frac{1}{n_j}\sigma_2^2 + \tau_{22} + \mu_2^2 \tag{A25}$$

因此组内变异期望值为：

$$E(SS_W) = E\left(\sum_{j=1}^{G} \sum_{i=1}^{n_j} y_{ij}^2 - \sum_{j=1}^{G} n_j \bar{y}_j^2 \right)$$

$$= (N\sigma_2^2 + N\tau_{22} + N\mu_2^2) - (G\sigma_2^2 + N\tau_{22} + N\mu_2^2)$$

$$= (N - G)\sigma_2^2 \tag{A26}$$

2. 组间变异

而组间变异经整理，亦可以得到两项相减：

$$SS_B = \sum_{j=1}^{G} \sum_{i=1}^{n_j} (\bar{y}_j - \bar{y})^2 \bar{x}$$

$$= \sum_{j=1}^{G} n_j \bar{y}_j^2 - N\bar{y}^2 \qquad (A27)$$

在式（A27）中牵涉到 y_{ij} 变项组平均数平方项与 y_{ij} 变项总平均数平方项期望值的计算，其中式（A27）第一项为式（A23）第二项，我们已经求出，所以我们现在要计算式（A27）第二项的期望值。而 y_{ij} 变项总平均数为式（A18）：

$$\bar{y} = \mu_2 + \frac{1}{N} \sum_{j=1}^{G} n_j \alpha_{2j} + \frac{1}{N} \sum_{j=1}^{G} \sum_{i=1}^{n_j} \varepsilon_{2ij} \qquad (A18)$$

利用式（A18）y_{ij} 变项总平均数的变异数，经移项可得 y_{ij} 变项总平均数平方项期望值：

$$E(\bar{y}^2) = Var(\bar{y}) + (E(\bar{y}_j))^2$$

$$= \frac{\sum_{j=1}^{G} n_j^2}{N_2} \tau_{22} + \frac{1}{N} \sigma_2^2 + \mu_2^2 \qquad (A28)$$

因此，将式（A28）与式（A25）代入式（A27），可得组间变异的期望值：

$$E(SS_B) = E(\sum_{j=1}^{G} n_j \bar{y}_j^2 - N\bar{y}^2)$$

$$= (G - 1)\sigma_2^2 + (N - \frac{\sum_{j=1}^{G} n_j^2}{N})\tau_{22} \qquad (A29)$$

比较式（A29）与式（A21），可以发现变异数是共变量的特例。此外，因式（A22）总变异等于组内变异与组间变异的加总，则总变异的期望值为式（A26）与式（A29）的和：

$$E(SS_T) = (N - 1)\sigma_2^2 + (N - \frac{\sum_{j=1}^{G} n_j^2}{N})\tau_{22} \qquad (A30)$$

3. 组内与组间变异数（共变量）的不偏估计值

若将式（A26）组内变异除上其自由度，可得组内变异数的不偏估计值：

$$\hat{\sigma}_2^2 = \frac{SS_w}{N - G} \qquad (A31)$$

（A31）式即为组内变异数，若将式（A29）进一步整理，将式（A29）等式两边都除以（G-1）得下式：

$$E(\frac{SS_B}{G - 1}) = \sigma_2^2 + (\frac{N^2 - \sum_{j=1}^{G} n_j^2}{N(G - 1)})\tau_{22} \qquad (A32)$$

令：

$$n' = \frac{N^2 - \sum\limits_{j=1}^{G} n_j^2}{N(G-1)}$$

并将 σ_2^2 以不偏估计值代入式（A32），则可以得组间变异数的不偏估计值：

$$\hat{\tau}_{22} = \frac{SS_B}{n'(G-1)} - \frac{\hat{\sigma}_2^2}{n'} \tag{A33}$$

再令：

$$S_B^{*2} = \frac{SS_B}{G-1}$$

则（A33）式可以表示成下式：

$$\hat{\tau}_{22} = \frac{S_B^{*2}}{n'} - \frac{\hat{\sigma}_2^2}{n'}$$

亦即：

$$S_B^{*2} = n'\hat{\tau}_{22} + \hat{\sigma}_2^2 \tag{A34}$$

在这里的 S_B^{*2} 为将总体层次的组平均数分合（disaggregated）成个体层级的观察变项求取变异后再除以第二层总体层次个数减 $1(G-1)$。同理，根据式（A21）、式（A20）与式（A14），可以算出变项 x_{ij} 与 y_{ij} 的组间共变量与组内共变量的不偏估计值。

从式（A31）与式（A33）可知，组内变异数的不偏估计值只与组内变异有关，若将式（A33）一般化，则先计算各组的组内变异（离均差平方和）后再加总，之后再除上其自由度，可以求得不偏估计值；但是组间变异数的不偏估计则需要组间变异的计算扣掉组内变异数的不偏估计值，再除上共同组内样本数 n' 方能获得。

三、多变量矩阵形式

若将变项 x_{ij} 与 y_{ij} 扩展成为多变量形式，亦即 x_{ij} 与 y_{ij} 皆代表向量的意思，那么式（A1）与式（A2）也为向量表示式，则母体变异数共变量矩阵为组间变异数共变量矩阵与组内变异数共变量矩阵的加总：

$$\Sigma_T = Var(x_{ij}) = Var(\mu_1 + \alpha_{1j} + \varepsilon_{1ij}) = \Sigma_B + \Sigma_W \tag{A35}$$

则计算样本总交乘差项和矩阵的期望值，根据式（A30）双变量的推演，可以得到下列形式：

$$E\left(\sum_{j=1}^{G}\sum_{i=1}^{n_j}(x_{ij}-\bar{x})(x_{ij}-\bar{x})^T\right)$$

$$= E\left(\sum_{j=1}^{G}\sum_{i=1}^{n_j}(x_{ij}-\bar{x}_j)(x_{ij}-\bar{x}_j)^T\right) + E\left(\sum_{j=1}^{G}\sum_{i=1}^{n_j}(\bar{x}_j-\bar{x})(\bar{x}_j-\bar{x})^T\right)$$

$$= (N-1)\sum{}_W + \left(N - \frac{\sum\limits_{j=1}^{G}n_j^2}{N}\right)\sum{}_B \tag{A36}$$

若 S_T 代表样本的总变异数共变异数矩阵，则其期望值为：

$$E(S_T) = \frac{1}{N-1}E\left(\sum_{j=1}^{G}\sum_{i=1}^{n_j}(x_{ij}-\bar{x})(x_{ij}-\bar{x})^T\right)$$

$$= \sum{}_W + \frac{1}{N-1}\left(N - \frac{\sum\limits_{j=1}^{G}n_j^2}{N}\right)\sum{}_B \tag{A37}$$

式（A37）不再是式（A35）的不偏估计值，而式（A31）的多变量形式则以 S_{PW} 来表示，其样本的组内变异数共变量矩阵不偏估计值如下：

$$E(S_{PW}) = \frac{1}{N-G}E\left(\sum_{j=1}^{G}\sum_{i=1}^{n_j}(x_{ij}-\bar{x}_j)(x_{ij}-\bar{x}_j)^T\right)$$

$$= \frac{1}{N-G}(N-G)\sum{}_W$$

$$= \sum{}_W \tag{A38}$$

式（A38）是计算各组的组内离均差平方和再加总后除上自由度（个体层级总样本数扣掉总体层次样本数），其为母体组内变异数共变量矩阵不偏估计值。同样根据 S_B^{*2} 的形式，我们估计样本的分合（disaggregated）组间变异数共变量矩阵 S_B^*，计算其期望值：

$$E(S_B^*) = \frac{1}{G-1}E\left(\sum_{j=1}^{G}\sum_{i=1}^{n_j}(\bar{x}_j-\bar{x})(\bar{x}_j-\bar{x})^T\right)$$

$$= \frac{1}{G-1}\left(n'(G-1)\sum{}_B + (G-1)\sum{}_W\right)$$

$$= n'\sum{}_B + \sum{}_W \tag{A39}$$

样本的分合（disaggregated）组间变异数共变量矩阵 S_B^* 期望值为母体的组间变异数共变量矩阵 $\sum_B$ 乘上第二层内的共同样本大小（common group size），与母体的组内变异数共变量矩阵 $\sum_W$ 的和。如果我们想获得母体的组间变异数共变量矩阵 $\sum_B$，则必须先计算样本的分合（disaggregated）组间变异数共变量矩阵 S_B^* 后，扣除样本的组内变异数共变量矩阵 S_{PW}，再除上共同组内样本数 n' 即可获得：

$$E\left(\frac{1}{n'}(S_B^* - S_{PW})\right) = \frac{1}{n'}E\left(n'\sum{}_B + \sum{}_W - \sum{}_W\right) = \sum{}_B \tag{A40}$$

四、各组样本数相等时

当各组样本数相等时（$n_j = n$），则公式（A33）内的共同样本数 n（common group size）因 $nG = N$ 而可以简化为 n，公式（A38）、（A39）与（A40）仍然成立。

$$n' = \frac{N^2 - \sum_{j=1}^{G} n_j^2}{N(G-1)} = \frac{n^2 G^2 - n^2 G}{N(G-1)} = \frac{n^2 G(G-1)}{N(G-1)} = n$$

14 结语

本书所提出关于 MLM 的各项议题其实都相互关联，这是一般在 GLM 中较难发现的独特之处。换言之，MLM 或 HLM 的正确使用必须要有整体的考量，除每个细节必须能够有所掌握之外，更需了解彼此间的关联。

以两层结构的多层次样本数为例，由于牵涉到第二层组数与第一层组内样本数的权衡，在设计效果中，当平均组内样本数越多时，即使 ICC(1) 很小，设计效果也可能会很大，造成有效样本数的减少，以及检定力的减弱，因此不能有太多的组内样本数。但同时检视信度公式，当组内样本数越大，该组的信度就越高，估计第一层的回归系数效果就更加准确。从这两个第一层组内样本数的结果来看刚好互相矛盾，但事实不然，因为它们是探讨不同的课题，因此在不同的前提条件，所得到的结论也就不同，但之间的关系却是相通的。因为设计效果是在说，当存在多层次数据结构时，若研究者忽略了这巢套特性而采用了单一层次的回归分析，则会因为组内样本数大，即使 ICC(1) 很小，仍会导致回归系数估计值的标准误过小而使得 t 检定显著，事实上会因设计效果而低估了标准误。同样地，随机效果的选择与平减也有关联。在随机效果的考虑上，第二层截距方程式的误差项会因为第一层回归模式解释变项是否平减而改变意义。如果个体层次回归模式解释变项经过组平减后，第二层截距方程式误差项代表的是各组结果变项平均数与总平均数的差异，则其变异数有解释上的意义。因此，读者在学习 MLM 或 HLM 时，除了充分了解各议题的概念原理外，尚须对各议题彼此间的关系融会贯通，如此则精熟 HLM 指日可待。兹将上述所探讨第 2 章至第 10 章各议题的含义与建议整理成表 14.1。

在进行多层次的研究中，当然最重要的是理论的呈现。一旦形成理论紧接而来的就是研究假设的提出，而要验证研究假设是否成立就要靠实证资料的搜集。实证数据在量化研究中首先来自研究构念的测量，样本的抽取与问卷的施测，最终才是统计分析的操作。所以，这彼此关联的重要议题可以从测量（资料的特性与品质）、统计（分析的方法与策略）、方法论（研究设计、研究问题的解决与研究发现的解释应用）三方面来进行有意义的区分，本书基于议题的性质区分为五个构面，但关于 HLM 还有其他有待深入的部分，例如本书只局限于对两层镶嵌结构资料的连续结果变项进行整理，而三层结构或是其他类型的资料更值得去探讨。或者是否可以像 SEM 一样，一次的软件执行可以估计出所有多层次研究架构上的回归系数？可以有多群体 HLM 吗？以及 HLM 如何应用在追踪资料的分析这些议题尚待国内学者进一步探讨。在这里，我们只针对在 MLM 的研究中所经常会遭遇到的技术与方法论上的问题进行整理，绝大多数是笔者使用 HLM 所遭遇问题而整理的解决方法，当然这些方法都有文献上的支持。至于更细节的部分，读者可能必须回到参考文献的源头去探索。

在这五个构面，从逻辑顺序来说应该是在研究前就要设定好多层次资料搜集的层次样本数，在 HLM 官方网站（www.ssicentral.com）可以下载计算达到什么程度**统计检定力**

（statistical power）所需的样本数，研究者配合理论层次来决定最适的各层**样本数**（sample size）。当然一个好的多层次研究来自于要探讨的问题为何，如何去解决问题，可能会迁就的时空条件的限制，在可以配合的情况下让研究样本越多越好。

其次是测量的层次，最重要的议题是组织变项的获得，因此资料汇总是一个很重要的基础。随之而来的是是否使用 HLM 或多层次软件的时机，正确解读 ICC(1) 的意义是多层次研究的关键步骤。关于表 14.1 的使用时机、抽样议题与资料汇总是属于偏向方法论与测量的课题。而表 14.1 其他的议题虽然有涉及许多重要方法论的概念，但本书特别强调其在统计上的原理知识、操作程序与范例介绍，这是打通多层次研究任督二脉的重要基础。在完成本书前 13 章之后，又再度拿起 Hofmann 在 1997 年于 Journal of Management 发表的文章，这篇文章可以说是管理领域研究多层次很重要的参考文献，笔者重复阅读不下 5 次。这次再阅读发现，虽然 Hofmann 没有呈现很多的统计模式，但字里行间几乎都是统计方法论的论述，让您每阅读一次就会多一点体会。

此外，由于 MLM 在中国尚属于萌芽阶段，本书特别在后面三章加入实证分析，包含跨层级或**多层次中介**效果 2–1–1 的检验程序（温福星与邱皓政，2009）、多层次研究中组织变项的效信度考验（温福星，2009），以及多层次研究中个体层级研究构念的效信度检验，这三章都以实际的范例进行示范说明，目的是通过实际的演练过程帮助读者学会如何获取多层次测量的知识与分析技术。第 11 章是社会科学研究典范在多层次研究的具体实践，虽然中介效果在个体层次的研究相当丰硕，且 Barron 与 Kenny 的检验程序受到许多学者的批评，但却不减损其在中介研究上的重要地位。单纯一个多层次回归分析的执行，是着重于本书前十章，它相当于乐高玩具的每一个组合积木，而乐高玩具最后所组合的成品如同一个多层次研究架构，需要富有创意的想象力与统整的能力来完成，第 11 章提供了一个范例说明了前十章在多层次调节性中介效果的研究应用，通过真实的文章发表与分析过程帮助读者进入多层次研究的殿堂。

至于第 12 章与第 13 章则是属于多层次测量模式（multilevel measurement model）的重要议题，有别于过去单一层次研究构念信效度的检验，这是属于新兴的多层次测量原理。在具有巢套的阶层式资料下，资料违反独立性是 MLM 所关注的焦点，它使得传统的回归分析无法适用，当然连带过去在单一层次的 SEM、CFA 与 Cronbach's α 都不适用，因为这些方法都是建立在资料独立性的假设上。这两章与本书的共同点是利用 HLM 来进行 Cronbach's α 的修正，至于多层次 SEM 与多层次 CFA 的原理可以参阅第 13 章的附录二。这个研究领域在中国完全是新的议题，但在国外多集中在 MLCFA 的使用。有关于多层次研究个休层次构念的信效度验证问题整理成表 14.2，以供读者进一步认识多层次测量模式。

在这本书从第 1 章开始至第 13 章相关的议题上，笔者有个心得可以以这句话来表达：

如果研究者忽视脉络效果（contextual effect）的分析，错以个体层次的效果去解释总体层次的效果（atomic fallacy），或是错以总体效果去解释个体效果（ecological fallacy），在方法学上都是属于推论上的谬误，由此可知多层次资料的探讨在方法学上的考量更胜于统计的操作与分析。

诚如许多文献所述，MLM 作为一个新崛起的统计技术，必须兼顾方法学与技术层次的考量。但是从 HLM 可以完成的分析任务与弹性，以及 2000 年之后实证论文累积的速度来看，HLM 确实是当代最具发展潜力的统计分析技术，在国外如此，在中国亦然。在可预见的数年内，将会有越来越多有关 HLM 的深入研究与广泛应用。因此，撰写本书的目的如同彭台光与林钲棽（2006）两位学者的结论建议，希望本书能对中国 HLM 或 MLM 提供一个较为清楚与正确的应用原则。

表 14.1　各关键议题的含义建议

范畴	关键议题	建议
一、使用时机	ICC(1)	1. 大于 0.059。 2. τ_{00} 卡方检定显著。
二、抽样议题	样本数	1. 30/30 原则。 2. 第二层样本数多越好。 3. 模型越复杂，各层样本数要求越多。
三、资料汇总	组织构念	1. 迁移共识法设计问卷。 2. 考虑 MLCFA。 3. 考虑 r_{wg} 与 ICC(2) 大于 0.7。 4. 考虑其他如 AD、$r'_{wj(j)}$ 共识指标。
四、分析方法	总平减或组平减	1. 第二层解释变项总平减。 2. 第一层解释变项主效果组平减，但将组平均数置于截距方程式。 3. 跨层级交互作用项，个体层次以组平减。 4. 脉络效果与中介效果个体层次以总平减。
	固定效果或随机效果	1. 以理论为出发考虑。 2. 第二层样本数太少则采用固定效果。 3. 涉及抽样推论则采用随机效果。 4. 固定效果的解释是平均回归系数的概念。 5. 变异成分的变异数是个别差异的概念。
	FUML 或 REML	1. 关心的是回归系数采用 FUML。 2. 关心的是变异成分采用 REML。 3. 牵涉所有参数估计的模式比较采用 FUML。 4. 牵涉随机效果的模式比较采用 REML。
五、模式评估	模式配适	1. 巢套下采用离异数差异的卡方检定，固定效果的比较采用 FUML 估计法、随机效果的比较采用 REML 估计法。 2. 非巢套模式比较采用 AIC 或 BIC。 3. 不同软件 BIC 的有效样本数要注意。

续表

范畴	关键议题	建议
五、模式评估	解释变异量	1. pseudo R squares。 2. 若上式为负则采用 Snijders 与 Bosker 的 R2 公式，若为负显示模式设定有误。 3. 是变异数改善幅度非变异改善程度。 4. 配合适当平减策略。
	多元共线性	1. 以混合模式数据结构进行 VIF 或条件数检测。 2. 以适当平减处理。
六、模式估计	强韧性标准误	1. 随时可使用，但与一般标准误有极大差异时，显示模式的假设被违反。 2. 较大的 L2 样本方适用。
	第一层变异数方程式	1. 第一层误差项同质性被违反，可以用来估计其变异数方程式。 2. 以卡方差异检定来选择竞争模式。
	贝氏估计法	1. 估计第一层方程式的回归系数。 2. 用来比较组间方程式的差异。 3. 用来估计随机效果。

表14.2 多层次测量模式构念信效度检验建议

范畴	关键议题	建议
一、个体层次	信度	1. 以三层 HLM 来修正（组内）。 2. 利用组内变异数共变量矩阵计算内部一致性。
	效度	1. 以 MLCFA 来估计个体层次。 2. 以组内变异数共变量矩阵进行 CFA。
二、组织层次	信度	以三层 HLM 来修正（组间）。
	效度	1. 以 MLCFA 来估计组织层次。 2. 以 r_{wg} 与 AD 来检验。

参考文献

中文部分

李仁豪、余民宁（2008）：《二层次结构方程式模型的应用：以教育心理学为例》，《师大学报：教育类》，53（3）：95-123。

林钲棽（1999）：《组织承诺、工作满足与组织公民行为之研究：各种不同理论模式之比较》，《中山管理评论》，7（4）：1049-1073。

林钲棽（2007）：《跨层次观点下印象管理动机与主管导向之组织公民行为关系：社会互动与组织政治气候的调节角色》，《管理学报》，24（1）：93-111。

林钲棽、彭台光（2006）：《多层次管理研究：分析层次的概念、理论和方法》，《管理学报》，12：649-675。

邱皓政（2007）：《脉络变量的多层次潜在变量模式分析：口试评分者效应的多层次结构方程模式实证应用》，《中华心理学刊》，49（4）：383-405。

唐美芝（2008）：《人格特质通过组织承诺对组织公民行为之跨层次研究——以转换型领导风格为干扰变量》，辅仁大学管理研究所未发表硕士学位论文。

彭台光、林钲棽（2008）：《组织现象与层次议题：非独立性资料的概念与实证》，《组织与管理》，1（1）：95-121。

黄芳铭、温福星（2007）：《学习型学校量表之发展：多层次验证性因素分析取向》，《测验学刊》，54（1）：197-222。

黄家齐、黄荷婷（2006）：《团队成员目标导向对于自我与集体效能及创新之影响——一个多层次研究》，《管理学报》，23（1）：327-346。

温福星（2008）：《潜在多层次模式与相关议题》，《量化研究学刊》，2：37-68。

温福星（2009.11）：《多层次研究中组织变项聚合的探究》，第十二届全国心理学学术大会"心理学统计方法的多元性及其应用"论文摘要集。

温福星、邱皓政（2009a）：《组织研究中的多层次调节中介效果：以组织创新气氛、组织承诺与工作满意的实证研究为例》，《管理学报》，26（2）：189-211。

温福星、丘皓政（2009b）：《多层次模型方法论：阶层线性模式的关键议题与试解》，《台大管理论丛》，19（2）：263-294。

蔡政安、温福星（2008）：《关系镶嵌性与子公司剧变型的兴业行为间关系实证研究——使用阶层线性模式以降低共同方法所产生的变异》，《管理学报》，25（6）：615–634。

蔡维奇、纪乃文（2008）：《团队情感氛围形成的前因、情境调节及个人层次后果变项之研究》，《组织与管理》，1（1）：1–37。

英文部分

Aiken, L. S., and West, S. G. (1991). *Multiple regression: Testing and interpreting interactions*. Newbury Park, CA: Sage.

Anderson, C. (2004). Multilevel Analysis/Hierarchical Linear Modeling. Retrieved september28, 1996, from the World Wide Web: http://www.ed.uiuc.edu/courses/EdPsy490CK/.

Barcikowski, R. (1981). Statistical power with group mean as the unit of analysis. *Journal of Educational Statistics*, 6, 267–85.

Baron, R. M., & Kenny, D. A. (1986). The moderator-mediator variable distinction in social psychological research: Conceptual, strategic, and statistical considerations. *Journal of Personality and Social Psychology*, 51, 1173–1182.

Bassiri, D. (1988). *Large and small sample properties of maximum likelihood estimates for the hierarchical linear model*. Unpublished doctoral dissertation, Department of Counseling, Educational Psychology and Special Education, Michigan State University.

Bauer, D. J., Preacher, K. J., & Gil, K. M. (2006). Conceptualizing and testing random indirect effects and moderated mediation in multilevel models: New procedures and recommendations. *Psychological Methods*, 11 (2), 142–163.

Bickel, R. (2007). *Multilevel Analysis for Applied Research: It's Just Regression*. New York: Guilford Press.

Bliese, P. (2000). Within-group agreement, non-independence, and reliability: Implications for data aggregation and analysis. In K. J. Klein & S. W. J. Kozlowski (Eds.), *Multilevel theory, research, and methods in organizations: Foundations, extensions, and new directions*, 349–381. San Francisco: Jossey-Bass.

Blasé, P., Chan, D., & Ployhart, R. (2007). Multilevel methods: Future direction in measurement, longitudinal analyses, and non-normal outcomes. *Organizational Research Methods*, 10 (4), 551–563.

Bohrnstedt, G. W., and Goldberger, A. S. (1969). On the exact covariance of products of random variable. *Journal of American Statistical Association*, 64, 325–328.

Brown, R. D. & Hauenstein, N. A. (2005). Interrater agreement reconsidered: an alternative to the r_{wg} indices. *Organizational Research Methods*, 8（2）, 165–184.

Bryk, A. S., & Raudenbush, S. W. （1992）. *Hierarchical linear models: Applications and data analysis methods*. Newbury Park, CA: Sage.

Burke, M. J. & Dunlap, W. P. （2002）. Estimating interrater agreement with the average deviation index: a user's guide. *Organizational Research Methods*, 5（2）, 159–172.

Busing, F. M. T. A. （1993）. *Distribution characteristics of variance estimates in two-level models*; A Monte Carlo study （Tech. Rep. No. PRM 93–04）. Leiden, The Netherlands: Leiden University, Department of Psychology.

Chan, D. （1998）. Functional relations among constructs in the same content domain at different levels of analysis: A typology of composition models. *Journal of Applied Psychology*, 83（2）, 234–246.

Chen, G., Bliese, P. D., & Mathieu, J. E. （2005）. Conceptual framework and statistical procedures for delineating and testing multilevel theories of homology. *Organizational Research Methods*, 8, 375–409.

Chen, G., Mathieu, J. E., and Bliese, P. D. （2004）. A framework for conducting multilevel construct validation. In F. J. Dansereau and F. Yammarino （Eds.）, *Research in multi-level issues: The many faces of multi-level issues*, （3）, 273–303. Oxford, U. K.: Elsevier Science.

Chiou, H., Kuo, C.-C. & Liu, C.-M. （2001）. *The Development of Organizational Culture of Taiwan's Corporation: Analysis of the cultural features within organizations*. Working paper of the project of "In Search of Excellence for Chinese Indigenous Psychological Research", Department of Psychology, National Taiwan University. [In Chinese]

Chiou, H. （2001）. *Creative Climate and Culture in Organizations: From Phenomenon Observation to the Development of Measurement Tool of Creative Organizational Climate Inventory （COCI）*, The Second International Symposium on Child Development, Hong Kong.

Cohen, A., Doveh, E., & Eric, U. （2001）. Statistical properties of the $r_{WG(J)}$ Index of agreement. *Psychological Methods*, 6（3）, 297–310.

Cohen, J. （1988）. *Statistical power analysis for the behavioral sciences* （2nd ed.）. Hillsdale, NJ: Eribaum.

Cohen, J., Cohen, P., West, S. G., and Aiken, L. S. （2003）. *Applied multiple regression/correlation analysis for the behavioral sciences* （3rd ed.）. Mahwah, NJ: Erlbaum.

Cohen, M. （1995）. *Sample sizes for survey data analyzed with hierarchical linear models*. National Center of Education Statistics, Washington, DC.

Cook, T. D., & Campbell, D. T. （1979）. *Quasi-experimentation: Design & analysis is-*

sues for field settings. Chicago: Rand McNally.

Courgeau, D. (editor). (2003). *Methodology and epistemology of multilevel analysis: Approaches from different social sciences*. Norwell, MA: Kluwer.

Craig K. Enders, C. K., & Tofighi, D. (2007). Centering predictor variables in cross-sectional multilevel models: A new look at an old issue. *Psychological Methods*, 12, 21–138.

deLeeuw, J., & Kreft, I. (1995). Questioning multilevel models. *Journal of Educational and Behavioral Statistics*, 20, 171–90.

Dempster, A. P., Laird, N. M., & Rubin, D. B. (1977). Maximum likelihood from incomplete data via the EM algorithm. *Journal of the Royal Statistical Society*, Seires B, 39, 1–8.

Dempster, A. P., Rubin, D. B., & Tsutakawa, R. K. (1981). Estimation in covariance components models. *Journal of the American Statistical Association*, 76, 341–353.

Donner, A. (1986). A review of inference procedures for the intraclass correlation coefficient in the one-way random effects model. *International Statistical Review*, 54 (1), 67–82.

Duncan, O., Curzort, R., & Duncan, R. (1966). *Statistical Geography: Problems in Analyzing A real Data*. Free Press, Glencoe: IL.

Dunlap, W. P., Burke, M. J., & Smith-Crowe, K. (2003). Accurate tests of statistical significance for r_{wg} and average deviation interrater agreement indexes. *Journal of Applied Psychology*, 88 (2), 356–362.

Edwards, J. & Lambert, L. (2007). Methods for integrating moderation and mediation: A general analytical framework using moderated path analysis. *Psychological Methods*, 12 (1), 1–22.

Enders, C., & Tofighi, D. (2007). Centering predictor variables in cross-sectional multilevel models: A new look at an old issue. *Psychological Methods*, 12 (2), 121–138.

Gelfand, A., & Smith, A. (1990). Sampling based approaches to calculating marginal densities. *Journal of the American Statistical Association*, 85, 398–409.

George, J. M. (1990). Personality, affect, and behavior in groups. *Journal of Applied Psychology*, 75, 107–116.

Goldstein, H. (2003). *Multilevel Statistical Models* (3rd ed.). London: Edward Arnold.

Goldstein, H. (1986). Multilevel mixed linear model analysis using iterative generalized least squares. *Biometrika*, 73, 43–56.

Goldstein, H. (1991). Nonlinear multilevel models with an application to discrete response data. *Biometrika*, 78, 45–51.

Harnqvist, K., Gustafsson, J. E., Muthén, B., & Nelson, G. (1994). Hierarchical models of ability at class and individual levels. *Intelligence*, 18, 165–187.

Hays, W. L. (1988). *Statistics* (4th Ed.) . New York: Holt, Rinehart, & Winston.

Heck, R. H. & Thomas, S. L. (2000). *An introduction to multilevel modeling techniques*. Mahwah, NJ: Lawrence Erlbaum Associates.

Hedeker, D., & Gibbons, R. D. (1994). A Random–Effect Ordinal Regression Model for Multilevel Analysis. *Biometrics*, 50, 933–944.

Hedeker, D. & Gibbons, R. D. (1996). MIXOR: a computer program for mixed–effects ordinal probit and logistic regression analysis. *Computer Methods and Programs in Biomedicine*, 49, 157–176.

Hofmann, D. & Gavin, M. (1998). Centering decisions in hierarchical linear models: Implications for research in organizations. *Journal of Management*, 24 (5), 623–641.

Hofmann, D. A. (1997). An overview of the logic and rational of hierarchical linear models. *Journal of management*, 23, 723–744.

Hox, J. (2002). *Multilevel Analysis: Techniques and Applications*. Mahwah, NJ: Erlbaum.

Huber, P. (1967). The behavior of maximum likelihood estimates under non–standard condition. In *Proceedings of the Fifth Berkeley symposium on mathematical statistics and probability* (pp.221–233). Berkeley, CA. University of California Press.

James, L. (1982). Aggregation bias in estimates of perceptual agreement. *Journal of Applied Psychology*, 67 (2), 219–229.

James, L. R., & Brett, J. M. (1984). Mediators, moderators, and tests for mediation. *Journal of Applied Psychology*, 69, 307–321.

James, L. R., Demaree, R. G., & Wolf, G. (1984). Estimating within groupsinterrater reliability with and without response bias. *Journal of Applied Psychology*, 69, 85–98.

James, L. R., Demaree, R. G., & Wolf, G. (1993). r_{wg}: An assessment of within group interrater agreement. *Journal of Applied Psychology*, 78, 306–309.

Julian, M. W. (2001). The consequences of ignoring multilevel data structures in non–hierarchical covariance modeling. *Structural Equation Modeling*, 8 (3), 325–352.

Kamata, A., Bauer, D. J., & Miyazaki, Y. (2008). Multilevel measurement modeling. In A. A. O'Connell & D. B. McCoach (Eds.), *Multilevel modeling of educational data* (pp. 345–388). Charlott, NC: Information Age Publishing, INC.

Katz, D. (1964). The Motivational Basis of Organizational Behavior. *Behavior Science*, 9, 131–146.

Kenny, D. A., Bolger, N., & Korchmaros, J. D. (2003). Lower Level Mediation in Multilevel Models. Psychological Methods, 8, 115–128.

Kim, K. (1990). Multilevel data analysis: A comparison of analytical alternatives. Ph. D. thesis, University of California, Los Angeles.

Kirk, R. E. (1995). *Experimental design: Procedures for behavioral sciences* (3rd ed.). Wadsworth Publishing.

Kish, L. (1995). *Surveying Sampling.* New York, NY: Wiley. (Original work published 1965)

Klein, K. & Kozlowski, S. (2000). *Multilevel theory, research, and methods in organizations: Foundations, extensions, and new directions* (eds.). San Francisco: Jossey Bass.

Klein, K. J., A. B. Conn, D. B. Smith and J. S. Sorra. (2001). Is Everyone in Agreement? An Exploration of Within-group Agreement in Employee Perceptions of the Work Environment. *Journal of Applied Psychology*, 86, 3–16.

Kozlowski, S. & Klein, K. (2000). A multi-level approach to theory and research in organizations: Contextual, temporal, and emergent processes. In K. Klein, & S. W. J. Kozlowski (Eds.), *Multilevel theory, research, and methods in organizations* (pp.3–90). San Francisco: Jossey-Bass.

Kreft, I. (1996). *Are multilevel techniques necessary? An overview, including simulation studies.* Unpublished manuscript, California State University at Los Angeles.

Kreft, I., & de Leeuw, J. (1998). *Introducing multilevel modeling.* Newbury Park, CA: Sage.

Kreft, I., de Leeuw, J., & Aiken, L. (1995). The effect of different forms of centering in hierarchical linear models. *Multivariate Behavioral Research*, 30 (1), 1–22.

Krull, J. L., & MacKinnon, D. P. (2001). Multilevel modeling of individual and group level mediated effects. *Multivariate Behavioral Research*, 36, 249–277.

Krull, J. L., & MacKinnon, D. P. (1999). Multilevel mediation modeling in group-based intervention studies. *Evaluation Review*, 23, 418–444.

Lance, C. E., Butts, M. M., & Michels, L. C. (2006). The sources of four commonly reported cutoff criteria: What did they really say? *Organizational Research Methods*, 9, 202–220.

Lazarsfeld, P. & Menzel, H. (1969). On the relation between individual and collective properties. In A. Etzioni (Ed.), *A Sociological Reader on Complex Organizations* (pp.499–516). New York: Holt, Rinehart, & Winston.

LeBreton, J. M., James, L. R., & Lindell, M. K. (2005). Recent issues regarding r_{WG}, r^*_{WG}, $r_{WG(J)}$ and $r^*_{WG(J)}$. *Organizational Research Methods*, 8 (1), 128–138.

Liao, H., & Chuang, A. (2007). Transforming service employees and climate: A multi-level multi-source examination of transformational leadership in building long-term service relationships. *Journal of Applied Psychology*, 92, 1006–1019.

Lindell, M. K. & Brandt, C. J. (1997). Measuring interrater agreement for rating of a single target. *Applied Psychological Measurement*, 21 (3), 271–278.

Lindell, M. K. (2001). Assessing and testing interrater agreement on a single target using multi-item rating scales. *Applied Psychological Measurement*, 25 (1), 89–99.

Lindell, M. K., Brandt, C. J., Whitney, D. J. (1999). Arevised index of interrater agreement for multi-item ratings of a single target. *Applied Psychological Measurement*, 23 (2), 127–135.

Lindley, D. V., & Smith, A. F. M. (1972). Bayes estimates for the linear model. *Journal of the Royal Statistical Society*, Seires B, 34, 1–41.

Littell, R., Milliken, G., Stroup, W., & Wolfinger, R. (1996). *SAS system for mixed models*. Cary, NC: SAS Institute Incorporated.

Little, R., & Rubin, D. (1987). *Statistical analysis with missing data.* New York: John Wiley.

Little, R., & Shenker, N. (1995). Missing data. In G. Arminger, C. Clogg, & M. Sobel (Eds.). *Handbook of statistical modeling for the social and behavioral sciences* (pp.39–75). New York: Plenum.

Longford, N. (1993). *Random Coefficient Models.* Oxford, Oxford University Press.

Longford, N. (1987). A fast scoring algorithm for maximum likelihood estimation in unbalanced models with nested random effects. *Biometrika*, 74 (4), 817–827.

Longford, N. T. (1988). Fisher scoring algorithm for variance component analysis of data with multilevel structure. In R. D. Bock (Ed.). *Multilevel analysis of educational data* (pp.297–310). Orlando, FL: Academic Press.

Luke, D. A. (2004). *Multilevel modeling.* Newbury Park, CA: Sage.

Maas, C. & Hox, J. (2005). Sufficient Sample Sizes for Multilevel Modeling. *Methodology*, 1 (3), 86–92.

MacKinnon, D. P., Warsi, G., & Dwyer, J. H. (1995) A simulation study of mediated effect measures. *Multivariate Behavioral Research*, 30, 41–62.

Mathisen, G. M., Torsheim, T., & Einarsen, S. (2006). The team-level model of climate for innovation: A two-level confirmatory factor analysis. *Journal of Occupational and Organizational Psychology*, 79, 23-36.

Mathiue, J. E., & Taylor, S. R. (2007). A Framework for testing meso-mediational relationships in Organizational Behavior. *Journal of Organization Behavior*, 28, 141-172.

McNeely, B. L. and Meglino, B. M. (1994). The Role of Dispositional and Situational Antecedents in Prosocial Behavior. An Examination of the Intended Beneficiaries of Prosocial Behavior. *Journal of Applied Psychology*, 79, 836-844.

Meade, A. W. & Eby, L. T. (2007). Using Indices of group agreement in multilevel construct validation. *Organizational Research Methods*, 10 (1), 75-96.

Mok, M. (1995). *Sample size requirements for a 2-level designs in educational research. Macquarie University*, Sydney, Australia.

Muller, D., Judd, C. M., & Yzerbyt, V. Y. (2005). When Moderation is Mediated and Mediation is Moderated. *Journal of Personality and Social Psychology*, 89, 852-863.

Muthén, B. (1989). Latent variable modeling in heterogeneous populations. Presidential address to the Psychometric Society, July, 1989. *Psychometrika*, 54, 557-585.

Muthén, B., & Satorra, A. (1995). Complex sample data in structural equation modeling. In P. V. Marsden (Ed.), *Sociological Methodology* (pp.267-316). Washington, DC: American Sociological Association.

Muthén, B. (1994). Multilevel covariance structure analysis. In J. Hox & I. Kreft (Eds.), *Multilevel modeling, a special issue of Sociological Methods & Research* (pp.376-398).

Nunnally, J. C. (1978). *Psychometric theory* (2nd ed.). New York: McGraw-Hill.

Pedhazur, E. J. (1997). *Multiple regression in behavior research: Explanation and prediction.* Forth Worth, TA: Harcourt.

Pinheiro, J., & Bates, D. (1995). Approximations to the log likelihood function in the nonlinear mixed effects model. *Journal of Computational and Graphical Statistics*, 4 (1), 12-35.

Porter, L. W., Steers, R. M., Mowday, R. T. and Boulian, P. V. (1974). Organizational Commitment, Job Satisfaction, and Turnover among Psychiatric Technicians. *Journal of Applied Psychology*, 59 (5), 603-609.

Preacher, K. J., Curran, P. J., & Bauer, D. J. (2006). Computational tools for probing interaction effects in multiple linear regression, multilevel modeling, and latent curve analysis. *Journal of Educational and Behavioral Statistics*, 31, 437-448.

Rasbash, J., Browne, W.J., Goldstein, H., Yang, M., Plewis, I., Healy, M., Woodhouse, G., Draper, D., Langford, I. and Lewis, T. (2000). *A User's Guide to MLwiN*

Version 2.1, London: Institute of Education, University of London.

Rasbash, J., Prosser, R. & Goldstein, H. (1990). *ML3. Software for Three-level Analysis*. User's Guide. Institute of Education, University of London.

Raudenbush, S. W., & Bryk, A. S. (2002). *Hierarchical linear models: Applications and data analysis methods* (2nd ed.). Newbury Park, CA: Sage.

Raudenbush, S. W., Rowan, B., & Cheong, E. Y. (1991). *Teaching for higher order thinking in secondary schools: Effects of curriculum, teacher preparation, and school organization*. East Lansing: Michigan State University, College of Education.

Raudenbush, S. (1993). A crossed random effects model for unbalanced data with applications in cross sectional and longitudinal research. *Journal of Educational Statistics*, 18 (4), 321–349.

Raudenbush, S. W. (1993). Hierarchical linear models and experimental design. In L. Edwards (Ed.), *Applied analysis of variance in behavioral science* (pp.459–496). New York: Marcel Dekker.

Raudenbush, S. W., Bryk, A. S., Cheong, Y., & Congdon, R. T. (2000). *HLM 5: Hierarchical linear and nonlinear modeling*. Chicago: Scientific Software International.

Raudenbush, S. W., Yang, M., & Yosef, M. (2000). Maximum likelihood for hierarchical models via high-order, multivariate LaPlace approximation. *Journal of Computational and Graphical Statistics*, 9 (1), 141–157.

Robinson, W. S. (1950). Ecological correlations and the behaviour of individuals. *American Sociological Review*, 15, 351–357.

Scherbaum, C. A., & Ferreter, J. M. (2009). Estimating statistical power and sample size requirement for organizational research using hierarchical linear models. *Organizational Research Methods*, 12, 347–367.

Scheffé, H. (1956). A "mixed model" for the analysis of variance. *The Annals of Mathematical Statistics*, 27, 23–36.

Scheffé, H. (1959). *The Analysis of Variance*. John Wiley, New York.

Snijders T. & Bosker, R. (1994). Modeled variance in two-level models. *Sociological Methods & Research*, 22 (3), 342–363.

Snijders, T., & Bosker, R. (1999). *Multilevel Analysis: An Introduction to Basic and Advanced Multilevel Modelling*. Thousand Oaks, CA: Sage Publications.

Sobel, M. E. (1982). Asymptotic confidence intervals for indirect effects in structural equation models.In S. Leinhardt (Ed.), *Sociological Methodology* (pp. 290–312). Washington,

DC: American Sociological Association.

Spector, P. E. (1982). Behavior in Organization as a Function of Employee's Locus of Control. *Psychological Bulletin*, 1, 482-497.

Spiegelhalter, D., Thomas, A., Best, N., &Gilks, W. (1994). *BUGS: Bayesian inference using Gibbs sampling, version 0.30.* MRC Biostatistics Unit: Cambridge.

Stiratelli, R., Laird, N., & Ware, J. (1984). Random effects models for serial observations with binary response. *Biometrics*, 40, 961-971.

Strenio, J. L. F., Weisberg, H. I., & Bryk, A. S. (1983). Empirical Bayes estimation of individual growth curve parameters and their relationship to covariates. *Biometrics*, 39, 71-86.

Tabachnick, B., & Fidell, L. (2006). *Using Multivariate Statistics* (5th ed.). Boston: Allyn and Bacon.

Tanner, M. A., & Wong, W. H. (1987). The calculation of posterior distribution by data augmentation [with discussion]. *Journal of the American Statistical Association*, 82, 528-550.

Van de Vijver, F. & Poortinga, Y. (2002). Structural equivalence in multilevel research. *Journal of Cross-Cultural Psychology*, 33 (2), 141-156.

Van der Leeden, R. & Busing, F. (1994). *First iteration versus IGLS/RIGLS estimates in two-level models: A Monte Carlo study with ML3. Unpublished manuscript.* Leiden: Department of Psychometrics and Research methodology, Leiden University.

Van der Leeden, R., Busing, F., & Meijer, E. (1997). *Applications of bootstrap methods for two-level models*, Unpublished paper, Multilevel Conference, Amsterdam, April 1-2, 1997.

Williams, L. J. & Anderson, S. E. (1991). Job Satisfaction and Organizational Commitment as Predictors of Organizational Citizenship and In-role Behaviors. *Journal of Management*, 17, 601-617.

Wilk, M. B., & Kempthorne, O. (1955). Fixed, mixed, and random models. *Journal of American Statistical Association*, 50, 1114-1167.

Wong, G., & Mason, W. (1985). The hierarchical logistic regression model for multilevel analysis. *Journal of the American Statistical Association*, 80 (391), 513-524.

Wu, Y. & Wooldridge, P. (2005). The impact of centering first-level predictors on individual and contextual effects in multilevel data analysis. *Nursing Research*, 54 (3), 212-216.

Zhang, Z., Zyphur, M. J., & Preacher, K. J. (2009). Testing multilevel mediation using hierarchical linear models: Problems and solutions. *Organizational Research Methods*, 12, 695-719.